2023 年浙江省教育厅一般科研项目
项目编号：Y202351876 智能网联汽车电控技术在自动驾驶系统中的应用研究

智能网联汽车电控技术与应用实践

刘飞宏　吕思嘉　著

河北科学技术出版社

·石家庄·

图书在版编目（CIP）数据

智能网联汽车电控技术与应用实践/刘飞宏，吕思嘉著 . -- 石家庄：河北科学技术出版社，2024.6.
ISBN 978-7-5717-2180-0

Ⅰ.U463.67

中国国家版本馆 CIP 数据核字第 2024CV2246 号

智能网联汽车电控技术与应用实践
ZHINENG WANGLIAN QICHE DIANKONG JISHU YU YINGYONG SHIJIAN

刘飞宏　吕思嘉　著

责任编辑	王丽欣
责任校对	刘建鑫
美术编辑	张　帆
封面设计	寒　露
出版发行	河北科学技术出版社
地　　址	石家庄市友谊北大街330号（邮编：050061）
印　　刷	河北万卷印刷有限公司
开　　本	710mm×1000mm　1/16
印　　张	16.5
字　　数	230千字
版　　次	2024年6月第1版
印　　次	2025年2月第1次印刷
书　　号	ISBN 978-7-5717-2180-0
定　　价	98.00元

前 言

随着科技的进步,特别是人工智能、互联网和通信技术的飞速发展,汽车正逐步从传统的交通工具转变为移动的智能终端,智能网联汽车的时代已经到来。与此同时,电控技术作为智能网联汽车的核心技术,也在不断地创新和发展。然而,目前市场上的相关书籍,要么过于关注理论,忽视了实践应用,要么过于专注于某一具体技术,缺乏全局观。为此,我们特编写了《智能网联汽车电控技术与应用实践》一书,系统全面介绍了智能网联汽车相关知识,理论与实践结合,具有较高的实用性和针对性。

第 1 章从智能网联汽车的定义与发展历程开始,对智能网联汽车的主要技术组成作了初步的阐述,并对其应用和影响进行了探讨。通过这一章节,读者能够对智能网联汽车有一个大致的理解,明白其为何成为现今汽车工业的发展方向。

第 2 章深入研究了汽车电控系统。这一章节首先对汽车电控系统进行了概述,然后详细介绍了汽车电控系统的主要组成部分以及其工作原理。通过本章,读者将了解到汽车电控系统是如何支撑起智能网联汽车的。

第 3 章专注于汽车通信网络及其在智能网联汽车中的应用。这一章节首先对汽车通信网络的基础知识进行了讲解,然后进一步阐述了 CAN、LIN、FlexRay 等在汽车中的应用以及 V2X 通信在智能网联汽车中的重要性。

第 4 章深入探讨了智能网联汽车电控技术。本章节对智能网联汽车电控系统的基础框架作了详细解析，并对自动驾驶系统以及先进驾驶辅助系统的电控技术进行了详细讲解。

第 5 章将焦点转向车载传感器技术及其应用。通过对车载传感器的主要类型和应用的阐述以及对传感器在智能网联汽车中的作用和应用的讨论，读者能够了解到传感器在智能网联汽车中的关键地位。

第 6 章对汽车电控系统的设计与仿真进行了深入研究。本章节将帮助读者理解汽车电控系统设计的原理，并掌握汽车电控系统的仿真模型构建以及测试与验证的方法。

第 7 章将理论知识转向实践，深入探讨了智能网联汽车电控技术的实践应用。首先讨论了智能网联汽车电控技术在工业生产中的应用，然后分析了其在市场化产品中的实际应用情况，接着结合具体案例进行了详细的实践应用分析。

第 8 章将目光投向未来，探讨了智能网联汽车电控技术的未来发展。分析了当前面临的挑战以及可能的发展方向，也探讨了新技术在智能网联汽车电控系统中的应用前景，并对智能网联汽车电控技术的未来发展进行了展望。

这本书希望能够帮助读者理解并掌握智能网联汽车电控技术，看到其改变人们生活的巨大潜力，也期待着广大学者的反馈和建议，以便能够持续改进，提供更有价值的内容。

编　者

2024.3

目 录

第1章 概述 / 1

    1.1 智能网联汽车的定义与发展历程 / 1

    1.2 智能网联汽车的主要技术组成 / 15

    1.3 智能网联汽车的应用和影响 / 33

第2章 汽车电控系统基础 / 48

    2.1 汽车电控系统的概述 / 48

    2.2 汽车电控系统的主要组成部分 / 60

    2.3 汽车电控系统的工作原理 / 77

第3章 汽车通信网络及其在智能网联汽车中的应用 / 92

    3.1 汽车通信网络的基础知识 / 92

    3.2 CAN、LIN、FlexRay等在汽车中的应用 / 108

    3.3 V2X通信在智能网联汽车中的应用 / 120

第4章 智能网联汽车电控技术 / 133

    4.1 智能网联汽车电控系统的基础知识 / 133

    4.2 自动驾驶系统 / 150

    4.3 先进驾驶辅助系统 / 163

第 5 章　车载传感器技术及其应用 / 176

5.1　车载传感器的主要类型和应用 / 176

5.2　传感器在智能网联汽车中的作用 / 187

5.3　传感器数据融合技术在智能网联汽车中的应用 / 199

第 6 章　汽车电控系统的设计与仿真 / 207

6.1　汽车电控系统的设计原理 / 207

6.2　汽车电控系统的仿真模型构建 / 212

6.3　汽车电控系统的测试与验证 / 218

第 7 章　智能网联汽车电控技术的实践应用 / 222

7.1　智能网联汽车电控技术在工业生产中的应用 / 222

7.2　智能网联汽车电控技术在市场化产品中的应用 / 228

7.3　案例分析：智能网联汽车电控技术的应用实践 / 232

第 8 章　智能网联汽车电控技术的未来发展 / 237

8.1　当前的挑战与未来的发展方向 / 237

8.2　新技术在智能网联汽车电控系统中的应用前景 / 244

8.3　对智能网联汽车电控技术的展望 / 250

参考文献　/ 252

第1章 概 述

第 1 章是本书的开篇章节，旨在使读者对智能网联汽车有清晰的认识。随着科技的进步和互联网的普及，智能网联汽车作为一种新兴的交通工具正日益受到关注。本章从定义和发展历程的角度出发，解释了智能网联汽车的概念，并追溯其演进过程。随后，本章详细介绍了智能网联汽车的主要技术组成，包括感知、决策和执行等关键要素。本章还讨论了智能网联汽车的应用及其影响，包括交通安全、出行便利、能源效率等方面。

1.1 智能网联汽车的定义与发展历程

本节首先介绍了智能网联汽车的定义，将其定义为一种通过网络连接和智能化技术实现车辆之间、车辆与基础设施之间以及车辆与用户之间实时信息交互和协同的新型汽车形态。接着，本节深入探讨了智能网联汽车的发展历程，描述了智能网联汽车从概念提出到现阶段的演进过程，阐述了智能网联汽车的发展经历了传统汽车与车载计算机、电控系统、车联网等技术逐步融合的过程。本节还强调了智能网联汽车作为智能交通系统的核心，对交通安全、交通效率、出行体验等方面产生的深远的影响。通过阅读本节，读者将获得对智能网联汽车的定义和其演进历程的全面认识，了解智能网联汽车作为一种前沿技术和行业发展趋势的重要性。

1.1.1 智能汽车的定义

智能汽车[1]是指具备自动感知、决策和执行能力的汽车，通过集成先进的传感器、通信和计算技术，能够与其他车辆、基础设施和云端进行实时数据交换和协同工作。下文从以下几个方面对智能汽车的定义进行深入讨论。

1.1.1.1 自动化等级

智能汽车的自动化等级是衡量其自动驾驶能力的重要指标。根据 SAE J3016 自动驾驶分级标准定义的自动驾驶等级，智能汽车可以分为多个级别。从完全手动驾驶到完全自动驾驶，每个级别对应车辆在不同场景下的自动化程度和人机交互要求。

1.1.1.2 功能组成

智能汽车的功能组成包括感知、决策和执行三个方面。感知部分通过使用多种传感器[2]（如摄像头、激光雷达等）获取周围环境的信息，实现对障碍物、道路标志、车道等的识别和跟踪。决策部分利用车载计算平台和算法，分析感知数据并制定行驶策略，包括路径规划、速度控制和交通规则遵守等。执行部分则通过控制系统将决策转化为车辆的操控指令，实现车辆的自动驾驶或辅助驾驶功能。

---

[1] 中国汽车技术研究中心有限公司数据资源中心. 智能网联汽车产业发展及相关技术实现 [M]. 北京：社会科学文献出版社，2019：12-19.

[2] 杨宗平，蔡月萍. 智能网联汽车传感器技术 [M]. 北京：人民交通出版社股份有限公司，2022：17-26.

1.1.1.3 软、硬件要求

智能汽车需要具备先进的软、硬件技术支持。在硬件方面，智能汽车需要搭载高性能的计算平台、传感器设备、定位系统和通信模块等，以实现数据处理、感知环境和与外部通信的能力。在软件方面，智能汽车需要依靠先进的算法和人工智能技术，对感知数据进行分析和决策，实现智能驾驶功能。安全性和可靠性是智能汽车软、硬件设计的重要考虑因素。

1.1.1.4 相关标准

智能汽车的定义还与相关标准和规范密切相关。为了确保智能汽车的安全性、互操作性和合规性，各国和行业组织制定了一系列标准和规范，如 ISO 26262 功能安全认证标准、ISO 21448：2022 自动驾驶系统安全规范、SAE J3016 自动驾驶分级标准等。这些标准和规范对智能汽车的定义和要求起到了指导作用，为智能汽车的研发和应用提供了规范框架。

1.1.2 网联汽车的定义

网联汽车是指通过车辆与车辆（vehicle to vehicle，V2V）[1]、车辆与基础设施（vehicle to infrastructure，V2I）[2]、车辆与云端（vehicle to cloud，V2C）等之间的通信连接，实现实时数据交换和信息共享的智能化汽车系统。下面对网联汽车定义中的关键要素进行详细描述。

1.1.2.1 V2X 的概念

V2X（vehicle to everything）技术是指通过车辆与周围一切事物之间的通信连接和信息交互，实现网联汽车的核心技术，包括车辆与车辆、

---

[1] 林忠纬，阿尔伯托·桑格瓦尼—文森泰利. 基于安全需求的信息物理系统设计 [M]. 罗璎珞，译. 北京：机械工业出版社，2019：33-59.

[2] 朱伏生，吕其恒，徐巍，等. 5G 移动通信技术 [M]. 北京：中国铁道出版社有限公司，2021：20-45.

车辆与基础设施、车辆与云端以及车辆与行人（V2P）之间的通信连接。

V2V 通信是指车辆之间的通信连接。通过 V2V 通信，车辆能够相互交换信息，包括位置、速度、加速度等。这种实时的信息交换可以帮助车辆预测潜在的危险，避免碰撞，提高道路安全性。例如，一辆车可以通过 V2V 通信向周围的车辆发送警告，提醒它们避让障碍物或减速。

V2I 通信是指车辆与基础设施之间的通信连接。基础设施包括交通信号灯、路边传感器、交通管理中心等。通过 V2I 通信，车辆可以获取基础设施提供的交通信息，如交通拥堵情况、道路施工信息等。这些信息可以帮助车辆选择最佳的行驶路线，优化交通流量，提高出行效率。

V2C 通信是指车辆与云端之间的通信连接。通过 V2C 通信，车辆可以与云端平台进行数据交换和信息共享。车辆可以向云端上传自身的位置、状态等信息，也可以从云端获取实时的导航、路况、天气等信息。这种双向的数据交换和信息共享为车辆提供了更丰富的智能化服务和个性化体验。

V2P 通信是指车辆与行人之间的通信连接。通过 V2P 通信，车辆可以与行人交换信息，提供行人安全提示和警告。例如，车辆可以通过 V2P 通信向行人发送警告，提醒他们在交叉路口等危险区域注意安全。

V2X 技术的实现离不开先进的通信网络和通信协议。无线通信技术（如 5G、LTE 等）以及有线通信技术（如 Ethernet、CAN 等）被广泛应用于 V2X 通信。相关的通信协议（如 IEEE 802.11p、DSRC 等）也被制定和采用，以确保不同车辆和设备之间的互操作性和信息交换的可靠性。V2X 技术的发展将为网联汽车提供更安全、高效和便捷的出行体验。通过实现车辆与车辆、车辆与基础设施、车辆与云端以及车辆与行人之间的全方位通信连接，V2X 技术将推动网联汽车的广泛应用和进一步的发展。

1.1.2.2 通信网络

通信网络[1]在网联汽车中扮演着至关重要的角色,为车辆之间、车辆与基础设施之间的通信提供了基础设施和技术支持。一个强大、可靠的通信网络能确保实时数据的传输和信息的交换,是实现网联汽车的关键要素之一。下面将详细探讨网联汽车中的通信网络。

通信网络是指车辆与周围环境以及云端之间的信息传输系统,它使用各种通信技术和协议,将车辆连接起来,实现数据的交换和共享。在网联汽车中,通信网络的设计和实现需要满足以下几个关键要求。

高带宽[2]是通信网络的重要特性之一。网联汽车需要传输大量的数据,包括车辆传感器的数据、导航和地图数据、云端服务数据等。通信网络必须具备足够的带宽来支持高速的数据传输和实时的信息交换。

低延迟是通信网络的另一个关键要求。网联汽车对实时性要求较高,需要快速响应和即时的数据传输。例如,在紧急情况下,车辆需要及时收到其他车辆的警报信息,以采取相应的避让措施。因此,通信网络必须具备低延迟的特性,确保数据的快速传输和实时的信息交互。

通信网络还需要具备高可靠性和稳定性。网联汽车的通信是基于无线技术实现的,面临着复杂的信号传播环境和多路径干扰等挑战。为了保证通信的可靠性,通信网络需要具备抗干扰和容错机制,能够在恶劣环境下依然保持稳定的连接。

在网联汽车中,常用的通信技术包括无线通信和有线通信。无线通信技术被广泛应用于车辆之间和车辆与云端之间的通信,这些技术具有高带宽、大容量和广覆盖等优势,能够满足大规模数据传输和高速通信的需求。有线通信技术则用于车辆内部的电控单元之间的通信,具有高

---

[1] 岳晓宁. 通信网络流量控制与激励价控策略研究[M]. 沈阳:东北大学出版社,2007:57-62.

[2] SIMONM M K. 高带宽效率数字调制及其在深空通信中的应用[M]. 夏云,孙威,译. 北京:清华大学出版社,2006:74-101.

稳定性和可靠性的特点。为了确保不同车辆和设备之间的互操作性和信息交换的一致性，相关的通信协议也起到了重要的作用。例如，IEEE 802.11p 协议被广泛应用于 V2X 通信，它定义了车辆之间的通信标准和协议，确保了数据的传输和交换的一致性和可靠性。

1.1.2.3 数据安全

数据安全是网联汽车领域中至关重要的问题，涉及车辆数据的保护、隐私的保密和网络的安全。随着车辆与外部环境的广泛互联和数据交换，数据安全成了保障网联汽车运行安全和用户隐私的关键要素。在网联汽车中，数据安全需要从多个方面进行考虑和保护。

网联汽车通过各种传感器和系统收集大量的数据，包括车辆状态、位置信息、驾驶行为等。这些数据具有重要的商业价值和个人隐私，因此需要进行有效的保护。加密技术可以对数据进行加密处理，确保数据在传输和存储过程中的机密性和完整性。访问控制和权限管理机制可以限制数据的访问权限，确保只有授权的人员才能够获取和使用数据。

隐私保护是数据安全的另一个关键方面。网联汽车产生的数据涉及车主和驾驶员的隐私信息，如个人身份、行驶轨迹等。保护用户的隐私是至关重要的，网联汽车必须采取措施来防止数据的滥用和泄露。匿名化和脱敏技术可以对数据进行处理，能够去除敏感信息并且保留数据的有用性。合规性和法律法规的遵守也是保护隐私的重要手段，能够确保数据的收集、存储和使用符合相关法律法规的规定。

网联汽车的数据传输和通信依赖于各种网络连接，包括车辆内部的局域网、车辆与外部系统的广域网。网络安全的挑战包括防止恶意攻击、防范网络入侵和保护数据的完整性。采用网络防火墙、入侵检测系统和安全认证技术可以有效地保护车辆的网络免受攻击。网络安全的管理和监控也是必不可少的，网联汽车需要及时发现和应对安全事件，确保网络的稳定和安全。

合作伙伴间的安全合作也是数据安全的重要方面。网联汽车涉及多方合作，包括车辆制造商、技术供应商、云服务提供商等。确保合作伙伴之间的数据共享和合作安全，需要建立有效的合作机制和安全协议。信息共享的安全保护和数据共享的权限管理是保障数据安全的重要手段，能够确保数据在合作过程中的安全和可控性。

1.1.2.4　通信协议

通信协议[①]在网联汽车中起着关键的作用，定义了数据交换和通信的规范和规则，确保了不同车辆和设备之间能够有效地进行信息交流和互操作。网联汽车领域涉及多种通信协议和标准，每种协议都有其特定的用途和适用范围。

IEEE 802.11p 协议，也称为车辆对车辆通信协议，它基于 Wi-Fi 技术，用于车辆之间的直接通信，提供了高速、低延迟的数据传输，支持实时的车辆安全和协同驾驶应用。IEEE 802.11p 协议定义了车辆之间的通信频段、数据格式和传输机制，确保了车辆之间数据交换的一致性和可靠性。

IEEE 802.11n 协议和 IEEE 802.11ac 协议，也称为 Wi-Fi 协议，广泛用于车辆与基础设施或云端服务器之间的通信。Wi-Fi 协议提供了高速的无线数据传输和较大的覆盖范围，支持车辆与云端之间的大数据传输和实时应用。通过 Wi-Fi 协议，车辆可以与交通管理系统、智能交通灯和其他道路设施进行信息交换和协作。

蜂窝网络通信也是网联汽车的重要通信方式之一。3G、4G 和 5G 等蜂窝网络通信协议被广泛应用于网联汽车中，提供了全球范围内的广域网通信能力。蜂窝网络通信支持高速数据传输、大容量连接和低延迟，适用于车辆与云端之间的远程数据传输和远程控制。这种通信方式在车联网应用中发挥着重要的作用，如远程车辆监控、远程诊断和远程软件升级等。

---

① 尚凤军. 无线传感器网络通信协议[M]. 北京：电子工业出版社，2011：14-60.

还有一些特定领域的通信协议在网联汽车中得到应用。例如，控制器局域网（controller area network, CAN）协议是一种广泛应用于汽车电子系统中的通信协议，用于车辆内部各个电控单元之间的通信，提供了可靠的实时数据传输和故障诊断能力；FlexRay 协议用于高带宽和实时性要求较高的应用场景，如先进驾驶辅助系统（advanced driving assistance system，ADAS）和自动驾驶系统。

为了实现不同车辆和设备之间的互操作性，网联汽车也需要一些通用的通信协议和标准。例如，消息队列遥测传输（message queuing telemetry transport, MQTT）是一种轻量级的发布—订阅消息传输协议，广泛应用于物联网领域，提供了可靠的消息传输和异步通信机制，适用于网联汽车中的设备间通信和数据交换。

1.1.3 智能网联汽车的发展

智能网联汽车[①]是现代汽车工业的一项重要创新，它将汽车、人工智能和通信技术相结合，实现了车辆之间、车辆与道路基础设施之间的智能互联。智能网联汽车起源于近年来科技的快速发展和人们对出行方式的需求改变。通过引入先进的电控系统、车载传感器技术和通信网络，智能网联汽车可为人们带来更高的安全性、便利性和舒适性。智能网联汽车的崛起不仅在汽车工业中引发了革命性的变革，也为未来交通系统的发展提供了新的可能。

1.1.3.1 初期研究阶段

在这一阶段，电控技术主要集中在基础的车载控制系统（如发动机管理、刹车系统和底盘控制），这些系统大多数是独立运行的，没有集成到一个复杂的网络中。传感器技术也处在较为初级的阶段，主要包括

---

① 王虎伟，张名芳. 智能网联汽车电子技术 [M]. 北京：机械工业出版社，2021：10-39.

速度传感器、温度传感器和一些简单的距离传感器。通信技术在初期研究阶段主要依赖于有限的有线连接和简单的数据总线结构。

1.1.3.2 重点突破阶段

在重点突破阶段，电控技术开始向更高级的方向发展，逐渐出现了集成多个功能模块的电子控制单元，能够处理更为复杂的任务，提供更高级的车辆控制。传感器技术也取得了明显进展，出现了更多类型的传感器（如激光雷达、摄像头和高级的雷达系统），大大增强了汽车对周围环境的感知能力。通信技术也取得了重大突破，尤其是车载网络技术（如CAN和FlexRay），它们提供了更高的数据传输速率和更可靠的通信。

1.1.3.3 技术成熟阶段

在技术成熟阶段，电控技术已经高度集成，形成了一个复杂的、多层次的控制网络，不仅涵盖了车辆内部系统，也开始与外部环境（如路标、其他车辆等）交互。传感器技术也已经非常成熟，能够提供全方位的环境感知，甚至能通过高级算法实现物体识别和预测。在通信技术方面，V2X通信成为一个重要的组成部分，这为实现更高级别的自动驾驶和智能网联功能提供了可能。

1.1.3.4 商业化应用

智能网联汽车的商业化应用是智能网联汽车领域的重要里程碑。商业化应用的推动不仅加速了智能网联汽车的发展，也为出行产业带来了新的商机和创新模式。

智能网联汽车的商业化应用加速了相关技术和产品的成熟和普及。通过商业化应用，汽车制造商和科技公司能够将智能网联汽车技术转化为市场化的产品，推动技术的发展和成熟度。商业化应用需要满足市场需求和消费者的期望，因此智能网联汽车需要在产品设计、功能开发和用户体验方面进行深入研究和优化。这种市场导向的商业化应用推动了智能网联汽车相关技术的突破和创新，为智能出行提供了更多的选择和机会。

商业化应用为智能网联汽车提供了更多的应用场景和商业模式。智能网联汽车不仅仅是一种交通工具，更是一种移动的智能终端。商业化应用的推动使智能网联汽车能够实现更多领域的应用，如出行服务、物流配送、共享出行等。通过智能网联汽车的互联互通，出行服务商可以提供更智能化的乘车体验和个性化的服务，如智能导航、车辆远程控制、智能预订等。商业化应用也推动了智能网联汽车与其他行业的融合（如智能交通管理、智能城市规划等），为城市出行和交通系统提供更高效、安全和可持续的解决方案。

商业化应用需要涉及多个环节，包括汽车制造、软件开发、通信网络、数据分析等。这促使汽车制造商、科技公司、通信运营商、数据服务提供商等不同行业之间形成合作和协同创新。商业化应用也催生了新的商业模式和商业生态系统，如智能出行平台、车联网服务提供商等。这些商业模式和生态系统的发展推动了智能网联汽车产业链的完善和成熟，为整个产业的可持续发展奠定了基础。

商业化应用为智能网联汽车带来了市场竞争和消费者选择的机会。随着越来越多的智能网联汽车产品进入市场，消费者可以根据自己的需求和偏好选择适合自己的智能网联汽车产品。市场竞争的加剧也促使企业不断提升产品质量和性能，不断创新和推出更具竞争力的智能网联汽车产品。商业化应用为消费者提供了更多的选择和机会，推动了智能网联汽车市场的发展和壮大。

1.1.4 智能网联汽车的发展趋势

智能网联汽车是未来出行领域的重要发展方向，具有广阔的应用前景。在全球范围内，政府、企业和科技界都将智能网联汽车视为推动交通领域变革的关键技术。全球和国内都在加大对智能网联汽车的支持和投入，推动其技术不断创新和发展。未来的智能网联汽车将以全球视角、国内视角、技术趋势和产业趋势为基础，实现更高水平的智能化、互联化和自动化。智能网联汽车将引领未来出行的新时代，为人们带来更安全、便捷、舒适和可持续的出行体验。

1.1.4.1 全球视角

全球范围内，智能网联汽车正成为引领未来出行的重要趋势。从全球视角来看，各国都意识到智能网联汽车的潜力和重要性，纷纷加大对其研发和推广的支持力度。

智能网联汽车被视为改善交通安全的重要手段。通过引入先进的传感器和通信技术，智能网联汽车可以实时感知道路状况、交通情况和周围车辆的动态，使车辆之间能够进行实时通信和协同，避免事故和交通堵塞。全球各国都面临着日益严峻的交通安全挑战，智能网联汽车的推广将为交通安全带来重要突破。

智能网联汽车对于提升出行效率和减少能源消耗也具有重要意义。通过实时获取道路信息、优化行驶路线和提供智能导航功能，智能网联汽车可以帮助驾驶员选择最佳路线并避免拥堵，从而节约时间和燃料消耗。对于全球范围内不断增长的交通拥堵和环境问题，智能网联汽车为实现可持续出行提供了新的解决方案。

智能网联汽车在提供舒适和便捷出行体验方面也有重要作用。通过引入人工智能和自动驾驶技术，智能网联汽车可以提供自动化驾驶、智能语音控制和智能化车内娱乐等功能，使驾乘体验更加舒适和愉悦。这种个性化、智能化的出行方式将成为未来出行的新趋势。

世界各国都意识到智能网联汽车对于经济发展和产业转型的重要性。智能网联汽车不仅涉及汽车制造业，还涉及通信、信息技术和软件开发等多个领域。各国纷纷加大对智能网联汽车相关产业链的支持力度，推动相关企业加大投入并实现技术创新。智能网联汽车的发展将带动产业升级和经济增长，成为新一轮全球产业竞争的焦点。

1.1.4.2 国内视角

在国内视角下，智能网联汽车也成为我国汽车产业发展的重要方向。我国政府高度重视智能网联汽车的发展，将其作为国家战略进行推动，适时推出了一系列政策措施来支持和促进该领域的创新和发展。

智能网联汽车在国内被视为推动汽车产业升级的重要引擎。我国汽车市场庞大，但也面临着诸多挑战，如交通拥堵、安全问题和环境污染等。智能网联汽车的引入将有助于提高交通安全性、缓解交通拥堵和改善环境质量。我国政府积极鼓励本土汽车企业加大对智能网联汽车的研发和创新，推动传统汽车产业向智能网联汽车转型升级。

智能网联汽车对于提升出行效率和解决城市交通问题具有重要意义。我国面临着城市化进程加速、人口流动增加以及交通拥堵等挑战，智能网联汽车的应用有助于优化城市交通管理和智能出行服务。例如，智能交通管理系统可以通过实时收集和分析车辆和道路信息，实现交通信号优化和拥堵预测，提高城市交通运行效率。

智能网联汽车在技术创新和人才培养方面具备巨大潜力。我国政府提出了"创新驱动、智能制造"等战略，推动了人工智能、互联网、大数据等领域与汽车产业的深度融合。智能网联汽车的发展需要跨学科的研发团队和高素质的人才支持，我国政府鼓励高校、科研机构和企业加强合作，培养更多具备智能网联汽车相关专业知识和技能的人才。

国内市场巨大的潜力也是推动智能网联汽车发展的重要因素。我国拥有世界上最大的汽车市场，消费者的消费需求旺盛，尤其对智能、互联化的汽车产品有较高的接受度。智能网联汽车的商业化应用对于满足消费者需求、提升用户体验具有重要意义。我国政府鼓励和支持国内企业在智能网联汽车领域进行创新，并鼓励本土企业与国际汽车企业合作，加快技术创新和产品研发进程。

1.1.4.3 技术趋势

智能网联汽车的发展正处于技术创新的前沿，涉及多个关键技术领域的不断演进和突破。

人工智能（artificial intelligence，AI）的应用是智能网联汽车技术的重要趋势。AI技术可以实现对车辆的感知、决策和控制，使汽车能够更加智能地感知环境、分析数据、做出决策，并实现自动驾驶。通过深度学习、机器学习和计算机视觉等技术，智能网联汽车可以具备更高级别的自动化驾驶能力，并提供更加智能化的出行服务和用户体验。

车辆之间的通信以及车辆与基础设施、云端的通信是实现智能网联的基础。5G通信技术的快速发展将为智能网联汽车提供更高速、更低延迟、更可靠的通信支持，实现车辆之间的实时信息交换和协同操作。车辆与交通基础设施、行人和其他交通参与者之间的V2X通信也是智能网联汽车的关键技术之一。

传感器技术可以提供车辆环境感知所需的数据，如车辆定位、障碍物检测、道路条件等。激光雷达、摄像头、毫米波雷达、超声波传感器等先进传感器的应用将增强车辆对周围环境的感知能力，并为自动驾驶、交通决策和安全性提供关键信息。

智能网联汽车通过收集、分析和利用海量数据，可以实现对驾驶行为、道路状况、交通流量等方面的实时监测和预测，从而提供更准确的导航、交通优化和智能出行服务。云计算的引入可以为智能网联汽车提供强大的计算和存储能力，实现车辆与云端的高效连接和数据共享。

随着车辆的互联和数据交换增加，安全威胁和隐私风险也相应增加。因此，智能网联汽车需要采取强大的安全保护措施（包括网络安全、数据加密、身份验证等），以确保车辆和乘客的安全以及隐私不受侵犯。

1.1.4.4 产业趋势

智能网联汽车的发展不仅涉及技术创新，还涉及整个汽车产业的重大转型。

传统的汽车制造商正面临来自科技公司和新兴企业的竞争压力。科技公司在智能技术和互联网领域具有优势。依赖此优势，部分科技公司进入汽车产业，推动智能网联汽车的发展。汽车制造商需要积极加强与科技公司的合作，共同推动智能网联汽车的研发和商业化应用。

从零部件供应商到车辆制造商、软件开发商、数据服务提供商和出行服务提供商，智能网联汽车的发展将使整个产业链发生变革。新的技术需求和合作模式的出现将推动产业链上、下游企业的协同创新，促进资源共享和合作，实现全球汽车产业的整合与发展。

智能网联汽车的普及，相关技术和服务也将迅速发展。例如，车联网技术、智能交通系统、车辆共享和出行服务等将成为产业的重要组成部分。智能网联汽车的数据收集和分析将催生新的商业模式和价值链，为汽车产业带来新的增长点。

各国政府纷纷制定政策和法规，以推动智能网联汽车的发展和应用。政府的支持和监管将对产业的发展方向、技术标准和安全要求产生重大影响。因此，智能网联汽车产业必须与政府密切合作，制定共同的标准和规范，推动产业的可持续发展。

智能网联汽车的发展将进一步加强全球产业的合作与竞争。各国企业在智能网联汽车领域的投入和竞争愈发激烈。国际合作也将成为智能网联汽车产业发展的重要趋势。企业之间的合作与联盟、国际标准的制定以及技术的共享与交流将推动全球产业的协同发展。

1.2 智能网联汽车的主要技术组成

智能网联汽车的主要技术组成包括自动驾驶技术、车载通信技术、云计算与大数据以及人机交互。自动驾驶技术能够使车辆实现自动行驶，车载通信技术能够实现车辆之间、车辆与基础设施的实时通信，云计算与大数据能够提供强大的数据处理和应用能力，人机交互则改善了车内的用户体验。这些技术共同构成了智能网联汽车的基础，推动着汽车工业的创新与发展。

1.2.1 自动驾驶技术

自动驾驶技术[①]是智能网联汽车的核心技术之一，它通过结合传感器、算法和控制系统，使汽车能够在不需要人为干预的情况下进行自动行驶。自动驾驶技术的发展引领着汽车行业的变革，为人们提供更安全、便捷和高效的出行方式。通过感知环境、做出决策和实施控制，自动驾驶技术能够使车辆识别道路情况、遵守交通规则，并与其他车辆和基础设施进行通信，从而实现更智能化的驾驶体验。

1.2.1.1 感知技术

感知技术在自动驾驶技术中起着至关重要的作用，其使智能网联汽车能够感知和理解周围环境，从而做出相应的决策和行动。感知技术通过使用各种传感器和相应的算法来收集和处理环境信息，包括道路状况、障碍物、交通标志、行人和其他车辆等。下面将详细介绍几种常用的感知技术。

---

① 王建，徐国艳，陈竞凯，等.自动驾驶技术概论[M].北京：清华大学出版社，2019：16-25.

视觉感知技术是指利用摄像头和图像处理算法来模拟人眼的视觉能力。摄像头可以捕捉车辆周围的图像，并通过计算机视觉算法来识别和跟踪道路标线、交通标志、行人和障碍物等。计算机视觉技术可以通过图像处理、目标检测和目标跟踪等算法来实现高精度的环境感知。

雷达技术是通过发射电磁波并接收其反射信号来感知周围物体的位置和距离。雷达可以通过测量反射信号的时间差和频率差来计算物体的距离、速度和方向。雷达技术在自动驾驶中具有较高的鲁棒性和远距离探测能力，能够在恶劣天气条件下实现可靠的感知。

激光雷达技术也是一种常用的感知技术。激光雷达通过发射激光束并测量其反射时间来获取物体的三维空间信息。激光雷达可以提供高分辨率的点云数据，能够精确地检测和测量周围环境中的物体。激光雷达在自动驾驶中被广泛应用，可以实现高精度的障碍物检测和环境建模。

其他的感知技术在智能网联汽车中应用也很广泛，如超声波传感器、惯性测量单元（inertial measurement unit，IMU）和GPS等。超声波传感器可以用来测量车辆周围物体的距离，常用于低速和近距离的障碍物检测。IMU可以测量车辆的加速度和角速度，用于姿态估计和位置跟踪。GPS技术可以提供车辆的位置和速度信息，用于定位和导航。

1.2.1.2 决策技术

决策技术是自动驾驶技术的核心组成部分，负责根据感知的环境信息和预设的目标，做出合理的决策和规划行动。在智能网联汽车中，决策技术需要综合考虑多个因素（如交通规则、道路状况、周围车辆和行人的行为等），以确保安全、高效和顺畅地行驶。决策技术需要对感知的环境信息进行分析和理解。通过处理和解析感知技术获取的数据（如车辆位置、速度、障碍物位置和属性等），能够形成对环境的全面认知，包括识别和分类周围物体、预测其运动和行为、分析交通流量和道路状况等。

决策技术需要根据当前的环境状况和预设的目标，制定合适的决策策略，包括选择合适的车道、速度和行驶方向，规划车辆的行进路径和轨迹，处理交叉路口、超车和变道等复杂交通场景。决策技术还需要考虑安全性、效率性和舒适性等因素，在决策过程中，需要遵守交通规则和法律，确保行驶的安全和合法性；需要考虑路况和交通状况，选择最佳的行驶策略，以实现高效的路线选择和车速控制；需要平衡车辆行驶的舒适性和乘客的体验，避免急刹车、剧烈转向和加速等行为，提供平稳的行驶感受。

决策技术通常采用基于规则的方法、基于规划的方法和机器学习等技术手段。基于规则的方法是指事先定义一系列的决策规则和行为模式，根据感知信息进行匹配和执行相应的决策。基于规划的方法是指通过路径规划和优化算法，生成最优的行驶轨迹和路径。机器学习方法是指通过训练模型和学习经验，智能网联汽车能够从历史数据中学习并预测环境变化，从而做出更准确和智能的决策。

随着技术的不断进步，决策技术将变得更加智能化和自适应。例如，通过引入深度学习和强化学习等技术，智能网联汽车能够更好地理解和应对复杂的交通环境，具备更高的智能决策能力。与其他车辆和基础设施的通信和协同也将对决策技术产生积极影响，实现更高效和安全的交通流动。

1.2.1.3 控制技术

控制技术[1]是智能网联汽车中的关键技术之一，负责根据决策结果，控制车辆的动作和行为，以实现预定的目标和行驶任务。控制技术包括车辆动力控制、转向控制、制动控制等，通过精确的控制操作，车辆能够按照预定的路径和速度进行行驶。

---

[1] [日]原田宏.汽车控制技术[M].张扬,译.北京：机械工业出版社，2018：11-50.

动力控制是控制技术中的重要组成部分，涉及对车辆发动机、电动机和传动系统等的控制，以实现加速、减速和保持稳定的速度。动力控制不仅需要根据驾驶员的需求进行相应的加速和减速操作，还需要考虑周围环境、道路状况和交通流量等因素，以确保车辆的安全和行驶的顺畅。

转向控制是控制技术中的另一个重要方面，涉及对车辆转向系统的控制，以实现转向操作和转弯行驶。转向控制需要根据车辆的当前位置、目标路径和环境条件，进行精确的转向角度和转弯半径的控制。通过对转向系统的控制，智能网联汽车能够在不同的道路情况下进行准确的转弯操作，包括直线行驶、弯道行驶、车道变更和绕过障碍物等。

制动控制也是控制技术中的重要方面，涉及对车辆制动系统的控制，以实现安全和准确的制动操作。制动控制需要根据车辆的速度、目标路径和环境状况，控制制动力的大小和施加的时间，以实现稳定的制动效果。通过精确的制动控制，智能网联汽车能够在不同的行驶情况下实现平稳的制动操作，包括紧急制动、减速制动和停车制动等。

在控制技术的实现过程中，传感器技术和实时数据的获取至关重要。通过车载传感器获取的车辆状态信息、环境感知数据以及交通信息，能够为控制系统提供准确的输入数据，以实现精确的控制操作。控制技术还需要与其他系统（如感知系统、决策系统和通信系统等）进行有效的协同，实现信息的共享、协调以及整体的智能化控制。

1.2.1.4 定位技术

定位技术[1]在智能网联汽车中扮演着至关重要的角色，能够准确地确定车辆的位置和方向，为车辆提供导航、路径规划和位置感知等关键功能。随着全球定位系统（global positioning system，GPS）等卫星导航系统的发展，定位技术在智能网联汽车中得到了广泛应用。

---

[1] 崔胜民，卞合善. 智能网联汽车导航定位技术[M]. 北京：人民邮电出版社，2020：26-51.

定位技术基于卫星信号，它是通过接收来自卫星的信号并进行计算和处理，确定车辆的地理位置和方向。其中，全球定位系统是广泛应用的定位技术之一，它通过一组位于地球轨道上的卫星以及地面上的接收器，实现对车辆位置的准确测量。全球定位系统可以提供高精度的位置信息，精确度通常在数米到几十米的范围内。

除了全球定位系统，还有其他定位技术可用于补充和增强车辆的定位精度。其中，惯性导航系统是一种基于车辆本身的惯性测量单元进行测量和计算的定位技术。惯性导航系统通过测量车辆的加速度和角速度，并结合起始位置和方向的初始估计以及时间的累积计算，推算车辆的位置和方向变化。惯性导航系统具有较高的精度和实时性，在某些情况下可以提供连续的定位信息，但其精度会随时间的推移而逐渐因累积误差而降低。

地面基站的辅助定位技术也被广泛采用。该技术通过在道路或城市等地域范围内设置固定的基站，利用基站与车辆之间的信号交互，可以提供更准确的车辆定位和导航服务。这种基站辅助定位技术可以通过测量车辆与基站之间的信号到达时间差（time difference of arrival，TDOA）或接收信号强度指示（received signal strength indication，RSSI），实现对车辆位置的定位和跟踪。

定位技术的进一步发展还包括增强现实（augmented reality，AR）和车辆与基础设施通信的结合。定位信息与实时视频图像的结合，可以实现车辆位置的可视化显示和增强现实导航功能。通过与道路基础设施（如交通信号灯、路况监测设备等）的通信，智能网联汽车可以实现更准确的位置感知和导航服务，提高行车安全和交通效率。

1.2.2 车载通信技术

车载通信技术是智能网联汽车中的重要组成部分，包括车内通信、车际通信、车—云通信和车—基础设施通信等方面。这些通信技术的应用能够提供实时的交通信息、安全警示、远程诊断和车辆控制等功能，推动智能化和互联化汽车交通系统的发展。

1.2.2.1 车内通信

车内通信是智能网联汽车中的一个重要方面，涵盖了车辆内部各个部件之间的通信和信息交换。车内通信技术的发展为车内乘客提供了更加便捷、智能化的服务和体验。

车内通信需要考虑车载网络。现代汽车通常拥有多个电控单元（ECU）[1]，如发动机控制单元、车身控制单元、娱乐系统控制单元等。这些单元需要相互通信以实现各种功能。常见的车载网络协议有 CAN、LIN（local interconnect network）和 FlexRay 等，它们用于在车内传输数据和指令。

随着智能化和互联化的发展，车内通信技术还涉及乘客与车辆之间以及乘客之间的通信。乘客可以通过车载娱乐系统与车辆进行互动，如通过触摸屏或语音控制来调整座椅、音乐播放和导航等。车内通信还包括乘客之间的通信，如通过蓝牙连接进行手机通话、发送短信或共享媒体内容。

车内通信技术还可以提供一些安全和便利功能。例如，通过无线局域网或移动网络连接，乘客可以实时获取交通信息、天气预报和导航更新。车内通信还可以与外部服务和应用进行集成，如与智能手机应用连接，实现远程控制车辆锁定、开启空调或充电等功能。

随着车辆连接到互联网和其他外部网络，智能网联汽车需要采取措施确保通信数据的安全性，防止未经授权的访问和攻击。车主和乘客的个人隐私也要保护，车辆不应泄露敏感信息。

---

[1] 姚方方. 汽车电子控制技术 [M]. 北京：北京理工大学出版社，2019：33-75.

1.2.2.2 车际通信

车际通信[1]使车辆能够与周围的车辆进行实时的数据交换和信息共享。通过车际通信，车辆能够获取周围车辆的位置、速度、行驶方向等信息，从而实现协同行驶、交通优化和安全提升。

车际通信主要依赖车辆间的无线通信技术，通常使用无线局域网或移动通信网络等进行数据传输。车辆通过内置的通信设备和协议，与周围车辆进行通信。

车际通信使车辆能够相互交换信息，以实现更高级别的协同行驶和交通安全。通过车际通信，车辆可以共享自身位置、速度、加速度等信息，从而实现智能的车辆间距控制、交叉路口优化、紧急刹车协作等功能。这种实时的信息交换能够提升交通效率，减少事故风险，并为自动驾驶系统提供更准确的感知和决策依据。

车际通信的应用还包括紧急情况下的协作和警报。当一辆车检测到紧急情况（如突然刹车、事故或障碍物），它可以通过车际通信向周围车辆发送警报，提醒其他车辆采取相应的行动。这种紧急情况下的协作和警报可以帮助降低事故风险，增加行驶安全。

车际通信技术对于实现智能交通系统和自动驾驶的发展具有重要意义。通过车辆之间的实时数据交换和信息共享，车际通信能够提高交通效率、减少拥堵、改善道路安全，并为自动驾驶系统提供更准确的环境感知和决策支持。随着5G通信技术的推进和车联网技术的不断创新，车际通信技术有望在未来实现更广泛的应用，为智能网联汽车的发展开辟更广阔的前景。

---

[1] 马淑芝，侯志辉．精编中外轿车实用维修全书（电气分册）[M]．长春：吉林科学技术出版社，1999：16-50．

1.2.2.3　车—云通信

车—云通信[①]是智能网联汽车中的重要技术之一，它建立了车辆与云端服务器之间的实时通信连接，实现了车辆与云平台之间的数据交换和信息共享。通过车—云通信，智能网联汽车可以实时上传车辆数据、接收云端指令和服务，从而实现更智能化、个性化的驾驶体验和车辆管理。

车—云通信依赖于车载设备和移动通信网络的支持。车辆通过车载单元和 SIM 卡等设备连接到互联网，将车辆数据上传到云端服务器。云平台可以向车辆发送指令和服务，如远程车辆诊断、远程控制、OTA（over-the-air）升级等。

车—云通信技术具有多种应用场景。车—云通信为车辆提供了远程监控和管理功能，车主或车辆管理者可以通过手机应用或云平台远程监测车辆的状态（如电池电量、油耗情况、车辆位置等），这为车主提供了更便捷的车辆管理方式，能够及时获取车辆的运行情况。车—云通信支持远程诊断和维护功能，当车辆出现故障或需要维护时，云平台可以通过车—云通信与车辆建立连接，进行远程诊断和故障排查，这可以大大减少维修时间和成本，提高车辆的可靠性和可用性。车—云通信为智能出行服务提供了基础支持，通过与云平台的通信，车辆可以获取实时的交通信息、导航服务、天气预报等，为驾驶者提供更智能化的出行体验，车辆可以通过云端分析、学习驾驶者的行为模式和偏好，提供个性化的驾驶建议和服务。车—云通信还为车辆的软件更新和功能升级提供了便利，通过车—云通信，车辆可以收到最新的软件更新和功能升级，无须到专门的服务中心进行操作，这样车辆的性能可以随着技术的发展和用户需求的变化而不断提升，与时俱进。

1.2.2.4　车—基础设施通信

车—基础设施通信是智能网联汽车技术中的重要组成部分，建立了

---

① 徐晓齐. 车联网[M]. 北京：化学工业出版社，2015：41-80.

车辆与道路基础设施之间的通信连接，实现了车辆与交通基础设施之间的信息交换和互动。通过车—基础设施通信，智能网联汽车能够获取实时的交通信息、道路状况、交通信号等，以提供更智能、高效的驾驶体验和出行服务。

车—基础设施通信依赖于交通基础设施的支持，包括交通信号灯、路侧单元、道路传感器等。这些设施通过无线通信技术与车辆进行连接，传输交通信息和指令。常见的通信技术包括 Wi-Fi、LTE、5G 等，它们能够实现车辆与交通基础设施之间实时、稳定的数据交换。

车—基础设施通信技术具有多种应用场景，可以提供实时的交通信息和道路状况。交通基础设施可以通过车—基础设施通信向车辆发送交通拥堵、事故、施工等信息，帮助驾驶者选择最佳的行驶路线，减少拥堵和延误。

车—基础设施通信可以支持智能交通信号控制。交通信号灯可以与车辆进行通信，根据车辆的实时位置和交通流量情况，调整信号灯的时序和配时，优化交通流畅性和道路通行效率。这种交互能够减少停车等待时间，提高道路利用率，减少能源消耗和环境污染。

车—基础设施通信可以支持智能停车和充电服务。通过与停车场、充电桩等基础设施进行通信，车辆可以获取实时的停车位信息、充电桩的可用性等，从而提供准确的导航和指引，帮助驾驶者快速找到停车位和充电桩，提高停车和充电的效率和便利性。

车—基础设施通信还有助于提升道路安全性。交通基础设施可以通过与车辆的通信，向车辆发送道路状况警告、危险提示等信息，帮助驾驶者及时采取避让或减速等措施，避免事故的发生。基础设施也可以通过车辆的传感器数据获取交通流量、行驶速度等信息，用于交通监测和管理，提供科学的交通规划和控制。

1.2.3 云计算与大数据

云计算与大数据是智能网联汽车技术中关键的组成部分，涵盖了数据采集与处理、数据存储与管理、数据分析与挖掘以及数据应用。这些技术的应用使智能网联汽车能够有效处理和利用海量的车辆数据，从中提取有价值的信息，为驾驶者提供个性化的服务和决策支持，实现更智能、高效的驾驶体验。

1.2.3.1 数据采集与处理

数据采集与处理在智能网联汽车领域起着至关重要的作用。随着车辆与外部环境的实时互联，大量的数据源（包括车载传感器、摄像头、雷达、卫星导航系统等）涌入汽车系统。这些数据涵盖了车辆的位置、速度、加速度、周围环境的状态等多方面信息。有效地采集和处理这些数据是实现智能网联汽车的关键。

数据采集是指从各种传感器和设备中获取车辆相关的信息。传感器包括激光雷达、摄像头、超声波传感器、惯性测量单元等。这些传感器不断地获取周围环境和车辆本身的数据，并将其转换成数字信号，以供后续的处理和分析。数据采集的过程需要保证数据的准确性、及时性和完整性，以确保后续的数据处理过程具有可靠的基础。

数据处理是指对采集的数据进行预处理、清洗、筛选和整理，以提取有用的信息并消除不必要的噪声。数据处理过程可能需要对数据进行校准、去除异常值、进行插值等操作，以确保数据的质量和准确性。数据处理还可以采用数据压缩、数据融合和特征提取等技术，以减少数据的存储和传输成本，并提取对后续分析有意义的特征。

在智能网联汽车中，数据采集与处理的目的是获取车辆及其周围环境全面和准确的信息，以支持后续的决策、控制和应用。例如，通过对采集的传感器数据进行处理，智能网联汽车可以实现对车辆的自动识别、目标检测、道路状况分析等功能，这些处理结果可以为自动驾驶系统提供必要的输入，帮助车辆做出智能的决策。

数据采集与处理也面临一些挑战和问题：由于数据的规模庞大，所以数据采集与处理需要高效的存储和处理技术；数据的质量和准确性对于后续的分析和应用至关重要，因此数据采集与处理需要设计有效的数据校验和清洗算法；不同传感器采集的数据可能不一致，数据采集与处理需要进行数据融合和校准，以提高数据的一致性和可信度；等等。

1.2.3.2　数据存储与管理

数据存储与管理是智能网联汽车中的关键技术，涉及如何有效地存储和管理大规模的数据。随着智能网联汽车中数据的不断增加和多样化，合理的数据存储和管理方案对于保证数据的安全性、可靠性和可访问性至关重要。

数据存储是指将采集的数据以可靠的方式保存在存储介质中。在智能网联汽车中，数据的规模庞大，涉及车辆行驶数据、传感器数据、图像数据、地图数据等多种类型。常见的存储介质包括硬盘驱动器（HDD）、固态硬盘（SSD）以及云存储等，可以满足数据的高速写入和读取需求。关键数据的备份和冗余存储也是必要的，可以保证数据的可靠性和持久性。

数据管理是指对存储的数据进行组织、分类、索引和检索等操作，以便快速获取和使用。在智能网联汽车中，数据管理需要考虑数据的结构化和非结构化特点，设计适合的数据模型和数据库系统。常用的数据管理技术包括关系型数据库、分布式数据库、NoSQL 数据库等。合理的数据管理可以提高数据的可访问性和查询效率。

在智能网联汽车中，数据存储与管理的目的是确保数据的安全性、可靠性和高效性。有效的数据存储和管理可以为后续的数据分析、挖掘和应用提供强有力的支持。例如，通过对历史车辆数据进行存储和管理，智能网联汽车可以进行数据挖掘和模式识别，提取对驾驶行为分析、交通流量预测等有用的信息。

数据存储和管理也面临一些挑战和问题：数据的安全性是一个重要关注点，智能网联汽车中的数据涉及用户隐私、车辆安全等敏感信息，需要采取严密的数据加密和访问控制措施，以防止未经授权的访问和数据泄露；数据的备份和恢复机制也是必要的，可以应对数据丢失、系统故障等情况；数据的长期保存和归档需要考虑数据的存储成本和存储技术的演进。

1.2.3.3 数据分析与挖掘

数据分析与挖掘是智能网联汽车中的重要环节，涉及对海量数据进行处理、探索和发现有用信息的技术和方法。随着智能网联汽车的发展，车辆和道路基础设施产生的数据越来越多，如何从这些数据中提取有价值的信息，对于提升车辆性能、改善驾驶体验以及优化交通流量具有重要意义。

数据分析是对收集的数据进行统计、可视化和模式识别的过程，可以帮助理解数据的特征和规律，探索数据中隐藏的信息。在智能网联汽车中，数据分析可以用于多个方面。例如，对车辆行驶数据进行分析，可以了解驾驶行为、驾驶习惯、燃油消耗等指标，帮助驾驶员改善驾驶行为，实现节能减排；对传感器数据进行分析，可以用于车辆故障诊断和预测维护，提高车辆的可靠性和安全性；对交通流量数据进行分析，可以进行交通拥堵预测和路线优化，提高交通效率，减少通行时间。

数据挖掘是从大规模数据中自动发现模式、关联和趋势的过程。数据挖掘是利用机器学习、统计学和数据可视化等技术，通过建立模型和算法来发现数据中的隐藏知识。在智能网联汽车中，数据挖掘可以用于多个方面。例如，对车辆行驶数据进行挖掘，可以识别驾驶行为的模式和规律，提供个性化的驾驶建议和驾驶辅助功能；对大规模的交通数据进行挖掘，可以发现交通事故的潜在原因和规律，提供交通安全管理的决策依据。数据挖掘还可以用于预测车辆的故障和维修需求，提前采取相应措施，减少维修成本和时间。

数据分析与挖掘的过程涉及多个环节，包括数据清洗、特征选择、模型建立和模型评估等。数据清洗是指对收集的数据进行去噪、填充缺失值和处理异常值等预处理步骤，以保证数据的质量和一致性。特征选择是根据数据的特点和问题的需求，选择最相关和最具代表性的特征进行分析。模型建立是利用机器学习和统计学方法，构建合适的模型来对数据进行建模和预测。模型评估是对构建的模型进行性能评估和优化，以提高预测准确性和可靠性。

1.2.3.4 数据应用

数据应用是指将数据和分析结果应用于智能网联汽车系统中的各个方面，以实现更智能、高效、安全和舒适的驾驶体验。通过充分利用数据和分析结果，智能网联汽车可以为驾驶员、车辆和交通管理者提供有针对性的决策支持和服务，进而提升整体的车辆性能和交通系统的效率。

通过对驾驶行为和偏好进行分析，数据应用可以为驾驶员提供针对性的驾驶建议（如节能驾驶技巧、安全驾驶提醒等），以帮助驾驶员改善驾驶行为，提升驾驶体验。基于车辆感知和决策技术，数据应用还可以实现智能驾驶辅助功能（如自动泊车、自适应巡航控制等），提供更便捷和安全的驾驶体验。

通过对车辆传感器数据和运行状态进行监测与分析，数据应用可以实现实时故障诊断和预测维护，提前发现和解决潜在问题，避免车辆故障和损坏。这不仅可以提高车辆的可靠性和安全性，还可以减少维修成本和停车时间，提高车辆的可用性和效益。

通过对交通流量数据、道路状况数据和驾驶行为数据进行分析与挖掘，数据应用可以实现交通拥堵预测和路线优化，提高交通效率，减少通行时间。

数据应用可以为交通管理者提供决策支持（如交通信号灯优化、交通事故分析和预防等），帮助改善城市交通流动性和安全性。

数据应用可以促进智能网联汽车与其他领域的融合与发展。例如，数据应用通过与云计算和大数据技术结合，可以实现车辆与云端的实时数据交互和协同处理，实现更高级别的车—云通信、车—基础设施通信，为智能交通系统和智慧城市建设提供支持。

数据应用还可以促进智能网联汽车与共享经济、智能物流等领域的融合，开拓新的商业模式和服务方式。

1.2.4 人机交互

人机交互[1]是指智能网联汽车中人与车辆系统之间的交互方式和技术。通过人机交互技术，驾驶员可以与车辆系统进行信息交流和指令传递，实现更便捷、安全和智能化的驾驶体验。人机交互涵盖了显示系统、控制接口、语音交互和情境感知等方面，为驾驶员提供友好的界面和操作方式，促进智能网联汽车与人的紧密连接和协同工作。

1.2.4.1 显示系统

显示系统在智能网联汽车中扮演着重要的角色，为驾驶员提供了信息展示和交互的界面。随着技术的发展，显示系统在汽车中的功能和表现也得到了显著的提升。下面将详细介绍显示系统在智能网联汽车中的各个方面。

显示系统的主要功能是向驾驶员提供车辆状态、导航信息、娱乐内容等视觉化的展示。通过车载显示屏，驾驶员可以实时了解车辆的速度、车轮转速、油耗等重要参数以及导航指引、交通信息等导航相关的内容。这些信息的清晰、准确和易于理解对驾驶员的驾驶决策和行为起着至关重要的作用。

---

[1] 邱国华. 汽车智能交互内外饰设计[M]. 北京：机械工业出版社，2021：12-75.

显示系统能够实现多媒体娱乐功能，为驾驶员和乘客提供丰富的娱乐体验。例如，显示系统通过显示屏可以播放音乐、电影等多媒体内容，为驾驶及休息过程增添乐趣和舒适感。一些高级的显示系统还支持智能手机的连接和投屏功能，使驾驶员可以方便地使用手机上的应用程序和功能。

在显示系统的设计中，人机交互的友好性和易用性是关键考虑因素。界面设计应简洁明了，图标和文字要清晰可辨，操作按钮要方便触控。显示系统应根据驾驶员的偏好和需求提供个性化的设置选项，以满足不同驾驶者的习惯和喜好。

随着技术的进步，显示系统也在不断创新和改进。近年来，虚拟现实（VR）和增强现实（AR）技术[①]的应用为显示系统带来了新的可能性。通过将虚拟信息与真实场景相结合，驾驶员可以获得更丰富、沉浸式的驾驶体验，提高对周围环境的感知和理解能力。

智能语音助理技术的发展也为显示系统带来了新的交互方式。驾驶员可以通过语音指令与显示系统进行交互，实现更安全、便捷的操作。语音交互技术的不断改进和智能化程度的提高，使驾驶员能够更自然地与车辆系统进行对话，不必分散注意力或离开驾驶位置。

1.2.4.2 控制接口

控制接口在智能网联汽车中扮演着关键的角色，是驾驶员与车辆系统之间进行交互和控制的桥梁。通过控制接口，驾驶员可以操作车辆的各种功能和系统（如音响系统、空调系统、导航系统等），以实现个性化的驾驶体验和舒适度。下文将详细介绍控制接口在智能网联汽车中的各个方面。

控制接口的设计应考虑驾驶员的使用便捷性。各类物理按钮、旋钮、触摸屏、语音识别等技术被广泛用于控制接口中，可以满足不同驾驶者

---

① 许斌. 外科学[M]. 2版. 上海：上海科学技术出版社，2020：19-73.

的操作习惯和需求。例如，传统的物理按钮和旋钮在操作上更直观、简单；触摸屏提供了更灵活的交互方式，能够根据具体场景和需求显示不同的控制选项；语音识别技术的发展使驾驶员可以通过语音指令对车辆系统进行控制，提高了操作的便捷性和安全性。

控制接口应具备个性化的设置和配置功能。智能网联汽车中的控制接口通常支持驾驶员对各种系统和功能进行个性化的设置，以满足驾驶者的喜好和需求。例如，控制接口可以根据驾驶员的喜好调整音响系统的音质和音量、设置导航系统的语言和导航方式等。这些个性化设置提高了驾驶员对车辆的控制感和舒适感，使驾驶过程更符合个性化的需求。

在控制接口的设计中，人机交互的友好性和安全性也是重要的考虑因素。控制接口的布局、标识和反馈机制应当简洁明了，使驾驶员能够快速、准确地理解和操作。为了避免驾驶员在操作控制接口时分散注意力，控制接口的设计不需要过多目视和操作的方式。

控制接口还需要有反馈和提示机制，能够及时向驾驶员提供操作的结果和反馈信息，确保驾驶员能够准确理解和确认操作的效果。

随着技术的不断发展，控制接口也在不断创新和改进。虚拟现实和增强现实技术的应用为控制接口带来了新的可能性，通过虚拟显示和交互方式，驾驶员能够更直观地控制和操作车辆系统。智能助理和智能语音交互技术的进一步发展也将使控制接口更加智能化，驾驶员可以通过自然语言与车辆进行交流和控制，获得更人性化的驾驶体验。

1.2.4.3 语音交互

语音交互[1]作为一种自然、便捷的人机交互方式，在智能网联汽车中扮演着重要的角色。通过语音交互技术，驾驶员可以与车辆系统进行沟通和控制，获得更安全、便捷的驾驶体验。下面将详细介绍语音交互在

---

[1] 胡国华. 语音情感识别中的若干技术研究 [M]. 北京：中国商业出版社，2020：80-99.

智能网联汽车中的应用和发展。

语音交互为驾驶员提供了一种自然、无须手动操作的交互方式。驾驶员可以通过口头指令对车辆进行操作，如调整音乐、导航目的地、拨打电话等。相比于传统的物理按钮或触摸屏，语音交互无须驾驶员分散注意力去查找和操作控制接口，驾驶员可以更专注于道路行驶，提高驾驶安全性。

语音交互可以减少驾驶员的操作负担，尤其对于长时间驾驶或繁忙的交通情况，语音指令可以提供更便捷、高效的操作方式。语音交互技术的发展使语音识别的准确性和响应速度得到了显著提升。通过深度学习和自然语言处理的算法，语音识别系统能够更好地理解驾驶员的语音指令，并将其转化为具体的操作。

随着云计算和大数据的发展，语音交互系统能够借助云端资源进行语音处理和识别，从而提高识别的准确性和速度。这些技术的进步为语音交互在智能网联汽车中的应用提供了更好的基础。

在智能网联汽车中，语音交互还可以与其他技术相结合，实现更智能化的功能。例如，结合车载导航系统，驾驶员可以通过语音交互告知目的地，并获得即时的导航指引；与智能助理技术相结合，驾驶员可以通过语音提问获取天气、新闻等信息。语音交互还可以与车辆的感知技术结合，通过语音指令控制车辆的自动驾驶功能，实现更高级别的驾驶辅助和安全性。

语音交互技术尽管已经取得了显著的进展，但仍面临一些挑战：语音识别的准确性仍然存在一定的局限性，尤其是在复杂环境下或口音较重的驾驶员；多语言和多方言的支持仍需要进一步改进，以满足全球范围内的用户需求；隐私和安全问题也是需要重视的方面，语音交互系统需要确保用户的语音数据安全，并遵守相关隐私保护法规。

1.2.4.4 情境感知

情境感知是智能网联汽车中的重要技术之一，它通过感知和理解周围环境的信息，使车辆能够实时了解道路、交通和行驶情况，从而做出智能化的决策和行动。下面将详细介绍情境感知在智能网联汽车中的应用和技术原理。

情境感知通过使用各种传感器和感知技术来获取周围环境的信息。这些传感器包括摄像头、激光雷达、毫米波雷达、超声波传感器等，它们能够感知车辆周围的物体、道路状况、行人和其他车辆等信息。传感器获取的数据经过处理和融合，可以构建车辆周围环境的三维模型，提供丰富而准确的感知信息。情境感知还需要对获取的感知数据进行理解和分析，包括目标检测与识别、道路检测与识别、行为预测等任务。例如，通过目标检测与识别，车辆可以辨别前方的行人、车辆或障碍物，并对其进行分类和跟踪；通过道路检测与识别，车辆能够识别车道线、交通标志和交通信号灯等道路信息；通过行为预测，车辆可以预测其他车辆或行人的行为，以便做出适当的决策。

基于情境感知的数据分析，智能网联汽车可以做出智能化的决策和行动。例如，在自动驾驶模式下，车辆可以根据感知的环境信息和交通规则，自动地进行车道保持、加减速、换道等操作。在驾驶辅助系统中，车辆可以根据感知数据提供警示和辅助功能，如自动刹车、盲点检测、自动泊车等。这些决策和行动的实现依赖于情境感知技术的准确性和实时性。

随着人工智能和深度学习等技术的发展，情境感知在智能网联汽车中的性能和应用也不断提升。深度学习算法可以提高目标检测、道路检测和行为预测等任务的准确性和鲁棒性。云计算和大数据技术的应用，可以支持车辆实时获取和处理大规模的感知数据，从而提供更全面、准确的情境感知能力。

1.3 智能网联汽车的应用和影响

智能网联汽车在私人用车、公共交通、交通管理和社会经济领域的应用对社会产生了广泛的影响，提高了驾驶安全和舒适性，提供了个性化服务，改变了购车模式，优化了公共交通系统，提供了更高效的物流和紧急救援服务，提升了交通管理的效率和安全性。智能网联汽车的应用也对社会经济产生了影响，促进了产业链变革，创造了就业机会，完善了法律法规，并对城市规划提出了新的要求。

1.3.1 私人用车领域

在私人用车领域，智能网联汽车的应用带来了多重影响。智能网联汽车提高了驾驶安全性，通过先进的驾驶辅助技术和实时数据反馈，减少了事故风险。智能网联汽车提高了驾驶舒适性，通过智能座舱设计、个性化设置和自动化驾驶功能，提供了更便捷、愉悦的驾乘体验。智能网联汽车为用户提供了个性化的服务（如导航、娱乐和健康监测），满足了用户多样化的需求。智能网联汽车的出现也改变了购车模式，推动了共享汽车和订阅服务等新交通模式的兴起。

1.3.1.1 提高驾驶安全

智能网联汽车在私人用车领域的一个重要应用和影响是提高驾驶安全。通过引入先进的感知技术、决策技术和控制技术，智能网联汽车能够帮助驾驶员避免潜在的危险，减少交通事故的发生。

智能网联汽车利用感知技术来感知车辆周围的环境和道路状况。例如，借助高精度传感器和摄像头，智能网联汽车能够实时监测车辆周围的车流、行人和障碍物等，从而提供更全面的环境感知。这种实时的感知能力使驾驶员能够更早地察觉潜在的危险（如刹车不及时、变道冲突或行人穿越等情况），并采取相应的措施来避免事故的发生。

智能网联汽车通过决策技术来对感知的信息进行分析和判断，并做出相应的驾驶决策。利用先进的算法和人工智能技术，智能网联汽车可以评估不同的驾驶行为和路况，并选择最安全的驾驶策略。例如，在遇到紧急情况时，智能网联汽车可以自动采取制动、避让或紧急停车等措施，以保证驾驶员和乘客的安全。

智能网联汽车采用控制技术来实施驾驶决策并保持车辆的稳定性和安全性。通过自动化的驾驶辅助系统和主动安全控制系统，智能网联汽车能够自动控制车辆的加速、制动和转向等行为，确保驾驶操作的准确性和安全性。

智能网联汽车还可以通过与其他车辆和交通基础设施的通信，实现协同驾驶和交通流优化，减少交通堵塞和事故的发生。

1.3.1.2 提高驾驶舒适性

智能网联汽车在私人用车领域的另一个重要应用和影响是提高驾驶舒适性。通过引入先进的技术和功能，智能网联汽车能够为驾驶员提供更加舒适和愉悦的驾驶体验。

智能网联汽车通过自动驾驶技术为驾驶员减轻驾驶负担，提供更轻松的驾驶体验。自动驾驶技术使车辆能够在特定条件下实现自动驾驶，从而减少驾驶员需要专注于操控车辆的时间和精力。在高速公路等特定道路环境下，驾驶员可以将驾驶任务交给智能网联汽车，自动驾驶系统能够负责车辆的加速、制动和转向等操作，提供更加平稳和舒适的驾驶体验。

智能网联汽车通过人机交互技术为驾驶员提供更友好和便捷的操作界面和交互方式，提升驾驶舒适性。借助先进的显示系统和控制接口，驾驶员可以通过触摸屏、语音命令或手势识别等方式与车辆进行交互，使驾驶员可以更轻松地调节座椅位置、温度控制、音乐播放等车内环境，提供个性化的驾驶体验。智能网联汽车还可以根据驾驶员的喜好和习惯进行个性化设置，为驾驶员提供更加舒适和个性化的驾驶环境。

智能网联汽车通过感知技术和数据分析，实现智能化的驾驶辅助功能，提供更加智能和人性化的驾驶体验。例如，智能网联汽车可以通过摄像头和传感器感知驾驶员的疲劳程度、注意力分散等情况，并提醒驾驶员及时休息或集中注意力。智能网联汽车还可以根据驾驶员的行为和偏好，自动调整车辆的驾驶模式、音响音量、座椅按摩等功能，提供个性化的驾驶体验。

1.3.1.3 提供个性化服务

在智能网联汽车的应用中，提供个性化服务是一个重要的方面。通过集成先进的技术和数据分析能力，智能网联汽车能够根据驾驶员的偏好和需求，为其提供个性化的服务和体验。

智能网联汽车可以根据驾驶员的个人设置和偏好实现定制化的驾驶环境。驾驶员可以通过车辆的人机交互系统进行个性化设置，如调节座椅的高度和角度、选择喜爱的音乐、调整空调温度等。这些个性化设置可以提高驾驶员的舒适度，使其在驾驶过程中感到更加自在和满意。

智能网联汽车可以通过驾驶数据的分析，提供个性化的驾驶建议和指导。通过监测驾驶员的驾驶习惯、行为和路况等信息，智能网联汽车可以提供实时的驾驶建议，如减速提醒、变道建议、避免疲劳驾驶等。这些个性化的驾驶指导可以帮助驾驶员更加安全和高效地驾驶，提升驾驶体验。

智能网联汽车可以根据驾驶员的喜好和兴趣提供个性化的娱乐和信息服务。通过连接互联网和娱乐内容平台，智能网联汽车可以提供驾驶员喜欢的音乐、电台节目、新闻资讯等内容。智能网联汽车还可以根据驾驶员的位置和偏好，提供周边商店、餐厅、加油站等信息，帮助驾驶员方便地找到所需服务和设施。

智能网联汽车还可以根据驾驶员的健康状况和需求提供个性化的健康服务。通过车内传感器和健康监测设备，智能网联汽车可以监测驾驶员的身体指标（如心率、血压等），并提供相应的健康建议和提醒（如提醒驾驶员休息、进行体操活动等），保障驾驶员的健康和安全。

1.3.1.4　改变购车模式

智能网联汽车的出现和发展不仅对驾驶安全、舒适性和个性化服务产生了积极影响，还在很大程度上改变了传统的购车模式。传统购车模式主要是以车辆销售为核心，消费者需要选择并购买一台车辆，然后独立拥有和使用该车辆。智能网联汽车的出现引入了新的购车模式和消费理念。

智能网联汽车推动了共享经济的发展，改变了人们对车辆拥有的观念。通过智能网联技术，车辆可以实现互联互通，将车辆信息和服务与其他用户共享。这促使出现了共享出行服务，如网约车和拼车服务。消费者可以通过这些服务，在需要的时候使用共享车辆，而无须购买和拥有一辆车。这种共享模式节省了购车成本和维护费用，提供了更便捷和经济的出行方式。

智能网联汽车推动了汽车订阅服务的兴起。汽车订阅服务是一种按需付费的方式，消费者可以根据自己的需要和使用情况，选择订阅一台或多台车辆，而不需要一次性购买。订阅服务通常包含车辆、保险、维护和升级等一系列服务，消费者可以根据自己的需求和预算灵活选择服务方案。这种模式使消费者能够根据实际需求来使用车辆，避免了长期经济负担和车辆的闲置。

智能网联汽车促进了车辆租赁服务的发展。通过智能网联技术，租赁公司可以更好地管理和监控车辆，提供更便捷的租车体验。消费者可以根据需要选择合适的租赁时长和车型，并享受车辆使用期间的相关服务。这种租赁模式给消费者提供了更灵活和经济的选择，也减少了车辆的闲置浪费。

第1章 概 述

智能网联汽车还催生了许多创新的交通出行服务，如出行平台、智能停车等。这些服务通过智能网联技术和大数据分析，能够提供更智能、高效和便捷的出行方案。消费者可以通过这些平台选择合适的交通方式、路线和服务，实现出行的个性化和定制化。

1.3.2 公共交通领域

智能网联汽车在公共交通领域的应用具有广泛的影响和潜力。智能网联汽车可以改善公交系统的效率和服务质量，提供更智能的出行选择；还可以优化物流系统和紧急救援等公共交通服务，为城市交通管理和社会公共安全作出贡献。这些应用领域的发展将为人们带来更便利、高效和可持续的公共交通服务，提升城市居民的出行体验和生活质量。

1.3.2.1 公交系统

智能网联公交车可以提升公交系统的运营效率。通过实时定位、路径规划和调度优化，智能网联公交车能够更精确地抵达站点，减少拥堵和延误。智能调度系统可以根据实时交通情况和乘客需求进行灵活运营调整，提高公交线路的运行效率和适应性。

智能网联公交车改善了乘客的出行体验。乘客可以通过手机应用或终端设备实时获取公交车辆的位置、到站时间和座位情况，提前做好出行决策。智能网联公交车还可以提供更舒适的乘坐环境（如智能座椅、空调控制和娱乐系统），提升乘客的出行舒适度和满意度。

智能网联公交车可以提供个性化的服务。通过乘客信息采集和分析，公交系统可以根据乘客需求和偏好，提供定制化的出行方案和服务。例如，根据乘客的目的地和时间要求，智能网联公交车可以推荐最佳的换乘路线、提供优先座位和无障碍服务，满足不同乘客群体的需求。

智能网联公交车还增强了公交系统的安全性和可靠性。车辆间的通信和协同技术可以提供实时的交通状况和路况信息，减少交通事故的发生和拥堵情况；智能驾驶辅助系统（如自动刹车、车道保持辅助和盲点监测等功能）可以帮助司机提高驾驶安全性。这些技术的应用有助于提升公交系统的整体安全性和可持续性。

智能网联公交车对城市发展和环境保护具有积极影响。通过优化公交线路和提供高效的出行选择，智能网联公交车可以鼓励更多人选择公共交通，减少私人车辆使用和道路拥堵。这有助于改善城市空气质量，减少交通排放，促进城市可持续发展。

1.3.2.2 物流系统

智能网联货车提升了物流系统的运输效率。通过实时定位和路径规划，智能网联货车可以优化货物运输路线，减少运输时间和成本。智能调度系统可以实时监测车辆位置和货物需求，优化调度和配送，提高物流运输的效率和可靠性。

智能网联货车改善了货物跟踪和管理的能力。通过物联网技术和传感器的应用，智能网联货车可以实时监测货物的位置、温度、湿度等信息，并将数据上传至云平台进行处理和分析。物流公司和客户可以通过手机应用或网站追踪货物的实时状态和位置，提高货物跟踪和管理的效率。

智能网联货车还可以提供更安全的货物运输。智能驾驶辅助系统可以提供车辆行驶的实时数据和警示，帮助司机避免交通事故和行驶危险。通过车辆间的通信技术，智能网联货车可以与其他车辆和道路基础设施进行实时通信，提高运输安全性和货物保护的水平。

智能网联货车也为物流系统提供了更高的灵活性和个性化服务。通过数据采集和分析，物流公司可以根据客户需求和市场变化，灵活调整运输方案和配送服务。例如，根据货物特性和交付要求，智能网联货车系统可以优化车辆配置、货物装载和配送路径，提供定制化的物流解决方案。

通过路线优化和货物配送，智能网联货车可以减少运输里程和空载运行，降低燃料消耗和排放，有助于减少环境污染和交通拥堵，促进物流行业的可持续发展，对物流行业的管理和监督产生积极影响。通过数据的实时采集和分析，监管部门可以监测和评估物流运营的状况，提供有效的监管和服务质量评估。智能网联货车还可以加强对货车司机和物流企业的监控和管理，提高服务质量和运营安全。

1.3.2.3 紧急救援

紧急救援是智能网联汽车在公共交通领域中的一个重要应用方向。智能网联汽车通过实时数据传输、定位技术和通信系统，为紧急救援提供了更高效、准确和可靠的支持。

智能网联汽车可以提供实时的紧急救援呼叫和定位功能。当发生紧急情况时，车辆内部的紧急按钮或语音命令可以立即触发呼叫中心的警报。车辆内部的传感器和通信设备可以传输车辆位置、行驶速度、碰撞情况等关键信息，以便救援人员及时做出响应并准确定位事故现场。通过车辆内部的通信系统和无线网络，救援人员可以与车内乘客进行语音或视频通话，了解事故情况、提供紧急指导，并安抚乘客的情绪。这种实时通信的能力可以极大地提高救援的效率和准确性，为乘客提供及时的援助和支持。通过车辆内部的远程监控和控制系统，救援人员可以远程查看车辆内部的情况，如监测乘客的生命体征、车辆状况以及环境条件等。在一些特殊情况下，救援人员还可以远程控制车辆的启动、熄火、车窗、车门等功能，以便更好地进行救援和保护乘客的安全。

智能网联汽车还可以利用大数据和人工智能技术，提供更精确的救援预测和预警功能。通过对车辆和乘客的数据进行分析，智能系统可以识别潜在的风险和危险情况，并提前发出预警信号。例如，系统可以通过监测驾驶员的行为模式和生理指标来预测疲劳驾驶的风险或者通过监测车辆的传感器数据来预测机械故障的可能性。这些预警功能可以大大提高紧急救援的效率和准确性。

1.3.3 交通管理领域

智能网联汽车在交通管理领域的应用具有重要意义。通过实时数据传输、通信技术和智能化系统，智能网联汽车能够在交通疏导、交通规划和交通信息服务等方面发挥作用。智能网联汽车能够提供实时的交通监测和分析，优化交通流量，改善交通安全，并提供更便捷的交通信息服务。智能网联汽车的发展将为交通管理带来新的机遇和挑战，推动城市交通系统的智能化和可持续发展。

1.3.3.1 交通疏导

交通疏导旨在通过优化交通流量和减少拥堵，提高道路的通行效率和交通系统的整体运行效果。智能网联汽车通过实时数据的收集、处理和分析以及车辆之间、车辆与基础设施之间的高效通信，为交通疏导提供了有效的解决方案。

智能网联汽车可以通过交通信息的实时共享和传递，提供精确的路况信息和导航建议。车辆可以获取实时的交通拥堵情况、交通信号灯状态以及道路工程等信息，并通过导航系统提供最佳的路线规划，帮助驾驶员选择最快捷的道路。车辆之间也可以通过车际通信相互协作，实现车队行驶和车辆间的协同，从而减少交通阻塞。

智能网联汽车可以通过智能交通信号控制系统实现交通流的优化调控。交通信号可以根据实时的车流情况进行调整，以提供更高的道路通行效率和交通安全性。智能网联汽车与交通信号灯之间的通信可以实现车辆的优先通行、交通流的协调配时和拥堵区域的快速疏导，有效减少车辆的停等时间和排队长度。

智能网联汽车可以通过智能交通管理平台实现对交通系统的全面监控和管理。该平台通过数据的汇集、处理和分析，可以实时监测交通状况、预测交通拥堵和事故风险，并根据这些信息作出相应调整和决策。基于大数据分析和人工智能算法，交通管理者可以制定更精准的交通管理策略，优化道路规划和交通信号控制，提高交通系统的整体效能。

智能网联汽车还可以与城市的其他交通系统（如公交系统、地铁系统等）进行集成，实现多模式交通的无缝衔接和协同运行。智能网联汽车的引导和调度可以减少私人汽车的使用量，鼓励公共交通的使用，从而减少交通拥堵和环境污染。

1.3.3.2 交通规划

交通规划旨在通过利用大数据分析、智能算法和实时交通信息，为城市交通系统的规划和设计提供科学的决策支持。交通规划的目的是优化交通资源配置，提高交通效率，减少拥堵和排放，改善城市交通环境。

智能网联汽车可以为交通规划提供大量的交通数据，包括交通流量、出行需求、出行模式等信息。这些数据可以帮助交通规划师更准确地了解城市交通状况，分析交通需求和流量分布，识别瓶颈和拥堵点，为交通规划提供科学依据。

智能网联汽车可以支持交通模型[①]的建立和仿真分析。通过模拟车辆和交通流动的行为，交通规划师可以评估不同规划方案的效果，预测未来交通状况，优化道路布局和交通网络，提供合理的交通规划建议。

智能网联汽车可以支持出行模式的优化和多模式交通的整合。通过提供个性化的出行服务、多种交通方式的无缝衔接和智能导航，智能网联汽车可以鼓励公共交通、步行、骑行等低碳出行方式的使用，减少私家车出行量，缓解城市交通拥堵。

智能网联汽车可以与城市规划、土地利用规划等相关部门进行协同工作，将交通规划与城市规划相结合，实现交通与城市发展的协调。例如，新建城市区域或开发项目的规划过程可以利用智能网联汽车的数据和模型，评估交通对基础设施、环境、人口等的影响，提供相应的交通

---

① 赵春晓，魏楚元. 多智能体技术及应用 [M]. 北京：机械工业出版社，2021：101-124.

规划建议，确保交通系统与城市发展的一体化。

智能网联汽车可以支持交通规划的动态调整和优化。随着城市发展和人口流动的变化，交通需求和交通状况也会发生变化。

智能网联汽车可以实时监测和分析交通数据，提供实时的交通信息和预测，帮助交通规划师及时调整规划方案，优化交通系统的运行效果。

1.3.3.3 交通信息服务

交通信息服务旨在利用先进的车载通信和数据处理技术，为驾驶者和交通管理部门提供准确、实时的交通信息，帮助他们做出更好的出行决策和交通管理策略。

交通信息服务通过车载通信技术将车辆与交通管理中心进行连接。车辆通过与交通管理中心的通信系统建立连接，实时获取交通信息和路况数据。这些数据包括道路拥堵情况、事故报警、交通事件等，可以帮助驾驶者了解道路情况，选择最佳的出行路线。

交通信息服务[1]通过数据处理和分析技术对交通信息进行处理和整合。交通管理中心利用大数据分析和挖掘技术，对大量交通数据进行处理和分析，提取有效信息，并将其转化为可视化的交通信息。这些信息包括实时交通流量、预测拥堵状况、推荐路线等，为驾驶者提供全面、准确的交通情报。例如，车载导航系统可以根据实时的交通信息，为驾驶者提供最佳的行车路线，避免拥堵和交通事件，提高行车效率和舒适性；导航系统还可以实时更新交通信息，根据实际情况调整导航路线，使驾驶者能够根据最新的路况做出决策。

交通信息服务可以通过移动应用程序和互联网平台向用户提供交通信息。这些交通信息包括道路拥堵情况、停车位信息、公共交通时刻表等。这样，用户可以提前规划行程，选择最佳的出行方式，提高出行效

---

[1] 亚历山大·V·涅贝洛夫，约瑟夫·沃森. 航空航天导航系统[M]. 崔吉俊，薛辉，唐建，译. 北京：国防工业出版社，2020：36-90.

率和舒适度。

交通信息服务对于交通管理部门也具有重要意义。交通管理部门可以通过交通信息服务监测和分析交通流量、拥堵情况、交通事件等，及时调整交通信号配时、路口规划等，提高交通管理的效果和能力。交通信息服务还可以帮助交通管理部门制定交通政策和规划，优化交通网络，提升城市交通的整体效率和实现可持续发展。

1.3.4 社会经济领域

智能网联汽车的广泛应用对社会经济产生了深远的影响，不仅改变了交通方式和出行体验，还推动了产业链的变革，创造了就业机会，推动了法律法规的发展和城市规划的转型。智能网联汽车的发展为社会经济带来了巨大的潜力和机遇，为人们的生活和经济发展带来了积极的影响。

1.3.4.1 产业链变革

智能网联汽车的广泛应用正在推进产业链的变革，涉及汽车制造、电子技术、通信网络、软件开发、数据分析等多个领域。这种变革不仅会影响传统汽车制造商和供应商，还会影响新兴的科技公司和互联网企业。

智能网联汽车的兴起对传统汽车制造商和供应商产生了深远的影响。传统汽车制造商需要加大研发力度，推动汽车电子技术和智能化技术的应用，以满足消费者对智能网联汽车的需求。供应商也需要调整产品结构，提供更先进的电子和通信设备，以适应智能网联汽车的需求。

智能网联汽车的发展推动了电子技术和通信网络行业的发展。智能网联汽车的实现需要先进的传感器、通信模块、人机交互界面等技术。通信网络的建设和发展也变得更加重要，以实现车辆之间、车辆与基础设施之间的高效通信和数据传输。

智能网联汽车的兴起也催生了新的软件开发和数据分析产业。智能网联汽车需要强大的软件系统支持，包括车载操作系统、驾驶辅助系统、远程控制系统等。大量车载传感器和通信设备产生的数据也需要进行有效的收集、存储和分析，以提供更精准的驾驶决策和个性化的服务。因此，软件开发和数据分析的需求不断增长，为相关产业提供了新的商机。

智能网联汽车的产业链变革还涉及新兴的科技公司和互联网企业的参与。这些公司以其创新能力和灵活性，推动着智能网联汽车技术的发展，在车联网、人工智能、云计算等领域有着丰富的经验和技术优势，为智能网联汽车的发展注入了新的活力。

1.3.4.2 就业机会

智能网联汽车的快速发展为就业市场带来了广阔的机遇，不仅为传统汽车制造业创造了新的就业岗位，还为新兴的科技领域和服务领域提供了更多的就业机会。

智能网联汽车的研发和制造过程需要大量的工程师、技术专家和研究人员，他们负责开发和优化智能网联汽车的各个系统和组件，如自动驾驶技术、车载通信技术、人机交互技术等。智能网联汽车的推广和应用需要大量的技术支持和维护人员，这些人员负责安装、调试和维护智能网联汽车的硬件和软件系统，以确保其正常运行和功能完善。智能网联汽车还需要进行系统更新和升级，以跟随技术的发展和市场的需求变化。因此，智能网联汽车为技术支持和维护人员提供了稳定的就业机会。

智能网联汽车的应用还催生了一系列相关的服务产业，进一步扩大了就业机会。例如，智能网联汽车的导航和定位功能需要地图制作和更新，为地理信息系统（GIS）[1]和地图制作人员提供了就业机会；智能网联汽车的数据管理和分析需要数据科学家和分析师，为数据相关行业带来了更多的就业机会；智能网联汽车的驾驶员培训和教育、车辆保险和金融服务等领域，也为相关专业人士提供了就业机会。

---

[1] 冯增才. 地理信息系统（GIS）开发与应用[M]. 天津：天津大学出版社，2016：29-46.

智能网联汽车的就业机会不仅限于传统的汽车制造业和相关技术领域，还渗透到了更广泛的行业和职业。例如，互联网公司和科技创新企业通过开发智能网联汽车相关的应用软件和服务，为软件开发人员、数据分析师和产品经理等提供了就业机会。智能网联汽车的普及也为交通管理部门和城市规划机构带来了新的需求，为交通规划师、交通工程师和城市规划师等职业提供了更多的就业机会。

1.3.4.3 法律法规

智能网联汽车的广泛应用对法律法规产生了深远的影响。由于智能网联汽车涉及驾驶、安全、隐私、数据交换等多个方面，制定和完善相关的法律法规成了确保智能网联汽车发展和应用的必要措施。

智能网联汽车的自动驾驶技术给驾驶权和责任分配带来了新的挑战。法律法规需要明确自动驾驶模式和人工驾驶模式之间的切换条件和责任划分，以确保交通安全和道路规范。自动驾驶技术的测试和上路应用需要制定相应的法规和标准，确保其安全可靠。

智能网联汽车涉及隐私和数据保护的问题。车辆通过传感器收集大量的驾驶数据和车辆数据，这些数据包含个人信息和行车轨迹等敏感信息。法律法规需要规范数据的采集、存储和使用，明确车主和驾驶员对个人数据的控制权和隐私保护，还需要规定数据共享的条件和安全保障，以防止数据泄露和滥用。

智能网联汽车的通信技术涉及无线电频谱的使用和频段的分配。相关的法律法规需要确保车载通信系统与其他通信系统之间的互操作性和频谱资源的合理利用，还需要规范通信技术的发展和应用，以保证通信的稳定和可靠。

智能网联汽车的应用还涉及道路交通管理和交通规则的调整。为了适应智能网联汽车的特点和需求，法律法规需要对交通管理和交通规则进行相应调整和更新。例如，对于自动驾驶车辆的交通规则遵守和道路优先级的设定，需要制定相应的法规和指导原则。

智能网联汽车的发展还带来了跨境运营和国际合作的问题。由于智能网联汽车的全球化特点，法律法规需要在国际层面进行协调和统一，以确保跨境运营的顺利进行，还需要制定相关的国际标准和规范，以推动全球智能网联汽车的互联互通和互操作性。

1.3.4.4 城市规划

智能网联汽车的应用对城市规划产生了深远的影响，改变了传统的城市交通模式，为城市规划提供了新的机遇和挑战。

智能网联汽车的普及和应用使城市交通更加高效和智能化。通过智能交通管理系统和实时数据分析，城市规划者可以更准确地了解交通流量、拥堵状况和道路使用情况，从而优化交通流动和减少交通拥堵。智能网联汽车的导航和路线规划功能可以提供实时的交通信息和最佳路径，帮助驾驶员选择最优的行驶路线，减少行车时间和燃料消耗。这些优化措施对于城市规划者来说，可以改善交通状况，提高城市的可持续性和生活质量。

智能网联汽车的出现对城市道路和交通基础设施的规划和建设也提出了新的需求。为了适应智能网联汽车的特点，城市规划者需要考虑交通信号灯的配时优化、交通设施的改进和道路网络的扩展。

为智能网联汽车提供充电桩和无线充电设施等新型基础设施也是城市规划的重要任务之一。科学合理的城市规划可以提供良好的交通环境，满足智能网联汽车的需求，促进交通系统的协调发展。

智能网联汽车的应用还对城市空间布局和土地利用产生了影响。传统的城市规划需要为车辆提供大量的停车位，占用了大量的土地资源。而随着智能网联汽车的发展以及共享出行和无人驾驶等新型出行方式的兴起，城市规划可以优化停车资源的利用，减少停车位的需求，从而提高土地的利用效率。

智能网联汽车的共享出行模式对城市的交通需求和人口流动亦产生了影响，城市规划者需要考虑这些因素来合理规划城市的人口分布和公共交通设施的布局。

智能网联汽车的应用还对城市规划的可持续性产生了影响。智能网联汽车的电动化趋势和智能能源管理系统的应用可以减少对传统燃油的依赖，降低污染排放和噪声污染。城市规划者可以鼓励电动车辆的推广和充电设施的建设，以推动城市的能源转型和环境保护。通过智能网联汽车的数据采集和分析，城市规划者可以更好地了解居民出行模式和出行偏好，从而优化公共交通路线和服务，提高出行效率。

第 2 章 汽车电控系统基础

本章深入探讨了汽车电控系统在引擎控制、制动控制、操控稳定性、舒适性和便利性等方面的重要作用,阐述了汽车电控系统从初期阶段到现代阶段的演变过程以及未来的发展趋势,阐述了汽车电控系统的设计要点,详细讨论了传感器、控制器、执行器和其他配套设备等主要组成部分的功能和特点,并介绍了这些组成部分的工作原理及其在汽车电控系统中的应用。通过对这些基础知识的学习,读者将对汽车电控系统的重要性和工作原理有更深入的了解。

2.1 汽车电控系统的概述

本节介绍了汽车电控系统的作用、发展历程以及设计要点,为读者提供了对汽车电控系统基本概念和重要性的综合认识。

2.1.1 汽车电控系统的作用

汽车电控系统的作用介绍了汽车电控系统在引擎控制、制动控制、操控稳定性以及舒适性与便利性方面的重要作用。通过详细探讨每个方面的功能和目标,读者可以深入了解汽车电控系统在提升驾驶安全性、改善驾驶舒适性和实现个性化服务方面的关键作用。本部分内容为读者提供了对汽车电控系统作用的基础认识,并为后续的深入讨论奠定了基础。

2.1.1.1 引擎控制

引擎控制是汽车电控系统中的一个关键方面，负责监测、调节和优化发动机的运行，以确保发动机能够在不同工作情况下提供高效、可靠的动力输出。引擎控制系统通过使用各种传感器、控制器和执行器来实现对发动机的精确控制。

引擎控制系统通过传感器实时监测发动机的工作状态和环境参数。这些传感器可以测量引擎转速、进气温度、冷却液温度、氧气含量等关键参数。通过获取这些数据，引擎控制系统可以实时了解发动机的运行状况，做出相应调整，根据传感器数据和预设的控制算法来决策并执行相应的控制操作。

控制器使用内部的算法和逻辑来计算最佳的燃油喷射量、点火时机、气门正时等控制参数。通过精确的控制操作，引擎控制系统可以优化燃烧过程，提高燃烧效率，减少排放，并实现更高的燃油经济性和动力输出。

引擎控制系统还负责监测和诊断发动机的故障和异常情况（如传感器故障、执行器故障、燃油系统故障等问题），并及时采取措施进行故障诊断和报警。这有助于保护发动机免受进一步损害，并及时提供维修建议。引擎控制系统可以根据驾驶员的驾驶习惯和环境条件的变化，不断调整控制策略，以提供更加个性化的驾驶体验。例如，在高海拔地区，系统可以根据气压的变化调整燃油喷射量，以保持最佳的燃烧效果。

2.1.1.2 制动控制

制动控制是汽车电控系统中的重要组成部分，其主要作用是监测和控制车辆的制动系统，以提供安全可靠的制动功能。[1]通过精确的传感器测量和智能控制算法，制动控制系统能够实现对制动力的精细调节，使

---

[1] SAVARESI S M, TANELLI M. 汽车主动制动控制系统设计 [M]. 于京诺，李元元，梁桂航，等译. 北京：机械工业出版社，2014：106-122.

驾驶员能够更好地控制车辆的刹车过程。

制动控制系统通过传感器实时监测车辆的速度、轮速、刹车压力等关键参数。其中，速度传感器可以测量车辆的实时速度，轮速传感器能够监测每个车轮的转速，刹车压力传感器可以测量刹车系统中的液压压力。这些传感器数据提供了关键的信息，用于判断车辆的制动状态和行驶情况。制动控制系统根据传感器数据和预设的控制算法，决策并执行相应的制动控制策略。控制器利用内部的计算能力，根据车辆的实际情况，计算并控制刹车力的大小和分配。通过精确控制，制动控制系统能够确保车辆稳定地减速或停止，最大程度地保持车辆的操控性和稳定性。

制动控制系统还具备一些特殊功能，如制动防抱死系统（antilock brake system，ABS）[①]和电子稳定程序（electronic stability program，ESP）。ABS系统能够根据车轮的转速和制动压力实时调整刹车力，防止车轮锁死，提高制动效果，减少制动距离。ESP系统则通过感知车辆的横向加速度、转向角度等信息，根据预设的控制策略调整车辆的制动力分配和发动机输出，以保持车辆的稳定性和操控性。制动控制系统还具备故障检测和诊断功能，可以监测刹车系统的故障（如制动片磨损、刹车液压力异常等），并通过警示灯或报警声提醒驾驶员，这样可以及时发现并解决制动系统的故障，确保驾驶安全。

2.1.1.3 操控稳定性

操控稳定性是汽车电控系统中的关键功能之一，主要通过监测和调节车辆的操控功能，以提供更稳定、可控的驾驶体验。在操控稳定性方面，电控系统主要涉及车辆的悬挂系统、动力系统和转向系统等关键组件。

悬挂系统是影响操控稳定性的重要因素之一。传感器通过监测车辆的姿态、车身倾斜角度以及悬挂系统的运动状态等数据，向控制器提供

---

① 周兴良. 最新国内外汽车制动防抱死控制系统(ABS)与汽车安全气囊控制系统(SRS)专修手册：第4篇[M]. 哈尔滨：哈尔滨工业大学出版社，2006：60-75.

实时反馈。控制器根据这些数据，通过调节悬挂系统的阻尼、弹簧等参数以及控制车轮的悬挂高度等功能，来优化车辆的悬挂调校，提高车辆的平稳性和操控性。

动力系统对操控稳定性起到重要作用。通过监测发动机的输出功率、转速、扭矩等数据，控制器可以精确调节发动机的动力输出，以适应不同驾驶条件和操控要求。例如，在急加速或过弯时，控制器可以自动调整发动机的输出功率，以确保车辆的平稳加速和稳定转向。电控系统还能与传动系统紧密配合，实现平顺的换挡操作，进一步提升操控稳定性。

转向系统也是操控稳定性的重要组成部分。通过感知车辆的转向角度、方向盘转动力度等信息，控制器可以根据驾驶员的操控输入实现精确的转向控制。通过电子助力转向系统，驾驶员在转向操作时会感受到相应的力反馈，产生更准确的操控感觉。一些先进的转向控制系统（如电子稳定程序）也能通过感知车辆的横向加速度、转向角速度等信息，自动调整车辆的转向力分配，提供更稳定的转向功能，避免悬挂失控或滑移。

操控稳定性的提升不仅可以增加驾驶员的驾驶乐趣，还能提高行驶安全性。当车辆处于高速行驶或紧急操控状态时，操控稳定性的改善可以大大降低事故的发生率，保护驾驶员和乘车人员的安全。操控稳定性的提升也有助于减少疲劳驾驶带来的安全隐患，为长途驾驶和高强度驾驶提供更好的支持。

2.1.1.4 舒适性与便利性

舒适性与便利性是汽车电控系统设计的关键目标之一。这些系统的主要任务是通过感知和控制技术来提供乘车人员舒适、便利的驾乘体验，从而提高乘坐汽车的满意度和舒适感。

舒适性方面，汽车电控系统可以通过多种方式提升乘坐体验。其中一个重要方面是座椅控制系统，座椅控制系统通过电动调节、加热、通风等功能，使驾驶员和乘客能够根据个人喜好调整座椅的姿势、支撑和温度，提供更舒适的乘坐感。空调系统也是提升舒适性的关键部分，可以通过精确的温度和湿度控制，为车内提供适宜的环境条件，确保乘车人员在各种天气条件下都能享受舒适的驾乘体验。音响和娱乐系统也是提升舒适性的重要组成部分，现代汽车（书中的现代汽车指现代阶段的汽车）配备了高质量的音响系统（如收音机、CD/DVD播放器、蓝牙连接和互联网音乐流媒体等），可以提供出色的音质和丰富的娱乐选择，还可以与车辆的导航系统和语音控制功能结合，为乘车人员提供便捷的操作和信息娱乐服务，增强驾乘体验。

除了舒适性，汽车电控系统还致力于提供便利性功能，使驾驶员和乘客能够更加轻松地处理各种操作和需求。一个显著的例子是智能车门锁和无钥匙进入系统，该系统无须物理钥匙即可开启、关闭和锁定车辆，大大提高了车辆进出的便捷性。一键启动和停车辅助系统等功能也为驾驶员提供了更便捷的操作体验。现代汽车还配备了诸如巡航控制、自动泊车、倒车影像和盲点检测等辅助驾驶功能，提供了额外的便利性和安全性。这些功能通过感知和控制技术，可以实现自动控制车辆的速度、方向和停车等操作，大大减轻了驾驶员的负担，提高了驾驶的便利性。

2.1.2 汽车电控系统的发展历程

随着科技的不断进步和汽车工业的发展，汽车电控系统经历了一系列的发展阶段。从初期阶段到现代阶段，这一历程推动了汽车电控系统的创新和进化。

2.1.2.1 初期阶段

初期阶段是汽车电控系统发展的起点，也是其最早的阶段。在汽车电控系统的初期阶段，电子技术的应用相对有限，主要集中在一些基本的功能和组件上。

早期的汽车电控系统主要关注的是引擎控制方面。引擎控制通过电子系统监测和控制引擎的燃油供给、点火时机、排放控制等参数，来提高燃烧效率，减少污染物排放，以此提高汽车的性能。

初期阶段，一些基本的传感器和执行器开始被引入汽车电控系统中。例如，温度传感器用于监测引擎温度，防止过热；压力传感器用于监测油路和液压系统的压力变化；电磁阀作为执行器用于控制汽缸进气和排气门等。然而，在初期阶段，汽车电控系统的功能和应用较为有限。这主要是由于电子元件和传感器的可靠性和精确性相对较低，而且制造成本较高，限制了其广泛应用。初期阶段的汽车电控系统还受到电子计算能力的限制。早期的电控单元处理能力有限，无法满足复杂的控制算法和实时响应的需求。因此，初期阶段的汽车电控系统在性能方面存在一定的局限性。

初期阶段为后续的发展奠定了基础。这一阶段的经验和技术积累为后来更高级的汽车电控系统的发展提供了重要的支持。随着技术的不断进步和成本的下降，汽车电控系统逐渐迈向了更加复杂和先进的发展阶段。

2.1.2.2 发展阶段

在汽车电控系统的发展阶段，电子技术得到了进一步的发展和应用，系统的性能逐渐提升，涵盖的领域也逐渐扩大。

在发展阶段，引擎控制仍然是重点关注的领域之一。随着电子计算能力的提升，控制系统能够更精确地监测和调节引擎的各项参数，以实现更高的燃烧效率、更低的排放和更好的燃油经济性。针对不同类型的引擎（如汽油发动机、柴油发动机和混合动力系统），控制算法也得到了优化和改进。

除了引擎控制，发展阶段还引入了其他重要的控制功能。制动控制就是其中之一，它通过监测电子系统和控制刹车系统的工作，提供更高的制动功能和安全性。操控稳定性也成为发展阶段的关注点，它通过传感器和控制器实现对车辆姿态、悬挂系统和转向系统等的监测和控制，提供更好的操控稳定性和驾驶安全性。

发展阶段的电控系统可以实现对座椅、空调、音响、导航系统等各种车内设备的控制和调节，为乘车者提供更舒适和便捷的驾乘体验。智能化的功能（如智能钥匙、自动泊车、自动启停等）也逐渐应用于汽车电控系统中，为用户提供更便利的使用方式和功能。在这一阶段，传感器和执行器的技术不断改进，精度和稳定性得到了提高，可靠性也得到了增强；电控单元的计算能力和处理速度也得到了提升，能够支持更复杂的控制算法和实时响应的需求。

发展阶段还涌现了一些关键技术和标准的发展，包括汽车网络通信技术（如CAN、LIN、Ethernet）、电子系统架构（如分布式控制系统、中央控制器）、故障诊断技术等，这些技术和标准的应用促进了汽车电控系统的整体发展。

2.1.2.3　现代阶段

现代阶段的汽车电控系统迎来了更加全面和复杂的发展。随着科技的不断进步和应用的推动，现代汽车电控系统融合了更多先进的技术和功能，为汽车提供了更高级、智能化的性能和体验。

在现代阶段，引擎控制系统得到了进一步的优化和创新。传感器技术得到了进一步的改进，引擎的工作状态可以更精确地被监测和控制，以实现更高的燃烧效率和更低的排放水平。通过精细的控制算法和先进的调节器，引擎控制系统可以根据不同的驾驶条件和要求，实时调整引擎的功能和动力输出，提供更优化的驾驶体验和燃油经济性。

制动控制系统在现代阶段也取得了显著的进展。电子制动系统（electronic brake system，EBS）应用广泛，它通过电控单元实现对刹车力的精确控制，提供更高的制动功能和安全性。刹车辅助系统（如防抱死制动系统、制动力分配系统）的应用进一步提升了制动效果和稳定性，使驾驶员能够更好地控制车辆在紧急情况下的制动。

操控稳定性在现代阶段成了重要的关注点。动态稳定控制系统（dynamic stability control，DSC）和电子稳定程序等技术被广泛应用，这些技术通过传感器监测车辆的姿态、悬挂系统、转向系统等信息，并利用电控单元对车辆进行精确控制，以提供更好的操控稳定性和驾驶安全性。这些技术可以检测和纠正车辆在悬挂、转向和刹车方面的异常行为，减少侧滑、失控和翻滚等事故的发生。

舒适性和便利性在现代阶段得到了进一步提升。车内设备功能的智能化和多样化使驾乘体验更加舒适和便捷。电子空调系统、座椅调节系统、音响系统、导航系统等成了汽车电控系统的重要组成部分，乘车者可以通过触摸屏、旋钮、语音命令等方式进行控制和调节，享受个性化的驾乘体验。智能化的车联网技术使汽车可以与外部环境和互联设备进行通信，实现诸如远程控制、远程监测、智能导航和车辆诊断等功能，提供更便利的服务和驾驶体验。

2.1.2.4 未来发展趋势

未来汽车电控系统的发展呈现多个关键的发展趋势，这些主要趋势将进一步推动汽车技术的演进和创新。具体如下：

第一，智能化和自动化。随着人工智能和自动驾驶技术的不断发展，未来的汽车电控系统将更加智能化和自动化。通过集成高级传感器、感知技术和决策系统，车辆可以实现自动的环境感知、决策和行动，提供更安全、高效和便利的驾驶体验。

第二，电动化和电气化。随着人们越来越关注环境和能源问题，电动汽车的普及和推广成了一项重要的趋势。未来的汽车电控系统将更加专注于电动车辆的动力系统控制、电池管理和充电系统的优化。电气化技术的应用将进一步提升车辆的性能和效率。

第三，车联网和互联技术。车联网技术的发展将使汽车与互联设备、云平台和其他车辆实现更广泛的连接。未来的汽车电控系统将支持更多的车载通信功能，包括车辆之间的通信、车辆与道路基础设施的通信以及车辆与云端的通信。这将实现更智能化的交通管理、导航服务、远程控制和车辆诊断等功能。

第四，安全和保护。随着车辆的智能化和互联化，对汽车安全和数据隐私的关注也越来越重要。未来的汽车电控系统将更加注重车辆的网络安全、防护系统和数据保护措施，以防止黑客攻击，保护用户隐私。

第五，多模态交通和出行服务。未来的汽车电控系统将更加注重多模态交通的整合和出行服务的提供。通过整合公共交通、共享出行和个人车辆，汽车电控系统可以实现更高效的出行规划和资源共享，减少交通拥堵和环境污染。

第六，可持续发展。在未来，汽车电控系统将更加关注环境可持续性和能源效率。通过优化动力系统控制、能量回收和智能化能源管理，汽车可以实现更低的能耗和排放，推动可持续的交通发展。

2.1.3 汽车电控系统的设计要点

汽车电控系统[1]的设计是确保系统能够高效、可靠运行的关键。设计要点包括控制策略设计、硬件设计、软件设计以及安全与故障处理。控制策略设计涉及确定系统的工作原理、响应规则和决策过程，以实现所需的功能。硬件设计涉及选择和配置适当的传感器、控制器、执行器和其他电子组件，以满足系统的要求。软件设计包括编写和优化控制算法、通信协议和用户界面等程序代码。安全与故障处理则涉及设计系统的安全机制和故障检测与处理方法，以确保系统在异常情况下能够正确响应和保护车辆、乘客的安全。综合考虑这些设计要点，可以实现高效、可靠、安全的汽车电控系统。

---

[1] 麻友良，杨帆. 汽车电子控制系统结构与控制原理[M]. 北京：机械工业出版社，2022：37-50.

2.1.3.1 控制策略设计

控制策略设计是汽车电控系统开发过程中的关键环节，决定了系统在不同情况下的工作原理、响应规则和决策过程。一个有效的控制策略能够使汽车电控系统实现预期的功能，提高驾驶安全性、舒适性和燃油经济性。

控制策略设计需要明确系统的功能和目标。例如，引擎控制系统的目标是实现最佳燃烧效率和排放控制，制动控制系统的目标是实现准确的制动力和防抱死功能。根据功能和目标，我们可以确定相应的控制策略。

控制策略设计涉及制定合适的控制算法和逻辑，包括根据传感器数据和车辆状态进行实时监测和检测以及根据检测结果和预先设定的规则进行决策和控制。例如，制动控制系统可以通过监测制动踏板的压力、车轮的转速和制动液压系统的状态，来判断何时施加适当的制动力，并确保车轮不会防滞。

控制策略设计需要考虑系统的可扩展性和灵活性。随着技术的发展和需求的变化，汽车电控系统需要能够适应新的功能和组件的加入。因此，控制策略设计应具备一定的通用性和可配置性，以方便系统的升级和调整。

控制策略设计还需考虑系统的稳定性和安全性。在设计过程中，我们需要考虑各种可能的异常情况和故障，并制定相应的容错和保护措施，以确保系统在异常情况下能够正确响应，保护车辆和乘客的安全。

2.1.3.2 硬件设计

硬件设计是汽车电控系统开发中的重要环节，涉及电子硬件的选型、布局、连接以及硬件组件的可靠性和适应性。

硬件设计需要选择适合的电子硬件组件，包括微处理器、存储器、接口芯片、传感器和执行器等。这些组件应能够满足系统的功能需求，并具备足够的计算能力、存储容量和通信接口。选择电子硬件组件还需要考虑其供应商信誉、稳定性和成本等因素。

硬件设计涉及电路布局和连接。布局设计需要考虑各个电子组件的位置安排和布线规划，以确保信号传输的稳定性和可靠性；还需要考虑电磁兼容性和抗干扰能力，避免电磁干扰对系统性能的影响。

硬件设计还需要考虑电源供应和保护电路。汽车电控系统需要稳定可靠的电源供应，以确保各个电子组件的正常工作；还需要设计相应的保护电路，用于防止过电压、过电流和短路等异常情况对系统和电子组件的损坏。

硬件设计还需要进行可靠性分析和测试。通过使用可靠性分析方法和工具，汽车电控系统可以评估电子组件的寿命和可靠性，并采取相应的措施进行改进。硬件测试可以验证设计的正确性和可靠性，确保硬件组件能够正常工作，并适应不同工作环境。

2.1.3.3 软件设计

软件设计在汽车电控系统的开发中起着至关重要的作用，涉及控制算法的设计、软件架构的搭建、编程语言的选择和软件测试等方面。

软件设计的第一步是确定系统的功能需求和控制算法，需要根据汽车电控系统的具体应用场景（如引擎控制、制动控制或操控稳定性等）设计相应的控制算法。这些算法应能够准确地感知车辆状态、判断控制策略，并通过控制器对执行器进行实时控制。设计控制算法需要考虑系统的实时性、稳定性和精确性等因素。

软件设计还涉及软件架构的搭建。软件架构定义了系统的组织结构、模块划分和模块之间的交互方式。合理的软件架构能够提高系统的可维护性、可扩展性和可重用性。常见的软件架构模式包括分层架构、客户端—服务器架构和事件驱动架构等。

选择合适的编程语言也是软件设计的重要决策。不同的编程语言

（如 C、C++、Python 等）具有不同的特性和优势。选择编程语言需要考虑系统的功能要求、开发效率和可移植性等因素。

软件设计还包括软件测试。测试是确保软件系统正确运行的关键环节。通过设计合适的测试程序和采用自动化测试工具，汽车电控系统可以验证软件的正确性、稳定性和可靠性。测试应覆盖系统的各个功能模块，并模拟各种工作场景和异常情况，以确保软件在不同情况下的正常运行。

除了上述内容，软件设计还需要考虑软件的安全性和故障处理能力。汽车电控系统在工作过程中需要保证数据的安全性和系统的稳定性。因此，软件设计应考虑数据加密、身份认证和安全漏洞的防范，还需要设计相应的故障处理机制（如错误检测、容错处理和故障恢复等），以提高系统的可靠性和鲁棒性。

2.1.3.4 安全与故障处理

安全与故障处理是汽车电控系统设计至关重要的方面。在汽车行驶过程中，安全性是较为关键的考虑因素之一。由于汽车电控系统涉及多种传感器、控制器和执行器等组件，故障的发生是不可避免的。因此，汽车电控系统必须采取有效的措施来确保系统的安全性，并能及时检测和处理故障情况。

安全设计需要从系统架构的角度考虑。合理的系统架构应具备安全隔离和容错能力，以防止故障扩散和影响整个系统的运行。例如，冗余设计和备份控制器可以提高系统的可靠性，并确保即使某个组件出现故障，系统仍能正常运行。安全设计需考虑数据安全性（包括对数据的保密性和完整性的保护），以防止恶意攻击和数据篡改。安全设计需要针对不同风险和故障情况制定相应的安全策略和故障处理方案，包括故障检测、故障隔离和故障恢复等环节。故障检测可以通过监测系统各个组件的状态和输出来实现，如传感器故障的检测、控制器异常的监测等。

故障隔离是指在故障发生时，将故障组件与其他正常工作的组件隔离，以保证系统的继续运行。故障恢复则是指在故障修复后，系统能够自动或人工恢复正常工作状态。汽车电控系统还需考虑安全和故障处理的监控与反馈机制。系统应具备实时监控功能，能够监测系统的工作状态和故障信息，并及时发出警报，还需建立相应的日志记录和故障诊断机制，以便在发生故障时能够快速定位问题并进行修复。

安全与故障处理还需要考虑人机交互的因素。系统应提供友好的界面和清晰的警告信息，以帮助驾驶员或维修人员快速理解和处理故障情况；还应提供相应的培训和指导，以确保驾驶员或维修人员能够正确地应对各类故障和安全事件。

2.2 汽车电控系统的主要组成部分

汽车电控系统是现代汽车中至关重要的组成部分，由传感器、控制器、执行器和其他配套设备组成。传感器负责感知和采集车辆各种物理量和环境信息；控制器根据传感器数据进行计算和判断，生成控制信号；执行器执行相应的动作和控制。这些组件相互协作，实现对车辆各个方面的监测、控制和反馈，为汽车的功能、安全性和舒适性提供支持。汽车电控系统的不断发展和创新将推动汽车技术的进步，并为驾驶者提供更智能、高效、安全和舒适的驾驶体验。

2.2.1 传感器部分

传感器[1]是汽车电控系统中的关键组成部分，负责感知和采集车辆各

---

[1] 刘春晖，顾雅青. 图解汽车传感器结构原理与检修[M]. 北京：机械工业出版社，2019：106-122.

种物理量和环境信息。位置与速度传感器、温度传感器、压力传感器以及其他类型传感器等多种传感器相互协作,将车辆的状态和环境信息转化为电信号,为控制器提供准确的输入数据。这些传感器在汽车系统中发挥着重要的作用,从发动机控制到制动系统,从车身稳定性到驾驶辅助功能,它们提供了实时的监测和反馈,为汽车的安全性和舒适性提供基础支持。

2.2.1.1 位置与速度传感器

位置与速度传感器是汽车电控系统中常见的一类传感器,主要作用是感知和测量车辆的位置和速度信息。位置与速度是汽车行驶过程中非常关键的参数,对于驾驶安全、操控性和导航系统都具有重要意义。因此,位置与速度传感器的准确性和可靠性对整个汽车系统的运行至关重要。

位置与速度传感器可以采用多种不同的工作原理和技术来实现,其中常见的包括磁敏传感器、光电传感器、超声波传感器和惯性传感器等。这些传感器通过感知车辆周围的环境或测量车辆自身的运动来获取位置和速度信息,并将其转化为电信号输出。

在汽车中,位置传感器主要用于确定车辆的当前位置,通常采用 GPS 或惯性导航系统。GPS 利用卫星信号来确定车辆在地球上的准确位置,并可以提供导航、路径规划等功能。惯性导航系统则基于车辆自身的运动状态,通过加速度计和陀螺仪等传感器测量车辆的加速度和角速度,从而推算车辆的位置。

速度传感器用于测量车辆的速度,常见的技术包括车轮速传感器和车速传感器。车轮速传感器通常安装在车轮上,通过检测车轮的旋转速度来计算车辆的速度,可以利用磁敏传感器或光电传感器等原理进行测量。车速传感器则安装在车辆的传动系统中,通过测量传动轴或输出轴的旋转速度来获得车辆的速度信息。

位置与速度传感器的准确性对于车辆的行驶安全和驾驶控制至关重

要，其提供的信息可以被其他系统和控制器用于制动控制、悬挂系统调节、稳定性控制和驾驶辅助功能等。例如，在防抱死制动系统中，车轮速传感器的数据用于监测车轮的锁定情况，从而实现制动力的调节，提高制动效果和稳定性；在电子稳定控制系统中，位置和速度传感器的信息可以用于监测车辆的姿态、横向加速度和转向角度，实现对车辆稳定性的控制和调整。

2.2.1.2 温度传感器

温度传感器是汽车电控系统中常见的一类传感器，其主要功能是测量车辆各个部位的温度，并将温度信息转化为电信号输出。温度是汽车运行和性能表现的重要参数，对于引擎管理、冷却系统、空调系统以及各种传动和润滑系统的有效运行至关重要。

温度传感器可以采用不同的原理和技术进行测量，其中常见的是热敏电阻式传感器和热电偶传感器。热敏电阻式传感器利用材料的电阻随温度变化的特性来测量温度，常见的热敏电阻材料包括铂、镍、铜等，其电阻值随温度的变化而变化，我们通过测量电阻值的变化即可得知温度。热电偶传感器则利用两种不同金属的接触产生的热电势随温度变化的特性来测量温度，具有高温度测量范围和较快的响应速度。

在汽车中，温度传感器被广泛用于各个关键部位和系统。例如，发动机温度传感器用于监测发动机冷却液的温度，从而确保发动机在合适的工作温度范围内运行，提供最佳的燃烧效率；冷却系统中的温度传感器可以监测散热器和冷却液的温度，以便及时采取冷却措施；空调系统中的温度传感器用于测量车内空气温度，从而实现温度调节和舒适度控制；温度传感器还可以用于监测润滑油、传动液、刹车液等液体的温度，以保证润滑和传动系统的正常运行。

温度传感器的准确性和可靠性对整个汽车系统的运行至关重要。温度传感器的数据用于控制和调节各种系统的工作状态，确保车辆在各种工作情况下的稳定性。随着汽车技术的发展，温度传感器的精度和响应速度不断提高，逐渐应用于新的领域和系统（如电动车辆的电池温度监测和控制），以确保电池的安全和寿命。

2.2.1.3 压力传感器

压力传感器是一种用于测量流体或气体压力的关键设备，被广泛用于汽车电控系统中。压力传感器能够将压力信号转化为电信号输出，为车辆的安全性和燃油经济性提供重要的数据支持。

在汽车系统中，压力传感器具有多种应用场景。其中之一是发动机管理系统中的燃油压力传感器。该传感器用于测量燃油供给系统中的燃油压力，以确保燃油供给的稳定性和准确性，从而保证发动机的正常工作。通过实时监测燃油压力，发动机管理系统可以精确控制喷油量，提高燃油经济性。

另一个常见的应用是制动系统中的制动压力传感器。制动压力传感器用于测量制动系统中的压力变化，以实现精确的制动力控制。通过监测制动力，系统可以根据车速和路况自动调整制动力的分配，提供更稳定、安全的制动功能。

压力传感器还可用于测量其他系统中的压力，如液压系统、气囊系统和空调系统等。液压系统中的压力传感器用于监测液压系统的工作压力，以确保液压设备的正常运行。气囊系统中的压力传感器用于检测气囊充气压力，以确保在碰撞时气囊能够迅速充气并发挥保护作用。空调系统中的压力传感器用于监测冷媒的压力，以确保空调系统的正常运行和舒适性。

压力传感器的工作原理通常基于压阻效应或压电效应。压阻式传感器利用材料的电阻随压力变化而变化，通过测量电阻值的变化来获取压力信息。压电式传感器则利用材料的压电效应，当施加压力时，产生电荷分布的不均匀性，从而产生电势差，通过测量电势差来获得压力信号。

为了确保准确性和可靠性,压力传感器需要具备高精度、高稳定性和快速响应的特点,还需要具备耐腐蚀、耐高温、耐振动等特性,以适应汽车恶劣的工作环境。

2.2.1.4 其他类型传感器

汽车电控系统中的传感器除了位置与速度传感器、温度传感器和压力传感器,还有许多其他关键的传感器类型。这些传感器在汽车的安全性和舒适性等方面起着重要作用,能够提供各种关键数据供控制系统使用。下面是一些常见的其他类型传感器。

光照传感器是一种常见的传感器类型,用于监测环境光照水平。光照传感器广泛用于自动车灯系统中,能够根据光照条件自动调节车灯的亮度和开启状态,以提供适当的照明。

雨量传感器用于监测降雨量,常用于自动雨刮系统中,能够根据降雨强度自动调节雨刮器的速度,以确保清晰的视野。

氧气传感器(也称为氧化咬合传感器)是用于监测发动机排气中氧气含量的传感器,可以精确测量氧气浓度,并将该信息传输给发动机控制单元,以优化燃烧过程,提高燃油效率并减少尾气排放。

加速度传感器用于测量车辆的加速度和倾斜角度,常用于车辆动态稳定性控制系统,如车身稳定控制和悬挂系统。通过监测车辆的加速度和倾斜角度,加速度传感器可以实时调整车辆的悬挂刚度和制动力分配,提供更好的操控性和乘坐舒适性。

还有一些传感器可用于检测车辆周围的气体浓度、监测燃油喷射系统中的燃油雾化质量以及检测车内的一氧化碳浓度等。这些传感器在提供准确的数据和监测关键参数方面发挥着关键作用,能确保汽车的安全性和舒适性达到最佳状态。

2.2.2 控制器部分

控制器在汽车电控系统中负责接收传感器采集的数据并进行处理和决策，基于预设的算法和逻辑，控制车辆的各种功能和系统。控制器部分包括微处理器、内存、接口、电源和保护电路等组件。微处理器是控制器的核心，执行算法和指令以实现各种功能；内存用于存储数据和程序代码；接口用于与其他系统和设备进行通信；电源和保护电路确保了控制器的正常运行。通过控制器，汽车电控系统能够实现精确控制和协调各个系统的工作，以提供安全、高效和舒适的驾驶体验。

2.2.2.1 微处理器

微处理器是控制器部分的核心组件，在汽车电控系统中扮演着重要的角色。微处理器是一种集成电路，由计算机的中央处理器（CPU）和一些辅助电路组成，负责执行各种算法和指令，处理传感器采集的数据，并控制汽车系统的运行。

微处理器具有强大的计算能力和数据处理能力。高性能的 CPU 可以执行复杂的数学运算和逻辑操作，这使微处理器能够对大量数据进行快速处理和分析，以提供精确的控制和决策。

微处理器具有多种接口和通信功能，能够与其他系统和设备进行交互。微处理器可以通过不同类型的总线和协议与传感器、执行器以及其他控制器进行数据交换和通信。这样，微处理器能够获取和共享各个系统的信息，并进行协调控制。

微处理器具有存储器单元，包括内部的寄存器和缓存以及外部的存储器芯片。这些存储器用于存储程序代码、数据和临时结果，以供微处理器在运行过程中使用。存储器的大小和类型根据具体的应用需求进行选择，以满足系统的要求。

微处理器还具备时钟和定时器功能，用于同步和调度各种任务和操作。时钟信号能够提供处理器的基准时序，定时器可以生成特定的时间间隔和周期，用于时间敏感的操作和任务调度。

微处理器的性能在不断提升和演进，随着技术的进步，新一代的微处理器不仅在计算和数据处理方面更加高效和强大，还具备更低的功耗和更高的集成度。这使汽车电控系统能够实现更复杂的功能，满足节能环保的要求。

2.2.2.2 内存

内存是控制器部分中的重要组成部分，在汽车电控系统中扮演着存储数据和程序代码的关键角色。内存用于存储和读取控制器所需的信息，包括临时数据、操作指令以及程序执行的结果。在汽车电控系统中，内存分为多个层级，包括寄存器、缓存和外部存储器。

寄存器是内存中最快和最小的层级，位于微处理器内部。寄存器主要用于存储临时数据、计算结果以及处理器的控制信息。由于寄存器直接与微处理器相连，其访问速度非常快，可以在一个时钟周期内完成读写操作。寄存器的容量较小，通常以位或字节为单位，但其速度和低延迟使其非常适合存储需要快速访问的数据。

缓存是位于微处理器和外部存储器之间的存储层级。缓存的目的是提高内存访问速度，减少对较慢的外部存储器的访问次数。缓存将最常用的数据和指令存储在靠近处理器的位置，以便更快地获取。缓存分为多级，其中一级缓存（L1 cache）最接近处理器，速度最快但容量较小；而二级缓存（L2 cache）容量较大但速度稍慢。缓存的设计和管理是为了最大程度地提高数据的命中率，从而提高整个系统的性能。

外部存储器用于存储大量的数据和程序代码，可以是闪存、固态硬盘或传统的磁盘驱动器。外部存储器的容量更大，可以存储整个操作系统、应用程序和其他数据，但访问外部存储器的速度相对较慢。在汽车电控系统中，外部存储器常用于存储系统软件、配置文件、地图数据等。

内存的设计和管理对于汽车电控系统的性能至关重要。合理的内存管理可以确保数据的及时读写和程序的高效执行,避免内存溢出或冲突导致系统崩溃或运行异常。内存的容量和速度也是系统设计的重要考虑因素,需要根据应用需求和资源限制进行合理选择。

2.2.2.3 接口

接口在汽车电控系统中扮演着连接各个组件和外部设备的重要角色,提供了数据和信号的传输通道,允许不同的组件之间进行通信和协作。接口可以是物理接口、电气接口或软件接口,用于传递不同类型的数据和控制信息。

物理接口通常是连接器、插座或引脚,用于连接各种设备和模块。物理接口提供了电气连接和机械固定,能够确保可靠的信号传输和稳定的连接。物理接口可能使用标准化的接口类型(如 USB、CAN、Ethernet 等),也可能是特定于汽车电控系统的专有接口。

电气接口定义了电压、电流和信号级别等电气参数,能够确保正确的信号传输和兼容性。例如,汽车电控系统中常用的接口标准包括 LIN、CAN、FlexRay 等,这些接口标准规定了通信协议、传输速率和数据格式,以便不同的控制器、传感器和执行器之间进行有效的数据交换和协调。

软件接口是通过定义和遵循特定的应用程序编程接口(API)或通信协议来实现的。软件接口允许不同的软件模块之间进行数据传输和功能调用,以实现协同工作。例如,汽车电控系统中的操作系统、应用程序和驱动程序可以通过软件接口进行通信,共享数据和控制指令。

接口的设计和管理对于汽车电控系统的稳定性和可靠性至关重要。合理的接口设计可以确保正确的数据传输、信号完整性和兼容性,防止信号干扰和通信错误。接口还需要考虑数据安全性和保密性的要求,确保敏感信息的保护和防止未经授权的访问。

2.2.2.4 电源和保护电路

电源和保护电路在汽车电控系统中起着至关重要的作用，能够为系统提供稳定、可靠的电源供应，并保护系统免受过电压、过电流和其他电力问题的影响。

电源负责为汽车电控系统提供所需的电能。现代汽车的电源通常由电池和发电机组成。电池是主要的直接电源，为系统的低电压部分（如传感器、控制器和执行器）供电；发电机则负责产生电能，为电池充电并提供高功率需求时的电源支持。电源管理单元（power management unit，PMU）也是电源的重要组成部分，负责监控电源的状态，确保系统稳定运行，优化电能的利用。

保护电路是为了保护汽车电控系统免受潜在的电力问题和故障的影响。保护电路的作用包括过电压保护、过电流保护、欠压保护和过温保护等。过电压保护电路可以防止来自外部电源或系统内部的电压突变导致的电气设备损坏。过电流保护电路能够监测和限制电流超过设定阈值的情况，保护电子设备不受过载损坏。欠压保护电路可以防止电池电压过低而导致系统失效。过温保护电路监测并控制系统内部的温度，防止因过热而引起的故障和损坏。

电源和保护电路还需要考虑汽车电控系统的安全性和可靠性要求。例如，关键系统的故障保护可能需要采用冗余电源和故障检测机制，以确保在一些故障情况下仍能保持系统的运行和功能安全。

2.2.3 执行器部分

执行器[1]在汽车电控系统中负责根据控制信号执行相应的动作，将来自控制器的指令转化为机械运动或其他物理动作，实现对车辆各个系

---

[1] 刘春晖，刘逸宁. 汽车控制器与执行器：结构、原理、检测、诊断[M]. 北京：机械工业出版社，2021：61-99.

统的精确控制和操作。常见的执行器包括电磁阀、电动机、马达驱动器等。执行器的功能多样，包括控制发动机喷油量、调节制动力度、控制转向等。

2.2.3.1 电磁阀

电磁阀是汽车电控系统中常见的执行器之一，它通过电磁力的作用来控制流体或气体的通断和流量。电磁阀的工作原理基于电磁感应和磁力驱动，主要由线圈、磁芯、阀体和阀芯组成。

当电磁阀收到来自控制器的电信号时，线圈中产生磁场，磁场作用于磁芯，使磁芯被吸引或释放。通过控制磁芯的移动，电磁阀可以改变阀芯的位置，从而控制介质的通断和流量。电磁阀通常具有开关功能，当电磁阀关闭时，介质无法通过；当电磁阀打开时，介质可以自由流动。

在汽车电控系统中，电磁阀被广泛用于多个系统，如发动机燃油喷射系统、制动系统、空调系统、变速器控制等。以发动机燃油喷射系统为例，电磁阀被用于控制燃油喷射的时机、喷射量和喷射方式，以实现燃油的精确控制和优化燃烧效果。

电磁阀的设计和选用需要考虑多个因素，包括工作环境的温度、压力要求、介质的性质等。电磁阀的响应速度、密封性和可靠性也是关键考量因素。

随着汽车电子技术的不断发展，电磁阀的性能也在不断提升。例如，一些先进的电磁阀采用了比例控制技术，可以根据需求精确调节介质的流量和压力，提高汽车系统的精确控制能力。电磁阀也开始向集成化、小型化和节能化方向发展，以适应汽车电子系统的要求。

2.2.3.2 电动机

电动机是一种将电能转化为机械能的设备，在汽车电控系统中扮演着重要的角色。汽车中常见的电动机包括驱动电动机和起动电机等。这些电动机通过电流的作用产生旋转力或做线性运动，驱动车辆的运动或提供所需的辅助功能。

驱动电动机是汽车电动化的核心组成部分，用于驱动车辆的轮胎实现运动。在电动车辆中，驱动电动机直接将电能转化为机械能，通过控制电流的大小和方向来控制电动机的转速和扭矩。驱动电动机的类型包括直流电动机、交流感应电动机、永磁同步电动机等，不同类型的电动机具有不同的特点和适用范围。

起动电机用于启动内燃机，将发动机带动至启动转速。起动电机通过高扭矩的输出将发动机带动旋转，使其能够自动运转。随着汽车技术的发展，起动电机逐渐从传统的直流起动电机转向使用更高效、更轻巧的交流起动电机。

除了驱动电动机、发电机和起动电机，汽车还广泛使用各种其他类型的电动机，如电动助力转向器、电动制动器、电动泵等。这些电动机的功能包括提供辅助动力、实现精确的制动控制、驱动液压系统等。

随着汽车电子化和电动化的不断发展，电动机的功能和效率得到了显著提升。例如，先进的电机控制算法和高效的电机设计，可以提高电动机的功率密度和能量转换效率；新型材料和制造工艺的应用，使电动机更加轻量化和紧凑，为汽车的节能减排和空间利用提供了更多的可能。

2.2.3.3 马达驱动器

马达驱动器[1]是汽车电控系统中的关键组件，用于控制和驱动电动机的运动。马达驱动器负责接收来自控制器的指令，并根据需求提供适当的电流和电压来驱动电动机运行，起着调节电机速度、转矩和方向的重要作用，以满足车辆的动力需求和运行要求。

马达驱动器通常由功率电子器件、控制电路和保护电路组成。其中，功率电子器件包括功率晶体管、功率模块、继电器等，用于控制电流和电压的开关操作；控制电路负责接收输入信号，并生成相应的控制信号，

---

[1] 容一鸣. 汽车液压传动[M]. 广州：华南理工大学出版社，2011：62-130.

以调节电机的运行状态；保护电路用于监测电机和马达驱动器的工作状态，以确保其安全、可靠地运行。

马达驱动器的工作原理基于先进的电力电子技术和控制算法，通过精确控制驱动器输出的电流和电压，可以实现对电动机速度、转矩和方向的精准控制。马达驱动器通常具备多种控制模式，如开环控制和闭环控制。开环控制根据预先设定的参数直接控制电机的运行；闭环控制则通过反馈信号实时调整控制指令，以达到更精确的控制效果。

在汽车电控系统中，马达驱动器的性能对车辆的驾驶体验和安全性具有重要影响。优秀的马达驱动器应具备以下特点。

第一，高效性。马达驱动器应具备高效的功率转换和电能利用能力，以提高电动机的能量转换效率，降低能量损耗，从而延长电池续航里程。

第二，可靠性和稳定性。马达驱动器应具备稳定的输出特性和高可靠性，以确保电动机的正常运行；还应具备过载保护、过热保护、短路保护等功能，以防止电机和驱动器因异常情况而损坏。

第三，精确控制。马达驱动器应具备精确的速度和转矩控制能力，以满足不同驾驶条件下的需求。通过先进的控制算法和实时反馈机制，马达驱动器能够实现平稳的加速和减速，提供优秀的驾驶体验。

第四，兼容性和可扩展性。马达驱动器应具备良好的兼容性，能够适配不同类型和规格的电动机；还应具备可扩展性，以便在需要时可以与其他系统进行集成，实现更多功能和特性的扩展。

随着汽车电动化的快速发展，马达驱动器正朝着更高的功率密度、更高的效率和更智能的控制方向发展。随着电动汽车市场的成熟和普及，马达驱动器的成本也在逐渐下降，使电动汽车技术更加可行和可接受。未来的马达驱动器将更加紧凑、高效，并且具备更多的智能功能，以满足不断增长的电动车市场需求。

2.2.3.4 其他执行器

在汽车电控系统中，除了电磁阀、电动机和马达驱动器等常见执行器，还存在其他类型的执行器，它们在实现车辆的各种功能和操作方面起着重要作用。

其中一个重要的执行器是电动空调压缩机，主要用于电动空调系统中。传统的汽车空调系统使用由发动机带动的压缩机来产生制冷剂的压缩力；电动空调压缩机则通过电动机直接驱动，实现了无发动机参与的空调制冷。这种设计提高了空调系统的能效和响应速度，降低了燃料消耗。

另一个重要的执行器是电动助力转向器。传统的液压助力转向系统使用液压泵和油液来提供转向助力；电动助力转向器则采用电动机和齿轮传动来实现转向助力功能，能够根据驾驶员的操纵意图提供适当的转向力，提高驾驶操控性和舒适性。电动助力转向器还具备能耗低、响应速度快等优点。

电动踏板执行器也是汽车电控系统中的重要组成部分，它通过电动驱动机构来实现油门踏板和制动踏板的控制功能。电动踏板执行器能够更精确地感知驾驶员的踏板输入，并通过电子信号传递给发动机和刹车系统，实现精准的加速和制动控制。这种设计提高了驾驶操控的精准度和安全性。

汽车电控系统还存在如电动门锁执行器、电动座椅调节器、电动天窗执行器等执行器，分别用于实现车辆的门锁控制、座椅调节和天窗开闭等功能。这些执行器通过电动驱动机构和相应的控制算法，能够实现快速、准确和便捷的操作，提升车辆的舒适性和便利性。

随着汽车电子技术的不断发展，执行器的设计和性能也在不断改进。未来的执行器将更加紧凑、轻量化和智能化，以适应电动汽车和智能驾驶等新兴技术的发展需求。执行器的能效和可靠性也将得到进一步提升，为汽车的性能和用户体验提供更好的支持。

2.2.4 其他配套设备

其他配套设备包括汽车电控系统中的电池和供电系统、通信设备、保护设备以及故障检测和诊断设备等。这些设备在汽车电控系统的正常运行和安全性方面发挥着重要作用。电池和供电系统用于提供电力供应，确保控制系统的稳定运行；通信设备用于实现车辆内部和车辆之间的数据交互和通信；保护设备用于保障系统的安全性和可靠性；故障检测和诊断设备用于监测系统状态和及时发现故障，确保系统的正常工作。这些配套设备的有效运行和协调配合，是汽车电控系统能够顺利工作的关键要素。

2.2.4.1 电池和供电系统

电池和供电系统是汽车电控系统中不可或缺的组成部分，它们为整个系统提供稳定的电力供应。

电池是储存电能的装置，通常采用化学反应将化学能转化为电能，并在需要时释放出来。汽车电池一般为蓄电池，常见的类型包括铅酸电池、镍氢电池和锂离子电池等。

供电系统包括电池、发电机、稳压器和配电系统等组成部分。发电机是供电系统的主要能量源，它通过将机械能转化为电能，为电池充电。稳压器用于调整电压，确保电子设备和传感器获得稳定的电力供应。配电系统将电能分配到不同的电控单元和执行器上，确保各个组件正常工作。

电池和供电系统的重要性体现在多个方面。电池和供电系统提供了必要的能量，驱动汽车电控系统的各个部件运行，无论是引擎控制模块、传感器、执行器还是显示屏和音响系统，都需要可靠的电力供应。电池和供电系统在车辆停止运行时仍能提供电力，保障系统的稳定性和持久性。在启动汽车时，电池向发动机提供启动电流，也为其他电子设备提供电能。在行驶过程中，发电机负责为电池充电，以保持电池的正常工作状态。

电池和供电系统需要具备一定的安全性。例如，电池需要防止过充和过放，以免损坏电池或导致安全事故。供电系统中的稳压器和保护装置能够监测电压和电流，并在异常情况下切断电源，以确保系统和车辆的安全运行。新型的电池技术（如锂离子电池）提供了更高的能量密度和长周期寿命，使汽车电子设备能够持续工作更长时间。充电技术的改进和智能化管理系统的引入，也使电池的充电更加高效和安全。

2.2.4.2 通信设备

通信设备在汽车电控系统中起着至关重要的作用，使各个组件能够相互通信和交换信息，实现系统的协同工作。随着智能网联汽车的发展，通信设备的重要性日益凸显。

通信设备涵盖了多种技术和协议，用于实现不同级别的通信，包括车内通信、车际通信、车辆与外部基础设施和云平台的通信。

车内通信是指汽车内部各个电子设备之间的通信。现代汽车内部拥有众多的电控单元，如引擎控制单元、制动控制单元、安全气囊控制单元等。这些控制单元需要相互通信，以实现车辆的各项功能。通信协议（如控制器局域网、局域网通信等）被广泛用于车内通信，提供了高效可靠的数据传输和控制。

车际通信是指车辆之间的通信。通过车际通信，车辆能够相互交换信息（如位置、速度、路况等），从而实现车辆间的协同行驶和交通安全。车际通信采用的通信技术包括无线局域网、蜂窝网络（如4G、5G）等，使车辆能够远程传输和接收信息，实现智能驾驶和交通流优化。

通信设备还包括车辆与外部基础设施和云平台的通信。通过与交通信号灯、道路基础设施、云平台等的通信，车辆可以获取实时的交通信息，实现导航指引和远程控制等功能。这种车—基础设施通信和车—云通信的应用有助于提高驾驶安全、交通效率和出行体验。

在通信设备的设计和应用中，安全性是一个重要的考虑因素。保护车辆通信免受黑客攻击和未授权的访问至关重要。因此，通信设备需要具备安全机制和加密技术，确保通信的机密性和完整性，防止数据泄露和篡改。

未来，通信设备将继续发展和创新。随着 5G 技术的广泛应用，车辆之间的通信将更加快速和可靠，能够实现更高级别的智能驾驶和交通管理。车辆与外部基础设施和云平台的通信将更加智能化和个性化，为驾驶员提供更多的实时信息和个性化服务。

2.2.4.3 保护设备

保护设备在汽车电控系统中扮演着重要的角色，旨在保护电子组件、电路和系统免受电气故障、电磁干扰、过电流、过温等不良影响，从而确保系统的正常运行和可靠性。

保护设备包括电气保护器和保险丝，用于防止电路过载和短路。电气保护器是一种自动断路器，当电流超过额定值时，电气保护器会自动切断电路，以防止电子设备过载和损坏。保险丝是一种熔断器，当电流过大时，保险丝会熔断，切断电路，以保护电子设备不受过电流损害。

电磁干扰是汽车电控系统中常见的问题，保护设备包括滤波器和屏蔽设备，用于抑制和阻隔电磁干扰。滤波器用于过滤和减弱电磁干扰信号，确保信号的纯净性和可靠性。屏蔽设备则通过金属屏蔽或电磁波吸收材料来阻隔外部电磁场，减少其对电子设备的影响。

过电流和过温保护也是保护设备的重要功能。过电流保护器用于检测电流异常，并迅速切断电路，以防止电子设备过热和损坏。过温保护器则用于监测设备温度，当温度超过设定值时，过温保护器会触发并采取相应措施（如降低功率或切断电路），以防止设备过热。

在设计和选择保护设备时，我们需要考虑不同电子组件和电路的特性和要求。例如，电机驱动系统可能需要使用专用的过电流保护器和过温传感器，以确保电机的安全运行和延长寿命；控制单元和微处理器可能需要采取静电保护措施,如防静电装置和静电释放装置。

保护设备的设计还应考虑系统的可靠性和容错性。例如,我们可以采用冗余设计和备用设备,以确保某个设备发生故障时,系统仍然能够正常运行。

2.2.4.4 故障检测和诊断设备

故障检测和诊断设备在汽车电控系统中起着关键的作用,用于监测、诊断和解决系统中的故障和问题。这些设备通过使用传感器、监控器、诊断算法和通信技术,能够快速、准确地检测故障,并提供相应的故障诊断信息。

故障检测和诊断设备包括故障检测仪、故障码扫描工具和诊断计算机。故障检测仪通过与车辆的诊断接口进行连接,能够读取和解析车辆电控系统中的故障码和实时数据。故障码扫描工具是一种便携式设备,可用于快速扫描和识别车辆系统中的故障码。诊断计算机是一种高级设备,具有更强大的故障诊断功能,能够进行更深入的系统分析和故障排除。

故障检测和诊断设备利用传感器来获取车辆系统的各种参数和信号,如引擎转速、车速、温度、压力等。这些传感器将数据传输给监控器,监控器会根据预设的标准和算法进行实时故障检测和诊断。一旦发现故障,监控器会生成相应的故障码,并将其存储或传输给诊断设备进行进一步分析。故障检测和诊断设备可以进行功能测试和执行特定的诊断程序。例如,通过发送特定的指令或信号,诊断设备可以触发电控系统中的特定功能或操作,以验证系统的正常运行和响应。故障检测和诊断设备还可以执行诊断程序(如检查传感器的输出、执行自检程序等)以确定是否存在故障或异常。

在故障诊断过程中,通信技术起着关键的作用。诊断设备可以与车辆的通信接口进行连接,以获取更多的车辆信息和诊断数据。诊断设备与车辆之间的双向通信可以实现实时的数据传输和命令交互，提供更准确和全面的故障诊断结果。

故障检测和诊断设备在维修和维护过程中起着重要的作用，可以帮助技术人员快速定位和诊断故障，并提供相应的修复建议。及时的故障检测和诊断可以减少维修时间和成本，提高车辆的可用性和可靠性。

2.3 汽车电控系统的工作原理

汽车电控系统由传感器、控制器、执行器和其他配套设备组成，了解这些组件的工作原理对于理解整个系统的运作机制至关重要。传感器采用不同的原理来测量物理量；控制器通过微处理器进行信号处理和决策；执行器执行所需的操作；其他配套设备提供必要的能源和通信支持。整个系统的协同工作实现了精准的控制和操作，为汽车的性能提供了关键支持。

2.3.1 传感器的工作原理

传感器是汽车电控系统中的重要组成部分，用于感知和检测各种物理量。传感器涉及不同的技术和原理，如电阻、电容、压电和光电等。通过这些原理，传感器能够将其他物理量转化为电信号，并传递给控制器进行处理和决策。传感器的准确性和稳定性对整个系统的性能和安全至关重要。了解传感器的工作原理有助于理解其测量原理、信号转换过程以及可能的限制和应用场景。合理选择和使用传感器，可以实现对车辆状态、环境条件和乘客行为等关键信息的准确获取，为智能汽车的性能提供基础支持。

2.3.1.1 电阻式传感器

电阻式传感器是一种常见的传感器类型,广泛用于汽车电控系统中,通常由两个电极和一个电阻元件组成。

电阻式传感器的工作原理基于电阻的变化与被测量物理量之间的关系。传感器中的电阻元件通常由一种材料制成,该材料的电阻随着物理量的变化而变化。例如,温度传感器的电阻元件通常由电阻温度系数较大的材料制成,当温度发生变化时,电阻值会相应地发生变化。

当电阻式传感器与电路连接时,电路中会有一定的电流流过传感器。根据传感器的电阻变化,电路中的电压也会随之改变。通过测量电路中的电压变化,我们可以间接得知被测量物理量的数值。为了获得准确的测量结果,电阻式传感器通常需要与一个恒定的电流源或电压源相结合。这样可以保证电路中的电流或电压稳定,并且使测量结果更加可靠。

电阻式传感器因其简单、可靠和经济的特点,在汽车电控系统中被广泛应用。例如,在发动机系统中,温度传感器可以监测冷却液的温度,从而控制发动机的工作温度;在制动系统中,压力传感器可以测量刹车液的压力,用于制动力的控制和调节。

电阻式传感器也存在一些限制。例如,由于电阻元件的材料和结构限制,电阻式传感器的响应速度较慢,无法满足某些高速应用的要求;温度和湿度等外部环境因素也可能对传感器的准确性产生影响,我们需要进行适当的校准和补偿。

2.3.1.2 电容式传感器

电容式传感器在汽车电控系统中起着重要的作用,它利用电容的变化来测量与被测量物理量相关的参数,如距离、液位、湿度等。电容式传感器由两个电极和一个介质组成,介质的性质会影响电容的变化。

电容式传感器的工作原理基于电容与电极之间的电荷存储和电场变化之间的关系。当被测量物理量发生变化时,介质的性质或电极之间的距离会发生变化，从而使电容发生变化。

在电容式传感器中，当一个电极施加一个电压时，电荷会在电容器的两个电极之间存储。电容的大小与电荷量成正比。当被测量物理量引起介质或电极之间的距离变化时，电容也会发生相应的变化。通过测量电容的变化，我们可以推断出被测量物理量的数值。

为了实现准确的测量，电容式传感器通常需要合适的电路和技术支持。一种常见的方法是将电容器作为一个谐振电路的一部分，通过测量谐振频率或相位差的变化来推断被测量物理量的数值。

电容式传感器具有许多优点（如灵敏度高、响应速度快、可靠性高等），在汽车电控系统中的应用广泛。例如，在汽车的倒车雷达系统中，电容式传感器可用于测量与障碍物之间的距离，从而实现安全的倒车辅助功能；在空调系统中，电容式传感器可用于测量车内空气的湿度，从而实现自动调节。

电容式传感器也存在一些限制。例如，电容式传感器的测量范围受介质性质和电极之间的距离限制；环境温度和湿度的变化也可能对传感器的准确性产生影响，我们需要进行适当的校准和补偿。

2.3.1.3 压电式传感器

压电式传感器也是一种常见的传感器类型，它利用压电效应将机械应力转换为电荷或电压信号，实现对压力等物理量的测量。压电效应是指某些晶体材料在受到外力作用时，会产生电荷或电压的变化。这些晶体材料被称为压电材料，如压电陶瓷、压电聚合物等。在压电式传感器中，压电材料通常被制成薄片或薄膜，并与电极相连。

当压电材料受到外力作用时，晶体内部的正、负电荷分离，产生一个电势差。这个电势差可以通过连接的电极收集，并经过信号调理电路进行放大和处理。最终，压电式传感器可以将电势差转换为与施加在压电材料上的力成正比的电信号。

压电式传感器具有许多优点，如高灵敏度、快速响应、较大的测量范围和较小的尺寸等。压电式传感器在汽车电控系统中的应用广泛。例如，在发动机管理系统中，压电式传感器可用于测量汽缸压力，实现精确的燃烧控制和燃料经济性优化；在制动系统中，压电式传感器可用于测量制动液压力，实现安全的制动功能。

压电式传感器也存在一些限制。例如，压电式传感器对温度变化敏感，温度的变化可能导致输出信号的漂移或失真，因此需要进行温度补偿；压电材料的非线性特性需要进行校准和线性化处理，以提高测量精度；压电式传感器在极端条件（高压、高温或高振动环境下）的稳定性可能受到影响。

2.3.2.4 光电式传感器

光电式传感器是一种利用光电效应来感知光的存在和变化的传感器。在汽车电控系统中，光电式传感器广泛应用于车辆的光照、距离和位置等方面的检测和控制。

光电效应是指当光线照射到某些材料上时，会产生光电流或电压的现象。光电式传感器通常由光源、光敏元件和信号处理电路组成。光源发出光线，光线经过目标物体反射或折射后，被光敏元件接收并转换为电信号。信号处理电路对收到的光信号进行放大、滤波和解码处理，最终输出相应的电信号。

光电式传感器有多种类型，包括光敏电阻、光敏二极管、光电二极管和光电三极管等。不同类型的光电式传感器对于光的检测和测量具有不同的特点和应用范围。

光电式传感器在汽车电控系统中有许多应用。例如，光电式传感器可用于检测车辆的照明状况，实现自动控制车灯的开关和亮度调节；可用于测量车辆与前方障碍物的距离，实现自动驾驶中的障碍物检测和避免碰撞功能；还可用于车辆位置的检测，从而实现制动系统的反馈和控制。

光电式传感器具有许多优点，如快速响应、精度高、抗干扰能力强等。光电式传感器还可以在恶劣的环境条件下工作,在高温、高湿度和强烈光照的情况下依然能保持稳定性。光电式传感器也有一些局限,如对光源的依赖性、环境光的干扰和使用寿命等,需要多加注意。

随着汽车技术的不断发展,光电式传感器的性能和应用领域也在不断拓展。通过不断提高传感器的灵敏度、精确度和可靠性,光电式传感器将继续为汽车电控系统提供更高效、安全和智能化的性能。

2.3.2 控制器的工作原理

控制器是汽车电控系统中的关键组件,负责接收、处理和执行各种指令和信号,从而实现对车辆各项功能的控制和调节。控制器的工作原理主要涉及微处理器、内存、接口以及电源和保护电路的相互配合。微处理器作为控制器的核心,负责执行程序和算法;内存用于存储程序和数据;接口用于与其他组件进行连接和通信;电源和保护电路则为控制器提供稳定的供电和保护功能。通过这些组成部分的协同工作,控制器能够实现对车辆各种功能的精确控制和调节。

2.3.2.1 微处理器的工作原理

微处理器是一种集成电路芯片,具有处理和执行指令的能力,是汽车电控系统中的核心组件,负责处理和控制各种任务和功能。微处理器的工作原理基于其内部的逻辑电路和指令集架构。

微处理器通过时钟信号来同步其内部操作。时钟信号作为微处理器的基准,它以固定的频率产生脉冲信号,驱动微处理器的工作。时钟信号确定了指令和数据的处理速度,确保指令按照正确的顺序执行。

微处理器内部包含一个控制单元和一个算术逻辑单元。控制单元负责解析指令、控制数据流和执行程序的流程控制,它从内存中读取指令,解析指令的操作码,并根据指令类型执行相应的操作。算术逻辑单元负责执行算术运算和逻辑操作,包括加法、减法、乘法、除法等数学运算以及与、或、非等逻辑运算。

微处理器的指令集架构决定了微处理器可以执行的操作和支持的指令类型。常见的指令集架构包括精简指令集（RISC）和复杂指令集（CISC）。RISC架构具有简化的指令集和固定长度的指令格式，执行速度较快；CISC架构则具有更丰富的指令集和可变长度的指令格式，能提供更高级的操作和功能。

微处理器还与内存、输入/输出设备和其他外部组件进行通信。微处理器通过地址总线和数据总线进行数据读写；通过输入/输出端口与外部设备进行数据传输；通过内存来存储程序指令和数据，或临时存储计算结果和中间数据。

在工作过程中，微处理器根据指令的类型和操作码执行相应的操作。微处理器可以进行算术运算、逻辑运算、数据存储、数据加载和数据传输等操作。微处理器的内部寄存器用于存储指令执行过程中的临时数据和计算结果。微处理器可以根据程序的需要，按照预定的指令序列执行操作，以实现各种功能和任务。

2.3.2.2 内存的工作原理

内存是计算机系统中用于存储数据和指令的关键组件，也是汽车电控系统的重要部分，提供了临时存储器和程序执行所需的数据和指令。内存的工作原理基于其组织结构和存储技术。

内存按照存储单元的组织方式可以分为随机存取存储器（RAM）和只读存储器（ROM）两种类型。RAM是一种易失性存储器，数据在断电时会丢失，常用于临时存储数据和程序。ROM是一种非易失性存储器，数据在断电时不会丢失，常用于存储固化的程序和数据。

常见的RAM是动态随机存取存储器（DRAM）和静态随机存取存储器（SRAM）。DRAM使用电容来存储每个位的数据，因此需要定期刷新以保持数据的有效性。SRAM则使用触发器来存储数据，不需要刷新操作，速度较快。内存单元按照地址进行编号，每个单元可以存储一定量的数据，通常以字节为单位。

内存的工作原理涉及数据的读取和写入。当微处理器需要读取内存中的数据时，微处理器会向内存发送读取请求，并指定要读取的地址。内存根据地址识别所需数据的位置，并将数据通过数据总线发送回微处理器。微处理器将读取的数据存储在内部寄存器中供后续操作使用。

写入数据时，微处理器向内存发送写入请求，并提供要写入的数据和目标地址。内存将数据写入目标地址指定的存储单元中。写入操作可能会涉及数据的擦除和重写，具体取决于内存类型和存储技术。

内存还涉及存储单元的层次结构，层次结构式从缓存到主存再到辅助存储器的结构。高速缓存是位于微处理器内部的小型存储器，用于暂存常用的数据和指令，提高数据访问速度。主存是内存的主要部分，容量较大，用于存储正在执行的程序和相关数据。辅助存储器（如硬盘和固态硬盘）是更大容量的存储设备，用于长期存储和备份数据。

内存的工作原理还受内存管理和访问控制的影响。内存管理负责管理内存的分配和释放，确保各个程序之间的内存隔离和保护。访问控制机制确保只有授权的程序可以访问特定的内存区域，提高系统的安全性。

2.3.2.3 接口的工作原理

接口在计算机系统中扮演着桥梁的角色，连接着不同的组件和设备，使它们能够相互通信和交换信息。接口的工作原理涉及信号传输、数据格式、协议和电气特性等方面。

接口负责传输信号和数据，它定义了信号的传输方式和电气特性，包括信号线的数量、电压电平、时钟频率等。通过接口，发送方可以将数据编码为特定的信号，并通过传输媒介（如导线或电缆）将信号发送给接收方。接收方根据接口规范解码信号，恢复原始数据。

接口还规定了数据的格式和编码方式。例如，串行接口使用逐位传输数据，一次只传输一个比特，而并行接口一次能传输多个比特。接口规定了数据的字节顺序、数据位宽、校验位等。这样，发送方和接收方能够按照相同的格式解析和处理数据。

接口的另一个重要方面是接口协议。接口协议定义了数据交换的规则和约定，如数据的传输顺序、错误检测和纠正机制、确认和应答机制等。常见的接口协议包括 UART、SPI、I2C、USB、Ethernet 等。这些协议确保了数据的可靠传输和正确解释，使不同设备能够互相理解和协作。

接口的工作过程还需要考虑电气特性，如信号的干扰和抗干扰能力。接口设计需要考虑噪声、串扰、反射等因素，并采取适当的电气设计措施（如电阻匹配、屏蔽和隔离等），以确保信号质量和可靠性。

接口的工作原理还涉及电源和电源管理。一些接口需要提供适当的电源电压和电流，以供接口电路和相关设备使用。接口还可能包含电源管理功能（如睡眠模式、功耗优化等），以节省能源并延长设备的电池寿命。

2.3.2.4 电源和保护电路的工作原理

电源和保护电路在汽车电控系统中起着关键的作用，负责为系统提供稳定可靠的电源供应，并保护系统免受电气故障和不良条件的影响。

电源负责为汽车电控系统提供电能，通常包括一个电源单元和电源管理电路。电源单元负责将车辆电池提供的直流电转换为适当的电压和电流，以满足各个组件和设备的需求。电源管理电路用于监测和控制电源的工作状态（包括电压、电流和温度等参数），可以调整电源输出，提供稳定的电压和电流，并在必要时保护电源免受过载、短路和过热等故障。

保护电路是为了确保汽车电控系统在面对故障和不良条件时能够安全运行，通常包括过电流保护、过压保护、欠压保护和过温保护等功能。过电流保护用于检测和限制电流超过设定值的情况，以防止电路和设备的损坏。过压保护和欠压保护用于监测电源电压是否超过或低于安全范围，避免对系统造成损害。过温保护用于监测温度，并在超过设定阈值时采取措施（如关闭电源或减少功率输出等），以防止设备过热。

电源和保护电路还包括电源滤波器和稳压器等组件。电源滤波器用于滤除电源中的噪声和干扰，确保电源提供给电子设备的电能质量良好。稳压器用于保持稳定的电压输出，即使在电源电压波动或负载变化的情况下，也能提供稳定的电力。

在工作原理方面，电源和保护电路会不断监测电源状态和系统的工作条件，当检测到异常情况时，它们会采取适当的措施，如切断电源、降低功率输出或触发警报等。这样可以保护系统和设备免受潜在的损害，并确保整个汽车电控系统的可靠性和稳定性。

2.3.3 执行器的工作原理

执行器是汽车电控系统中的关键组件，负责根据控制信号执行相应的动作，如控制发动机喷油、控制制动器施加力量或调节转向角度等。执行器的工作原理涉及电磁阀工作原理、电动机工作原理和马达驱动器的控制原理等。通过执行器，控制系统能够实现对车辆不同部件和功能的精确控制和调节。

2.3.3.1 电磁阀的工作原理

电磁阀是一种常用的执行器，广泛用于汽车电控系统中。电磁阀的工作原理基于电磁感应和磁力控制的原理。

电磁阀由电磁铁和阀体组成，电磁铁由线圈、铁芯和弹簧等部件构成。具体而言，当电磁阀通电时，电流通过线圈，产生磁场。磁场的强度与电流的大小成正比，调节电流的大小可以控制磁场的强弱。磁场使铁芯受到磁力而被吸引，向线圈靠近。这个过程会改变阀体内部的通道状态，使流体或气体可以通过或阻断。电磁阀通常使用弹簧来提供恢复力。当电磁铁断电时，弹簧将铁芯恢复到初始位置，恢复阀体的通道状态。这样，通过控制电磁铁的通断，可以实现电磁阀的开关控制。

电磁阀具有快速响应、精确控制和可靠性高的特点，被广泛用于汽车的液压控制、气门控制、制动系统和空调系统等。电磁阀的工作原理简单、可靠，使汽车电控系统能够精确控制流体的流动，实现各种功能和操作。

2.3.3.2 电动机的工作原理

电动机是一种常见的执行器，其工作原理基于电磁感应原理，广泛用于各种设备和系统中，包括汽车电控系统。

电动机由固定部分（定子）和旋转部分（转子）组成。定子由线圈和铁芯构成，线圈中通有电流。转子通常由永磁体或电磁铁构成。当电流通过定子线圈时，线圈中的电流会产生磁场，这个磁场与转子中的磁场相互作用，产生力矩。根据洛伦兹力的原理，电流在磁场中会受到力的作用，而这个力会使转子旋转。通过控制电流的方向和大小，可以控制转子的转动方向和速度。

在电动机中，定子的磁场是由直流电源提供的，我们通常使用换向器或电子器件来控制电流的方向和大小。根据不同的电动机类型和应用需求，我们可以采用不同的控制方式，如直流电动机、交流电动机和步进电动机等。电动机具有高效、可调速、输出力矩大的特点，被广泛用于汽车的驱动系统、起动系统、制动系统和辅助设备等。电动机的工作原理简单而可靠，能够将电能转化为机械能，为汽车提供动力和控制。

2.3.3.3 马达驱动器的工作原理

马达驱动器在汽车电控系统中起着至关重要的作用，可以根据控制信号来控制电动机的速度、方向和力矩输出。马达驱动器的工作原理基于电子器件的控制和功率放大，通常由控制电路和功率放大器组成。

控制电路负责接收来自车辆的控制信号，并将其转换为适合驱动电动机的信号，如启动、停止、调速和反转等。功率放大器是马达驱动器的关键部分，负责将控制电路产生的低功率信号转换为适合电动机操作的高功率信号,它通过电子器件(如晶体管、功率 MOSFET 或 IGBT 等)的开关操作来控制电流的流动,从而驱动电动机。

马达驱动器的工作原理可以分为三个阶段:第一,控制电路收到输入信号,并根据信号要求生成相应的控制信号;第二,这些控制信号经过功率放大器被转换成足够大的电流和电压信号;第三,这些放大后的信号通过电路连接到电动机的线圈,从而产生磁场和力矩,使电动机转动。

马达驱动器的设计考虑了电动机的特性和工作条件。马达驱动器需要提供适当的电流和电压,以满足电动机的负载需求,并具备保护功能,以防止电动机过载、过热或其他故障。马达驱动器的性能对于电动机的运行至关重要,它能够实现精确的速度和力矩控制,提供稳定和可靠的电动机操作。马达驱动器还能通过反馈机制监测电动机的状态,并根据需要进行调整和保护。

2.3.3.4 其他执行器的工作原理

在汽车电控系统中,除了电磁阀、电动机和马达驱动器,还有许多其他类型的执行器,它们各自具有特定的工作原理。

其中一个常见的执行器是继电器。继电器是一种电子开关设备,可以根据控制信号来控制电路的通断,通常由电磁线圈和触点组成。当电磁线圈通过激活电流时,产生的磁场会使触点闭合或断开,从而实现电路的连接或断开。继电器广泛用于汽车电路中的诸多功能,如灯光控制、电动窗户控制、空调控制等。

另一个常见的执行器是伺服电机。伺服电机是一种能够根据控制信号精确控制位置和速度的电机,通常由电机、编码器和控制电路组成。编码器可以测量电机的转动角度和速度,控制电路根据控制信号和编码器的反馈信息来调整电机的运行,使其达到预期的位置和速度要求。伺服电机广泛用于汽车中的定位和控制系统,如自动驾驶系统、自动泊车系统等。

汽车电控系统中的执行器还包括气动执行器、液压执行器和电磁阻尼器等。气动执行器使用压缩空气来产生力和运动，常用于制动系统、悬挂系统和变速器控制等。液压执行器利用液压力来产生力和运动，常用于制动系统、悬挂系统和转向系统等。电磁阻尼器则通过电磁力来产生阻尼效果，常用于减震系统和稳定控制系统等。

这些执行器的工作原理基于不同的物理原理和电控技术，但它们都有一个共同的目标，即根据控制信号来实现特定的动作或功能。它们在汽车电控系统中扮演着关键的角色，为汽车的功能、安全性和舒适性提供了重要的支持。

2.3.4 其他配套设备的工作原理

其他配套设备包括电池和供电系统、通信设备、保护设备以及故障检测和诊断设备。电池和供电系统提供稳定的电源能量，通信设备实现各组件间的数据传输，保护设备确保系统的安全稳定，故障检测和诊断设备用于监测和排除系统故障。这些配套设备在汽车电控系统中协同工作，确保系统的可靠运行，以提供安全、高效的汽车性能。

2.3.4.1 电池和供电系统的工作原理

电池和供电系统在汽车电控系统中起着至关重要的作用，能够提供稳定的电源能量，为各个电子设备和系统提供所需的电力支持。

电池的工作原理基于化学反应，其中正极和负极之间的化学反应会产生电子流动。在充电过程中，外部电源将电流传输至电池，使正极吸收电子，负极释放电子。当电池放电时，正极和负极之间的化学反应会释放储存的电能，产生电流为汽车的电子设备供电。

供电系统包括电源管理模块、电压稳定器、电力线路和连接器等组成部分。电源管理模块负责监测电池的电量和状态，并控制充电和放电过程，以确保电池的稳定工作。电压稳定器用于将电池输出的不稳定电压转换为稳定的电压,以供各个电子设备使用。电力线路负责将电能从电池传输到各个电子设备,而连接器则提供可靠的电路连接。

电池和供电系统的设计考虑了多个因素,包括电池容量、电压要求、充电和放电速度等。合理的设计能够满足车辆对电力的需求,保证稳定可靠的供电。为了确保系统的安全,供电系统还包括过载保护、短路保护和过热保护等功能,以防止电池过度放电或过热。

2.3.4.2 通信设备的工作原理

通信设备在汽车电控系统中起着关键的作用,使各个电子组件和系统能够进行数据的传输和交流。通过通信设备,不同的模块和传感器可以相互发送和接收信息,实现协同工作和数据交换。通信设备的工作原理基于通信协议和数据传输技术。常见的汽车通信协议包括CAN、LIN、FlexRay、Ethernet等。这些协议规定了数据传输的格式、速率和通信方式,确保各个设备之间的数据交换和同步。

在通信设备中,传感器和执行器通过通信总线与控制器相连。传感器负责采集车辆各种参数的数据(如车速、转向角度、温度等),然后将这些数据通过通信总线传输给控制器。控制器收到数据后,根据预设的控制算法进行处理,并向执行器发送相应的指令,实现对车辆各个系统的控制。

通信设备的数据传输可以采用不同的物理层技术,如电缆传输、光纤传输或者无线传输。通信设备还包括接口电路和相关的通信协议栈,以确保数据的可靠传输和正确解析。通信设备还需要考虑数据传输的安全性,采用加密和认证机制来防止数据泄露和非法篡改。通信设备的工作原理还涉及网络拓扑结构的设计和网络管理。在复杂的汽车电子系统中,可能存在多个控制器和传感器节点,它们需要通过网络进行连接和通信。因此,设计合理的网络拓扑结构和通信机制能够实现高效的数据传输和系统协同。

2.3.4.3 保护设备的工作原理

保护设备在汽车电控系统中起着重要的作用，用于保护电子组件和系统免受电气故障、短路、过电压等不良情况的影响。保护设备的工作原理基于特定的电路设计和功能模块，旨在监测和响应潜在的危险状况，以保护整个系统的正常运行。保护设备通常包括多个功能模块，如过流保护、过压保护、过温保护和短路保护等。这些功能模块具有独立的工作原理，但它们的共同目标是监测电路中的异常情况并及时采取保护措施。

过流保护是保护设备中常见的功能模块之一。它通过检测电路中的电流是否超过了设定的阈值来判断是否存在过流情况。一旦过流被检测到，保护设备将立即中断电路，防止进一步损坏电子元件或引发火灾等安全风险。

过压保护用于监测电路中的电压是否超过了规定的上限。当电压超过设定值时，保护设备会自动切断电路，以避免电子元件过载或烧坏。

过温保护是为了防止电子元件在高温环境下过热而引发故障。保护设备通过传感器或温度检测电路监测电子元件的温度。一旦温度超过安全范围，保护设备会采取相应的措施，如降低功率输出或切断电路。

短路保护是为了应对电路中的短路情况。短路通常是由电线之间的异常连接或电路元件的损坏引起的。保护设备通过检测电流的异常变化来判断是否存在短路。一旦发现短路情况，保护设备会迅速切断电路，以保护系统的安全运行。

保护设备的工作原理涉及多个方面，包括电路设计、传感器和控制模块的协同工作，以及快速响应和控制输出等。通过合理设计和配置保护设备，可以确保汽车电控系统在各种不良情况下保持安全和可靠的运行。

2.3.4.4 故障检测和诊断设备的工作原理

故障检测和诊断设备是汽车电控系统中至关重要的组成部分，它们的工作原理涉及多个方面。这些设备通过使用各种传感器和检测器来采集车辆系统的数据,包括电压、电流、温度、压力等参数。这些传感器能够实时监测各个系统的工作状态,并将数据传输给诊断设备进行进一步分析和处理。

在数据分析阶段,故障检测和诊断设备使用算法和模型对收集的数据进行处理。这些算法可以基于预设的规则、统计分析或机器学习等技术,通过比对已知的故障数据库或参考值,识别潜在的故障模式和异常行为。这样,设备能够快速、准确地检测到系统中的故障或异常情况。

一旦故障被检测到,故障检测和诊断设备会进行进一步的诊断过程。通过对数据进行深入分析,设备能够识别具体的故障类型和位置。这需要借助专门的诊断工具和算法,结合已有的故障知识库和经验,对故障进行准确的诊断和定位。

故障检测和诊断设备还能生成故障报告,并将其显示在车辆仪表盘或相关界面上,以通知驾驶员和维修人员。这些报告通常包括故障代码、故障描述和建议的修复措施,帮助驾驶员和维修人员快速定位和解决故障。一些高级的故障检测和诊断设备还具备远程监测和诊断功能,通过无线通信技术,这些设备可以将车辆的故障信息传输给车辆制造商或维修中心,以进行远程诊断和支持。这样可以加快故障解决的速度,降低车辆维修的成本,并提供更及时的技术支持。

第3章 汽车通信网络及其在智能网联汽车中的应用

本章将介绍汽车通信网络及其在智能网联汽车中的应用。汽车通信网络是现代汽车电子系统的关键组成部分,实现了车辆内部各个子系统和外部设备之间的数据传输和通信。本章将探讨汽车通信网络的基础知识、主要组成部分和工作原理以及 CAN、LIN、FlexRay 等通信总线在汽车中的应用;还将研究 V2X 通信在智能网联汽车中的应用,包括 V2V、V2I、V2P 等通信方式。通过深入理解汽车通信网络,读者可以更好地了解智能网联汽车的关键技术和发展趋势。

3.1 汽车通信网络的基础知识

汽车通信网络[1]是现代汽车中用于数据传输和通信的关键技术,连接了车辆内部各个子系统和外部设备。本节将探讨汽车通信网络的定义、功能、分类和优点,并介绍其主要组成部分(包括控制器、通信协议、物理层和数据链路层)和工作原理(包括数据传输、数据处理、故障检测和诊断以及安全防护)。通过对汽车通信网络基础知识的学习,读者可以更好地理解汽车通信网络在智能网联汽车中的应用和设计原则。

---

[1] BOSCH 公司. Bosch 汽车工程手册:中文第 2 版[M]. 顾柏良,译. 北京:北京理工大学出版社,2004:15-29.

3.1.1 汽车通信网络的概述

汽车通信网络允许车辆内部的各个电控单元之间进行信息的传输和共享，也允许内部子系统与外部设备（如传感器、执行器、娱乐系统等）进行通信。汽车通信网络通过连接和协调车辆内部的各个系统和子系统，提供高效的数据交换和通信能力，从而支持车辆的智能化、自动化和网联化。

3.1.1.1 什么是汽车通信网络

汽车通信网络是一种专门用于汽车内部以及车辆与外部设备之间进行数据交换和通信的技术体系。随着汽车电子化和智能化的不断发展，车辆内部的各个电控单元需要进行信息的传输和共享，也需要与外部设备进行实时的数据交换和通信，以实现车辆的智能化功能和网联化特性。

汽车通信网络的主要目标是实现车辆内部各个系统和子系统之间的高效协作和信息共享。汽车通信网络将各个电控单元、传感器、执行器等设备连接起来，形成一个集成化的通信系统。通过这个系统，不同的控制单元可以相互交流和协作，共同满足车辆的功能要求。

汽车通信网络的设计需要考虑以下几个关键因素：一是实时性要求，许多汽车系统（如引擎控制、刹车系统等）需要快速响应和实时数据交换；二是可靠性要求，汽车通信网络必须能够在恶劣的环境条件（如高温、湿度和振动等）下正常工作；三是安全性要求，汽车通信网络需要考虑安全性原则，以防止未经授权的访问和恶意攻击。

3.1.1.2 汽车通信网络的功能

汽车通信网络作为车辆内部、车辆与外部设备之间的信息传输和通信系统，具备多种功能，以满足现代汽车的需求。

汽车通信网络实现了车辆内部各个系统和子系统之间的数据交换和共享。通过通信网络，车辆的各个控制单元可以相互发送和接收数据，实现信息的共享和协同工作。例如，引擎控制单元可以向传感器发送请求，获取引擎状态和参数信息，从而调整燃油喷射和点火时机；传感器也可以将检测到的数据传输给其他系统（如制动系统和安全气囊系统），以实现协调的操作和响应。

汽车通信网络实现了车辆与外部设备之间的实时数据交换和通信。现代汽车越来越依赖外部设备和互联网服务，如导航系统、智能手机、车载娱乐系统等。通过通信网络，车辆可以与这些外部设备进行实时数据交换，实现导航更新、音乐播放、电话通话等功能。车辆还可以与云端服务器进行通信，实现远程诊断、软件更新等服务。

汽车通信网络能够支持车辆的自动化和智能化功能。通过与各个传感器和执行器进行通信，车辆可以实现自动驾驶、车道保持、自适应巡航等高级驾驶辅助功能。通信网络可以将传感器获取的数据传输给控制器，控制器再根据算法和规则进行实时决策和控制操作，从而实现智能驾驶和自动化功能。

汽车通信网络还具备故障检测和诊断的功能。通过通信网络，车辆的各个系统和子系统可以相互检测故障，将故障信息传输给车辆的诊断系统。诊断系统可以分析和识别故障，提供相应的故障码和建议修复方法。这样，驾驶员和维修人员可以及时了解车辆的故障情况，采取相应的措施进行修复。

3.1.1.3 汽车通信网络的分类

汽车通信网络根据不同的特性和应用需求，可以分为以下几种类型。

第一，按照通信传输媒介分类可分为有线通信网络和无线通信网络。有线通信网络是指使用电缆或光纤等物理媒介进行数据传输的网络，常见的有线通信网络包括 CAN、LIN、FlexRay 等，这些网络在车辆内部实现了低延迟、高带宽的数据传输，适用于多个控制单元之间的实时通信和数据交换。无线通信网络是指使用无线电波进行数据传输的网络，常见的无线通信网络包括蓝牙、Wi-Fi、车载通信系统（如车联网）等，这些网络使车辆能够与外部设备和互联网进行无线连接，实现导航更新、音乐播放、电话通话等功能，也支持车辆与其他车辆或基础设施之间的通信（如 V2X 等）。

第二，按照通信协议分类可分为 CAN、LIN、FlexRay 和 Ethernet。CAN 是一种广泛用于汽车领域的通信协议，它采用串行通信方式，支持高速和低速传输，常用于车辆内部各个控制单元（如引擎控制单元、制动系统、仪表盘等）之间的数据传输和通信。LIN[①] 是一种低成本、低速率的串行通信协议，主要用于车辆内部低带宽和低复杂性应用的通信，如门控制、座椅控制、雨刷控制等。FlexRay 是一种高速、实时性强的串行总线协议，主要用于车辆内部对于高带宽、实时性要求较高的应用，如安全气囊系统、刹车系统等。Ethernet 是一种常用的局域网通信协议，在汽车领域也逐渐得到应用，可以提供高带宽和高速率的数据传输，使车辆能够实现先进驾驶辅助系统、车载娱乐和互联网服务等功能。

第三，按照通信网络拓扑结构分类可分为总线型通信网络和集线器/节点型通信网络。总线型通信网络是一种将多个控制单元连接到单一总线上的结构，各个控制单元共享同一条总线，通过总线上的通信协议进行数据的传输和共享，CAN 总线和 FlexRay 总线就是常见的总线型通信网络。集线器/节点型通信网络是一种将多个控制单元通过集线器或节点连接在一起的结构，集线器或节点负责数据的转发和分发，实现控制单元之间的通信，这种网络结构可以提供更高的灵活性和可扩展性，Ethernet 网络就属于集线器/节点型通信网络。

3.1.1.4　汽车通信网络的优点

汽车通信网络作为现代汽车电子系统的重要组成部分，具有许多优点，为汽车行业带来了诸多益处。

汽车通信网络简化了线束布线。传统汽车电子系统需要大量的线束

---

① 徐景慧，胥泽民，彭鹏. 新能源汽车整车控制系统检测维修[M]. 北京：北京理工大学出版社，2020：70-96.

进行信号传输，而通信网络通过共享通信媒介（如总线或网络），可以减少线束数量和长度。这不仅简化了线束布线的复杂性，还减少了重量和成本，提高了汽车制造和维护的效率。

汽车通信网络具备高速率和低延迟的数据传输能力，支持实时通信和快速数据传输，这对于一些对实时性要求较高的应用（如引擎控制、制动系统、安全气囊等）非常重要。通过快速的数据传输，车辆可以实现快速响应和精确控制，提高驾驶安全性和乘坐舒适度。

汽车通信网络通过采用模块化设计和可编程控制方式，使汽车电子系统具备较高的灵活性和可扩展性。通过添加或替换相应的控制单元和通信节点，汽车通信网络可以方便地升级和扩展汽车功能，适应不同的应用需求和市场变化。

汽车通信网络能够支持多种应用的集成，包括车载娱乐系统、导航系统、智能驾驶辅助系统等。通过通信网络的互联，不同的应用可以共享和交换数据，实现功能的互操作性和协同工作，提供更丰富的用户体验和驾驶辅助功能。

汽车通信网络还可以降低能耗和环境影响。相比传统的线束连接，通信网络可以减少电能损耗，提高能源利用效率。通过减少线束和电缆的使用，汽车通信网络还可以降低原材料和资源消耗，减少环境污染，符合可持续发展的要求。

3.1.2 汽车通信网络的主要组成部分

汽车通信网络是由多个关键组成部分构成的，包括控制器、通信协议、物理层和数据链路层。控制器负责管理和控制网络通信，确保数据的传输和处理顺利进行。通信协议定义了数据的格式和传输规则，使不同设备之间能够进行有效通信。物理层提供了数据在通信媒介上的传输和接收能力。数据链路层负责数据的分帧和错误检测，确保数据的可靠传输。这些部分共同协作，构成了完整的汽车通信网络结构。

3.1.2.1 控制器

控制器是汽车通信网络中的重要组成部分,负责管理和控制网络中各个节点之间的通信和数据交换。控制器通过接收和发送数据包来实现节点之间的信息传递和命令执行,通常由硬件和软件两部分组成。

在硬件方面,控制器通常包括处理器单元、内存、接口电路以及电源和时钟电路。处理器单元是控制器的核心,负责执行通信协议和控制算法。内存用于存储数据和程序,提供临时存储和快速访问的功能。接口电路用于连接控制器与其他设备,实现数据的输入和输出。电源和时钟电路提供控制器所需的电力和时钟信号,确保其正常运行。

在软件方面,控制器依赖一系列软件模块和算法来实现通信功能和控制逻辑。通信软件模块负责处理数据包的封装和解析,实现数据的发送和接收。控制逻辑软件模块包括各种算法和规则,用于执行特定的控制操作,如传感器数据的处理和车辆的控制指令生成。这些软件模块通常由开发人员根据具体需求进行编写和调试。

控制器在汽车通信网络中具有多种功能。控制器实现了节点之间的实时通信,使车辆中的各个部件能够共享信息和协同工作,如传感器节点可以将采集的数据发送给控制器,控制器再将数据分发给需要的其他节点。控制器负责执行特定的控制算法,根据收到的数据生成相应的控制指令,如引擎控制、制动控制等。控制器还承担着故障检测和诊断的功能,能够监测系统状态并及时处理异常情况。

3.1.2.2 通信协议

通信协议在汽车通信网络中扮演着关键的角色,定义了节点之间的通信规则和数据格式,确保数据的准确传输和解析。通信协议是一套约定俗成的规范,包括通信格式、数据传输方式、错误检测和纠正等内容。

通信协议的选择和设计要根据具体的应用需求和系统架构进行。不同的通信协议具有不同的特性和适用范围。例如,CAN 总线适用于实时通信和实时控制场景，而 Ethernet（以太网）适用于高带宽和大容量数据传输。通信协议的设计需要考虑数据传输的稳定性、实时性、安全性和扩展性等因素。

3.1.2.3 物理层

物理层在汽车通信网络中负责定义数据在物理媒介上的传输方式和电气特性，确保数据能够可靠地从发送端传输到接收端。

在汽车通信网络中，常见的物理层技术包括有线传输和无线传输。有线传输通常使用电缆（如双绞线、同轴电缆和光纤等）作为物理媒介，这些传输介质能够提供可靠的数据传输和抗干扰能力，适用于较短距离和高速传输的场景。无线传输则利用无线电波（包括蓝牙、Wi-Fi、LTE 和 5G 等无线通信技术）进行数据传输，具有灵活性和便利性，适用于远程通信和移动性要求较高的场景。

物理层的工作原理涉及多种技术和标准。在有线传输中，双绞线常用于低速和中速数据传输，如 CAN 总线和 LIN 总线；同轴电缆适用于高速数据传输，如 Ethernet 网络；光纤则适用于需要较长传输距离和高带宽的应用，如 FlexRay 总线和 MOST（media oriented systems transport）总线。这些传输介质在物理层上采用不同的编码和调制技术，以确保数据的可靠传输和抗干扰能力。

无线传输的物理层技术涵盖了广泛的应用。蓝牙技术适用于短距离通信，如车载音频系统和电话配对；Wi-Fi 技术提供了较大的覆盖范围和高速数据传输，常用于车载娱乐和互联网接入；LTE 和 5G 移动通信技术在车联网和车辆与基础设施通信中发挥着重要作用，支持车辆与云平台之间的实时数据交换。

物理层的设计和选择要考虑多个因素。传输速率、传输距离、抗干扰能力和成本是重要考虑因素。对于汽车应用，可靠性和安全性也是必要的要求。因此，物理层的设计需要综合考虑这些因素，选择适合特定应用场景的物理媒介和传输技术。

3.1.2.4 数据链路层

数据链路层位于物理层之上,负责在物理层提供的传输介质上建立可靠的数据传输连接,并实现数据的分段、组帧、错误检测和纠错等功能。

数据链路层的主要任务是将数据分成适当的数据帧,并通过物理层提供的传输介质将这些数据帧传输到接收端。数据链路层负责处理数据帧的传输顺序、帧的开始和结束标识、帧的定界和同步等问题,以确保数据的准确传输。数据链路层还会进行错误检测和纠错,以保证数据传输的可靠性。

在汽车通信网络中,常见的数据链路层协议包括CAN、LIN、FlexRay等。这些协议具有不同的特点和应用场景,我们需要根据通信需求和数据传输的要求进行选择。

以CAN协议为例,它是一种广泛用于汽车电子系统中的数据链路层协议。CAN协议通过将数据分成不同的数据帧,并使用标识符来标识发送和接收的节点,实现了多节点之间的高效通信。CAN协议采用了CSMA/CD(carrier sense multiple access with collision detection)的媒体访问控制机制,能够在多个节点同时发送数据时进行冲突检测和解决,确保数据传输的可靠性和实时性。

另一个例子是LIN协议,它是一种用于低速数据传输的数据链路层协议。LIN协议主要用于连接车内各个从节点,如车门控制模块、座椅控制模块等。LIN协议采用了主从结构,主节点负责发送指令,从节点负责执行指令并返回状态信息。LIN协议在低速数据传输场景下具有较低的成本和简单的实现。

数据链路层的设计和实现需要考虑多个方面的因素,包括带宽要求、传输速率、数据帧长度、错误检测和纠错机制等。安全性也是一个重要的考虑因素,特别是对于汽车通信网络中的关键系统和数据传输。因此,在设计和选择数据链路层协议时,我们需要综合考虑这些因素,并根据具体的应用需求做出相应的决策。通过有效的数据链路层设计和实现，汽车通信网络能够提供稳定、可靠和高效的数据传输，为智能网联汽车的各项功能和应用提供支持。

3.1.3 汽车通信网络的工作原理

汽车通信网络的工作原理涉及数据传输、数据处理、故障检测和诊断以及安全防护等方面。数据传输通过合理的通信协议和物理层技术，能够实现车内各个电控单元之间的数据交换和通信。数据处理能够对传输的数据进行处理、校验和纠错，确保数据的可靠性和准确性。故障检测和诊断机制能够及时发现和处理通信故障，保障系统的稳定运行。安全防护措施能够确保通信数据的机密性，防止未授权的访问。

3.1.3.1 数据传输

数据传输在汽车通信网络中是将信息从一个节点传输到另一个节点的过程。在汽车电子系统中，数据传输的目的是实现快速、可靠、实时的信息交换，以支持各种功能和应用。

数据传输通常涉及两个主要方面：数据的发送和数据的接收。发送方将要传输的数据编码为适当的格式，并通过通信介质将其发送出去；接收方则接收传输过来的数据，并将其解码以获取原始信息。下面将详细介绍数据传输的过程。

数据需要经过适当的编码和调制。编码是将原始数据转换为特定格式的过程，以便在传输过程中进行解码；调制则是将数字数据转换为模拟信号的过程，以便在传输介质中传输。常见的调制技术包括振幅调制（AM）、频率调制（FM）和相位调制（PM）等。

完成编码和调制后，数据通过选择合适的传输介质进行传输。传输介质可以是物理线缆、无线信道或光纤等。不同的传输介质具有不同的特性（如传输速度、抗干扰能力和传输距离等），我们需要根据具体应用需求进行选择。

数据传输需要考虑数据的同步和时序问题。同步能够确保发送方和接收方在相同的时间基准下进行数据交换的过程;时序是指数据传输中的时间顺序和速度控制,能够确保数据按照正确的顺序和速度传输,避免数据丢失或混乱。

数据传输需要考虑错误检测和纠正的机制。为了保证数据的可靠性,数据传输过程通常会使用冗余校验码(如循环冗余校验码 CRC)对数据进行校验,以便在接收端检测和纠正传输过程中可能引入的错误。

数据传输还需要考虑传输的实时性和带宽需求。某些应用(如实时视频和音频传输)对传输延迟和带宽要求非常高,数据传输过程需要采用适当的技术和协议来满足这些要求。

3.1.3.2 数据处理

数据处理在汽车通信网络中负责对传输过来的数据进行解析、处理和应用。在汽车电子系统中,数据处理的目的是从海量的数据中提取有用的信息,并根据需求进行相应的控制和决策。

数据处理的过程可以分为多个阶段,包括数据解析、数据分析、数据加工和数据应用。

数据解析阶段是将传输过来的数据进行解析,即将二进制数据转换为可读的格式,以便做进一步的处理。这一阶段涉及对数据的结构、格式和协议的理解,以正确地解析数据字段和参数。

数据分析阶段是对解析后的数据进行深入分析,以提取有用的信息。这一阶段包括对数据进行筛选、过滤、聚合和转换等操作,以获取所需的数据子集或关键指标。数据分析可以通过统计分析、模式识别、机器学习等技术来实现。

数据加工阶段是对已分析的数据进行进一步的处理和计算。这一阶段可能涉及复杂的算法、模型或逻辑,以实现特定的功能或应用需求。

例如，对传感器数据进行校准、融合和推理，以获取准确的车辆状态或环境信息；对驾驶行为数据进行评估和预测，以提供驾驶辅助功能。

数据应用阶段是将经过加工的数据应用于实际的控制、决策和反馈。这一阶段可能涉及车辆控制系统、驾驶辅助系统、信息娱乐系统等，以实现各种功能（如自动驾驶、智能导航、车辆诊断和远程监控等）。

数据处理过程需要考虑数据的实时性和效率。对于某些应用（如实时控制和决策），数据处理需要在严格的时间约束下完成，以保证系统的响应性和安全性。

3.1.3.3 故障检测和诊断

故障检测和诊断在汽车通信网络中负责发现和诊断车辆系统中的故障，并提供准确的故障信息和修复建议，提高车辆的可靠性、安全性和维修效率。其工作流程可以分为故障检测、故障诊断和故障修复三个阶段。

故障检测阶段涉及监测车辆系统的状态和性能，以发现潜在的故障情况。这一阶段包括对传感器数据、控制器状态和网络通信的监测和分析。故障检测可以基于预设的规则、模型或统计方法进行，也可以利用机器学习和人工智能等技术进行故障模式识别和异常检测，一旦检测到潜在故障，系统将进入故障诊断阶段。

在故障诊断阶段，系统会根据故障特征和上下文信息，对故障进行定位和诊断。这一阶段可能涉及故障树分析、故障模型匹配、状态估计和推理等技术。通过对故障的准确诊断，维修人员可以获取有关故障的详细信息，如故障代码、故障描述和可能的修复方法。

故障修复阶段涉及对诊断结果的处理和修复措施的执行。根据故障的性质和严重程度，维修人员可能采取不同的修复策略，如重启系统、更换零部件或进行维修操作。故障修复后，维修人员还需要对系统进行验证和测试，确保故障得到彻底解决。

故障检测和诊断系统需要与车辆的通信网络、传感器和控制器紧密配合。故障检测和诊断系统可以通过标准的诊断接口（如 OBD-II 接口）与车辆通信，获取实时数据和故障码，以支持故障检测和诊断的功能。

故障检测和诊断的重要性在智能网联汽车中更加凸显。随着车辆系统复杂性的增加和各种传感器、控制器的集成，故障的发生和诊断变得更加复杂和困难。因此，高效的故障检测和诊断系统对于确保车辆的安全性和可靠性至关重要，可以及时发现潜在故障，减少故障对车辆性能和驾驶者安全的影响，提高维修的效率和准确性。

3.1.3.4 安全防护

在汽车通信网络中，安全防护是一项至关重要的任务，旨在保护车辆和乘客的安全和隐私。随着汽车的智能化和网联化程度的提高，车辆面临着越来越多的安全威胁，包括黑客攻击、数据泄露、恶意软件等。为了确保汽车通信网络的安全性，我们需采取多层次的安全防护措施。

物理安全是保障汽车通信网络的基础，包括保护车辆中的电控单元、通信模块和接口免受物理攻击和非授权访问。物理安全可以通过使用安全密封技术、防护壳和密码锁等措施来实现。

网络安全是保护汽车通信网络免受网络攻击的关键，包括加密通信、身份验证、访问控制和防火墙等技术的应用。加密通信可以确保通信数据的机密性和完整性，防止数据被窃取或篡改。身份验证可以验证通信参与者的身份，防止伪造和冒充。访问控制可以限制对网络资源和功能的访问权限，确保只有授权的实体可以进行通信。防火墙可以监测和阻止恶意网络流量，保护网络免受攻击。

软件安全也是确保汽车通信网络安全的重要方面。软件安全包括对车辆控制软件和通信协议的设计和开发过程中的安全性考虑以及对软件的更新和漏洞修复的管理。安全编码实践、漏洞扫描和安全审计等技术可以帮助发现和修复软件中的安全漏洞。

安全防护需要考虑安全监测和响应机制。安全监测可以实时监测车辆系统和通信网络的安全状态，检测潜在的安全威胁和攻击行为。响应机制可以及时响应和处理安全事件（包括故障、攻击和数据泄露等），以减少安全风险和损失。

安全培训和意识是确保汽车通信网络安全的重要环节。驾驶员和维修人员需要接受相关的安全培训，了解安全风险和应对措施，提高安全意识和应对能力。

3.1.4 汽车通信网络的设计和应用

汽车通信网络的设计和应用是确保车辆之间、车辆与外部环境之间有效通信的关键。一个可靠、高效的通信网络可以实现车辆间的信息交换、智能网联功能以及车辆与道路基础设施的互动，这需要考虑网络拓扑设计、通信协议选择、网络测试和验证等方面。实例应用方面，我们可以通过智能交通系统、远程诊断和控制、车辆互联等方式将汽车通信网络应用于实际场景，提升车辆安全性、行驶效率和用户体验。

3.1.4.1 网络拓扑设计

网络拓扑设计是汽车通信网络设计中的重要环节。网络拓扑决定了通信网络中节点之间的连接方式和数据传输路径。在设计网络拓扑时，我们需要考虑以下几个方面。

第一，节点连接方式。常见的节点连接方式包括总线型、星型、树型、环型等。总线型拓扑适用于节点数量较多且相对简单的场景，所有节点连接在同一条总线上进行数据传输；星型拓扑通过一个中心节点连接所有其他节点，有利于数据集中管理和故障隔离；树型拓扑是一种分层结构，适用于节点数量较多且需要分组管理的情况；环型拓扑中每个节点通过环路连接，具有循环冗余和高可靠性。

第二，网络带宽和延迟。根据通信需求，我们需要评估网络的带宽和延迟要求，确保网络能够满足实时性和可靠性的要求。对于需要高速传输和低延迟的应用，我们可以选择高带宽的通信介质和快速的数据传输协议。

第三，网络的可靠性和容错性。在设计网络拓扑时，我们需要充分考虑节点故障对整个系统的影响，并采取相应的容错措施。例如，我们可以设计冗余路径以确保数据的备份和多路径传输，以应对节点故障或通信链路中断的情况。

第四，系统的扩展性和灵活性。随着智能网联汽车的发展，车辆间通信的需求不断增加，因此我们需要设计具有良好扩展性的网络拓扑，同时考虑网络的灵活性，使系统能够适应不同应用场景和未来的技术发展。

3.1.4.2 通信协议设计

通信协议设计在汽车通信网络中起着关键的作用。通信协议定义了通信设备之间的通信规则和数据格式，确保数据的可靠传输和正确解析。在通信协议设计过程中，我们需要考虑以下几个方面。

第一，层次结构。通信协议一般采用分层结构（包括物理层、数据链路层、网络层和应用层等），每一层都有特定的功能和责任。通过分层结构，通信协议可以实现模块化设计和功能分工，提高协议的可维护性和扩展性。

第二，数据传输方式。通信协议可以采用同步传输或异步传输方式。同步传输是指通信设备之间在时间上保持同步，以时钟信号来控制数据的传输。异步传输则是在设备之间以数据帧的形式传输数据，不需要时钟信号来同步数据。根据通信需求和系统的实时性要求，我们可以选择适合的传输方式。

第三，数据编码和解码。通信协议需要定义数据的编码格式，以确保数据在传输过程中的正确性和可靠性。常见的编码方式包括二进制编码、ASCII 编码等。编码方式的选择应根据数据的类型和传输环境来确定。

第四，容错机制和错误处理。数据传输过程可能会出现传输错误、丢失数据或冲突等情况。通信协议需要定义相应的容错机制（如校验和重传机制等），以确保数据的可靠传输和正确解析；还需要定义错误处理方式（如错误码的定义和错误恢复策略），以解决数据传输过程中的各种问题。

第五，安全性和隐私保护。随着智能网联汽车的发展，车辆间通信涉及大量的敏感信息，因此通信协议需要采取相应的安全机制（如数据加密、身份验证等），以保护通信数据的安全和用户隐私。

3.1.4.3 网络测试和验证

网络测试和验证是汽车通信网络设计和应用过程中至关重要的一步，旨在确保通信网络的可靠性和安全性符合预期，并验证网络在实际应用中的正确运行。

网络测试和验证需要评估通信网络的性能，包括测试网络的带宽、延迟、抖动和吞吐量等关键指标。通过对通信设备之间的数据传输进行测试和验证，我们可以了解网络的响应时间、数据传输速率以及数据包丢失率等性能参数，从而评估网络的质量和可靠性。

网络测试和验证需要评估通信协议的正确性和可靠性，包括测试协议的数据传输和处理机制，确保数据的正确解析、正确的错误处理和容错机制的有效性。我们可以通过模拟各种通信场景和异常情况（如数据冲突、丢包和错误数据等）进行测试和验证，以保证协议的稳定性和正确性。

网络测试和验证需要评估网络安全性。网络安全测试需要对网络的加密算法、身份验证机制和安全协议进行测试，并对潜在的安全漏洞进行评估和修复。

通信网络在实际应用中可能会与其他系统或设备进行通信，因此我们需要进行兼容性测试，以确保网络与其他设备或系统的互操作性和兼容性。

在网络测试和验证过程中，我们需要使用各种测试工具和设备（如网络模拟器、数据包分析器和性能监测工具等）对网络进行实时监测和分析，收集关键的性能数据，并进行必要的调整和优化。

3.1.4.4 实例应用

现代汽车普遍配备了各种娱乐和信息系统，如音频播放器、视频显示屏和导航系统等。这些系统通过汽车通信网络与车辆其他部件进行通信，能够实现音频和视频数据的传输和控制。合理的网络设计和应用可以提供高质量的娱乐体验和信息服务。

许多汽车还配备了驾驶辅助系统，如自适应巡航控制、车道保持辅助和自动紧急制动等。这些系统利用汽车通信网络与传感器、控制器和执行器等部件进行通信，能够实现实时数据的传输和交互，从而提供更高级别的驾驶辅助功能。

远程监控是一个重要的实例应用。通过汽车通信网络，车主可以远程监控汽车的各种功能。例如，车主通过手机应用程序可以远程锁定或解锁车辆、调整车辆温度、查看车辆的状况和位置等。这种远程监控功能不仅提高了车主的便利性，还增强了车辆的安全性和防盗能力。

汽车通信网络还可用于车辆的故障诊断和维护。通过与车辆的电控单元进行通信，我们可以获取车辆的诊断信息、故障码和传感器数据等。这些数据可以帮助技术人员快速定位和修复故障，提高维修效率，减少维修成本。

车队管理系统也是汽车通信网络的一个重要应用领域。通过与车辆进行实时通信，我们可以获取车辆的位置、行驶状态、油耗等数据。这样，车队管理人员可以实时监控车辆的运行状况，优化调度和路线规划，提高运输效率，节约成本。

汽车通信网络在智能交通系统中也发挥着重要作用。通过与交通基础设施进行通信，车辆可以接收实时的交通信息和路况数据，如交通拥堵、事故警报等。这些信息可以用于智能导航系统的优化路径规划，减少交通堵塞，改善交通安全。

3.2 CAN、LIN、FlexRay 等在汽车中的应用

CAN、LIN 和 FlexRay 是汽车领域中常用的通信总线协议，在汽车电子系统中扮演着重要的角色。CAN 总线是一种广泛用于车辆通信的高可靠性总线协议，LIN 总线是一种低成本的通信协议，FlexRay 则为高带宽和实时性要求较高的应用提供了解决方案。这些通信总线在汽车中实现了不同级别的通信需求，支持车内各个系统之间的数据传输和控制，推动了汽车电控系统的发展和智能化。

3.2.1 CAN 总线在汽车中的应用

CAN 总线是一种在汽车领域广泛应用的通信协议，在汽车电子系统中发挥着重要作用。CAN 总线通过提供可靠的数据传输和高度可扩展的网络结构，实现了不同部件之间的通信和协调。CAN 总线被用于多种汽车应用领域，包括发动机控制、制动系统、车身电子、舒适性系统等。CAN 总线具有高效、可靠、实时性强的特点，为车辆系统的集成和互联提供了稳定的通信平台，促进了汽车的智能化和安全性的提升。

3.2.1.1 CAN 总线的工作原理

CAN 总线是一种基于串行通信的网络协议，用于实现分布式控制系统中各个节点之间的可靠通信。CAN 总线的工作原理涉及数据帧的传输、消息优先级和错误检测等方面。

CAN 总线采用了差分信号传输的方式，其中 CAN-High 和 CAN-Low 是成对的线路，用于传输数据和信号。CAN 总线采用非归零制，即在数据传输中，CAN-High 和 CAN-Low 的电压之差表示逻辑 1 或逻辑 0，而不是电压绝对值的大小。

CAN 总线使用了非破坏性的冲突检测机制，不同节点可以同时发送数据，但只有优先级高的消息能够成功传输。每个消息都有一个唯一的标识符（ID），标识符的位数决定了总线上的节点数量和消息优先级。较低优先级的消息会自动让出总线给较高优先级的消息。

CAN 总线还采用了循环冗余校验（CRC）和重试机制来检测和纠正传输中的错误。每个消息在发送时都会附带 CRC 码，接收方会根据接收到的数据计算 CRC 码并与收到的 CRC 码进行比较。如果检测到错误，接收方会要求发送方重新发送该消息。

CAN 总线的数据传输速率可以根据需要进行调整，常见的速率有 250 kbps、500 kbps 和 1 Mbps 等。较低的传输速率适用于长距离通信或对可靠性要求较高的应用，而较高的传输速率适用于实时性要求较高的应用。

3.2.1.2　CAN 总线在汽车中的应用场景

CAN 总线作为一种广泛用于汽车领域的通信协议，其在汽车中的应用场景丰富多样。

CAN 总线在发动机管理系统中扮演着重要的角色。通过 CAN 总线，发动机控制单元可以与各种传感器和执行器进行高速、可靠的数据交换，实时监测发动机的工作状态并进行相应的控制（包括点火系统、燃油喷射、汽缸压力监测等关键功能），从而提高发动机的效率和性能。

CAN 总线在汽车的制动系统中也起着关键作用。制动控制单元通过 CAN 总线接收来自各个车轮的制动压力和车速信息，实现制动力的协调，从而提高制动效果和安全性。

CAN 总线在转向系统中同样发挥重要作用。转向控制单元通过 CAN 总线与车轮角度传感器和转向助力器进行通信,实现对转向系统的精确控制和调节,提高了操控性和驾驶舒适性。

CAN 总线可用于汽车的仪表板和驾驶员辅助系统。通过 CAN 总线,仪表和指示灯可以收到车速、发动机转速、燃油量等信息,并实时显示给驾驶员,提供关键的驾驶信息。驾驶员辅助系统(如倒车雷达、自适应巡航控制等)也可以通过 CAN 总线与其他系统进行数据交换,提高驾驶安全性和舒适性。

CAN 总线可用于车身电子系统,包括车辆稳定性控制、防抱死制动系统、车身悬挂系统等。通过 CAN 总线,车身控制单元可以与车身传感器和执行器进行通信,实现对车辆稳定性和安全性的精确控制。

CAN 总线还可用于汽车的娱乐和通信系统。车载音响、导航系统、蓝牙通话等设备可以通过 CAN 总线与车辆其他系统进行连接和控制,实现音频和信息的传输,提供丰富的娱乐和通信体验。

3.2.1.3　CAN 总线的优缺点

CAN 总线作为一种在汽车领域广泛应用的通信协议,具有一系列的优点和一些局限性。

CAN 总线的优点之一是可靠性。CAN 总线采用差分信号传输和冲突检测机制,能够有效抵抗电磁干扰和噪声,提供稳定可靠的通信环境。CAN 总线具有抗干扰能力,能够在恶劣的电磁环境(如发动机舱或车辆底盘)下工作。

CAN 总线具有实时性强的优点。它采用优先级控制和时间触发机制,能够实现对数据传输的精确控制和调度,满足实时性要求,这使 CAN 总线适用于需要快速响应和实时交互的应用场景,如发动机控制、制动系统和转向系统等。

CAN 总线的成本较低。CAN 总线采用两根导线进行数据传输,布线简单，成本较低。CAN 总线支持多个设备共享一条总线，降低了系统的硬件成本。

CAN 总线使用标准化的通信协议和接口，便于设备的互联和系统的扩展。CAN 总线具有灵活性和可扩展性，支持多设备之间的点对点通信和广播通信，可以根据具体需求配置总线拓扑结构。CAN 总线还支持设备的热插拔和动态配置，方便系统的扩展和维护。

CAN 总线也存在一些局限性。CAN 总线的带宽相对较低，无法满足一些高带宽要求的应用场景，如高清视频传输；CAN 总线的数据传输速率有限，无法满足一些对实时性要求非常高的应用，如高速数据采集和处理；CAN 总线的通信距离受限，通常适用于车内较短距离的通信，不适用于车辆间的远距离通信。

3.2.2　LIN 总线在汽车中的应用

LIN 总线是一种用于汽车电子系统的低速串行通信协议，具有成本低廉、简单可靠的特点，主要用于汽车中一些低速、简单的控制和监测功能，如门控制、座椅控制、车窗控制等。通过 LIN 总线，各个模块可以进行简单的单向或双向通信，实现功能的协调和控制。在汽车电子系统中，LIN 总线发挥着重要作用，提高了车辆的安全性和舒适性，也降低了系统的成本和复杂性。

3.2.2.1　LIN 总线的工作原理

LIN 总线是一种低速串行通信协议，其工作原理基于时间分割多路复用技术，使多个从节点共享同一总线。

LIN 总线的工作原理可以分为主节点发送和从节点接收两个过程，主节点负责发送指令和数据，而从节点负责接收指令并执行相应的操作。在通信开始之前，主节点发送一个同步帧（synchronization frame）来同步整个总线上的从节点，同步帧包含特定的数据位模式，用于从节点进行时钟同步。接着，主节点开始发送数据帧（data frame），每个数据帧包含标识符（identifier）、数据和校验位。标识符用于识别不同的从节点，数据用于传输指令和信息，校验位用于检测数据的正确性。从节点根据标识符判断是否为自己发送的数据帧，并根据数据执行相应的操作。从节点在收到数据帧后，会发送一个响应帧（response frame）作为确认，响应帧包含标识符和校验位，用于主节点确认数据是否正确接收。

LIN 总线的通信采用主节点主动轮询的方式，即主节点按照预定的时间间隔发送数据帧，并依次轮询每个从节点。每个从节点根据标识符判断是否需要执行相应的操作，并将执行结果通过响应帧返回给主节点。

LIN 总线还支持诊断和故障检测功能。主节点可以发送诊断帧（diagnostic frame）来检测从节点的状态和故障情况。从节点通过监测总线上的电压和电流来检测线路短路、断路等故障情况，并将故障信息返回给主节点进行诊断和处理。

3.2.2.2　LIN 总线在汽车中的应用场景

LIN 总线在汽车内部照明系统中的应用非常广泛。LIN 总线通过连接仪表盘灯光、车门灯光、脚灯等照明设备，可以实现集中控制和管理。这样的设计提高了照明系统的灵活性和节能性，也简化了线束布线和连接方式。

LIN 总线在电动窗控制系统中的应用也很常见。LIN 总线通过连接主控制单元和每个窗口的电动驱动器，可以实现对窗口的升降操作。通过 LIN 总线的通信，窗口可以实现升降的同步进行，还可以提供反夹保护功能，确保乘客的安全。

集中门锁系统也是 LIN 总线的重要应用之一。LIN 总线通过连接主控制单元和车辆的门锁执行器，可以实现对车辆所有门锁的集中控制。驾驶员可以通过远程控制器或车内控制面板一键锁定或解锁车辆的所有门，提升了车辆的安全性和操作便利性。

座椅控制系统也广泛使用 LIN 总线进行通信。LIN 总线通过连接座椅控制单元和座椅的各个执行器，可以实现座椅的前后调节、倾斜调节、头枕高度调节等功能。驾驶员可以通过控制面板或按钮来调节座椅的位置和舒适度。

LIN 总线还应用于汽车的雨刷控制系统、空调控制系统以及车身电控系统。这些系统通过 LIN 总线实现各个部件之间的通信和控制，提供了更高的集成度和灵活性。

3.2.2.3　LIN 总线的优缺点

LIN 总线的优点之一是成本低廉。由于 LIN 总线使用的是单线通信，相对于其他多线通信协议来说，所需的线束数量较少，成本较低，这使得 LIN 总线在汽车的辅助系统中应用广泛。

LIN 总线的通信速率相对较低，通常在 20 kbps 到 100 kbps，这使 LIN 总线更适用于对数据传输速度要求不高的应用场景。低速率的通信也有助于减少通信冲突和干扰，提高通信的可靠性。

LIN 总线具有简单性和易用性。相比于其他复杂的通信协议，LIN 总线协议的实现相对简单，配置和调试较为方便，这使开发人员能够快速地实现 LIN 总线的应用，提高了开发效率。

LIN 总线还具有较低的功耗特性。由于通信速率较低，相应的功耗也较低，这对于电池供电的汽车系统非常重要。低功耗的特性也有助于延长电池寿命，减少能源消耗。

LIN 总线也存在一些缺点。由于其低速率的限制，LIN 总线的数据传输速度较慢，这意味着在需要高速数据传输的应用场景中，LIN 总线可能无法满足要求。LIN 总线由于采用了单线通信的方式，传输距离受到限制，一般在几十米以内，因此一些大型汽车或需要覆盖较大范围的应用可能需要采用其他通信协议。LIN 总线的扩展性有限，由于其设计初衷是应用于辅助系统，因此 LIN 总线在处理大量数据或需要更高性能的应用中可能存在限制。

3.2.3 FlexRay 总线在汽车中的应用

FlexRay 总线是一种高速、实时的汽车通信总线协议,被广泛用于汽车电子系统中,具有高带宽、可靠性强以及支持复杂控制算法等特点,在先进驾驶辅助系统和智能网联汽车领域中应用广泛。

3.2.3.1 FlexRay 总线的工作原理

FlexRay 总线的工作原理基于时间分割多路访问(time-triggered multichannel access)的概念,使用固定的时间槽和帧周期来安排数据传输,以实现高效的通信和严格的实时性要求。

在 FlexRay 总线中,时间被划分为连续的周期,每个周期包含一个或多个时间槽。每个时间槽都有特定的长度和优先级,用于传输数据。时间槽的长度可以根据通信需求和系统配置进行灵活调整。

在每个时间槽中,ECU 可以进行数据的发送或接收。发送方根据事先定义的帧的优先级和发送周期,在相应的时间槽中发送数据帧;接收方则在预定的时间槽中等待接收数据帧。通过严格的时间调度和同步机制,FlexRay 总线能够确保数据在预定的时间内准时传输,从而实现高度可靠的通信。

FlexRay 总线还采用了冲突检测和解决机制,以处理多个 ECU 同时发送数据的情况。当多个 ECU 在同一时间槽中发送数据时,冲突检测机制会识别冲突,并通过算法进行解决,以确保数据的完整性和准确性。

为了提高可靠性和容错能力,FlexRay 总线还引入了冗余机制和错误检测机制。通过在数据帧中添加冗余信息和校验位,FlexRay 总线可以检测和纠正数据传输过程中的错误,提高通信的可靠性。

3.2.3.2 FlexRay 总线在汽车中的应用场景

FlexRay 总线在汽车中的应用场景十分广泛,包括车身电子系统、驾驶辅助系统以及娱乐、信息系统等领域。

在车身电子系统中,FlexRay 总线用于实现对车身稳定性、安全性和舒适性的控制。FlexRay总线能够连接车身控制单元、传感器和执行器，实现实时的数据传输和控制。通过FlexRay总线，车辆可以实时获取各个部件的状态信息，并进行相应的调节和控制，如座椅调节、自适应巡航控制等功能。

驾驶辅助系统是现代汽车中重要的功能，FlexRay总线在该领域发挥着关键作用，用于传输来自雷达、摄像头和其他感知设备的数据，实现对驾驶环境的实时感知和分析。通过FlexRay总线，驾驶辅助系统可以实时识别障碍物、监测交通状况，并提供相关的警示和辅助功能，如自动紧急制动、盲点检测等。

FlexRay总线还在汽车的娱乐和信息系统中发挥作用，用于传输音频、视频和其他娱乐信息，实现多媒体系统的联动和交互。通过FlexRay总线，车辆中的各个娱乐设备可以实现互联互通，乘客可以享受高品质的音乐和视频娱乐体验。

3.2.3.3 FlexRay总线的优缺点

FlexRay总线作为一种高性能的汽车通信协议，具有许多优点和一些缺点。下面将详细介绍这些方面。

FlexRay总线的优点之一是高带宽和实时性。FlexRay总线支持高速数据传输，可以满足现代汽车对数据处理和通信的要求。FlexRay总线的带宽通常在10 Mbps到100 Mbps，能够处理大量的实时数据，如传感器数据和控制指令。这种高带宽和实时性确保了系统的高效运行和及时响应。

FlexRay总线具有高度可靠性和冗余性。FlexRay总线采用了多路访问和冲突解决技术，能够确保数据的可靠传输和冲突的有效解决。FlexRay总线还支持冗余通信路径，即主备通信通道，以提高系统的容错性和可靠性。这种高度可靠性使FlexRay总线适用于对数据传输的可靠性要求较高的应用领域。

FlexRay 总线具有灵活性和可扩展性。FlexRay 总线支持多主机和多节点的通信，可以轻松地适应不同系统和应用的需求。FlexRay 总线还支持动态带宽分配和配置，使系统可以根据实际需求进行优化和调整。这种灵活性和可扩展性使 FlexRay 总线非常适用于复杂的汽车电子系统，如车身控制和驾驶辅助系统。

FlexRay 总线也存在一些缺点。由于其较高的复杂性和技术要求，FlexRay 总线的实施和调试可能会更加困难，需要具备高水平的技术知识和专业技能。FlexRay 总线的成本（包括硬件设备和软件开发的成本）相对较高，这使其在一些低成本应用中可能不太适用。由于 FlexRay 总线的应用相对较新，与其他通信协议相比，它的生态系统和支持工具可能相对较少，这可能对开发和维护带来一些挑战，特别是在广泛采用和标准化方面。

3.2.4　其他通信总线在汽车中的应用

在汽车领域，除了 CAN、LIN 和 FlexRay，其他通信总线也被广泛应用。这些总线包括 MOST、Ethernet 和 SPI 等，它们在音频传输、多媒体数据、高速数据传输和连接外部设备等方面发挥着重要作用。选择适当的通信总线对于满足不同应用需求至关重要，这些通信总线的应用促进了汽车电子系统的发展，实现了多样化的数据传输和通信需求。

3.2.4.1　MOST 总线的介绍和应用

MOST 总线是一种用于汽车多媒体系统的高速数据传输总线，于 2001 年首次推出，旨在提供稳定可靠的音频和视频传输以及其他多媒体数据的交互。MOST 总线在汽车中被广泛用于音响、娱乐、导航和通信等系统。

MOST 总线采用光纤作为物理传输媒介，具有高带宽、低延迟和强抗干扰能力的特点。MOST 总线使用一种基于环形拓扑结构的网络架构，通过光纤将数据传输到各个节点，每个节点都可以充当数据发送和接收的角色，实现数据的高效交换。

在汽车中，MOST 总线主要用于音频和视频传输，能够支持多个音频通道和高清视频的传输，确保音频和视频的高质量和同步性。通过 MOST 总线，车内的音响系统可以与 CD/DVD 播放器、收音机、导航系统和其他音频设备进行连接，实现多媒体数据的共享和交互。

MOST 总线还支持数据传输和通信（如车辆的控制信号、车辆信息的传输和处理）以及与外部设备的通信，提供了稳定可靠的数据传输通道，使各个车辆系统能够相互通信并协同工作。

3.2.4.2 Ethernet 总线的介绍和应用

Ethernet 总线是一种常见的局域网通信协议，采用了 CSMA/CD 的访问控制方法，可提供高速、可靠的数据传输。Ethernet 总线最初主要用于计算机网络领域，但随着汽车电子技术的发展，它也被广泛用于汽车领域。

在汽车中，Ethernet 总线主要用于实现车辆内部各个电子系统之间的数据通信，可以传输音频、视频、控制信号和大量的车辆信息，实现车辆的智能化和网联化。与传统的汽车通信总线相比，Ethernet 总线具有更高的带宽和更低的延迟，适用于对数据传输速率和实时性要求较高的应用场景。

通过 Ethernet 总线，车辆内部的各个电控单元可以互相通信和共享信息，实现更加智能的功能和服务。例如，车辆的安全系统、驾驶辅助系统、娱乐系统和车载网络可以通过 Ethernet 总线进行数据交换和协作。Ethernet 总线还可以连接车辆与外部网络，实现车辆与云服务的连接，支持远程诊断、软件更新和车辆远程控制等功能。

在汽车领域，Ethernet 总线的应用正在不断扩大。Ethernet 总线被广泛用于自动驾驶系统、车载娱乐系统、车辆诊断系统和车辆网络架构等方面。借助 Ethernet 总线，汽车制造商可以实现更高级别的车辆智能化和网联化，提供更丰富的功能和服务。

由于 Ethernet 总线的带宽较大，数据传输的时延可能增加，这对于某些实时性要求较高的应用可能会造成影响。安全性和可靠性也是需要重点关注的问题，因为 Ethernet 总线连接着车辆的关键系统和功能。

3.2.4.3　SPI 总线的介绍和应用

SPI 是一种同步串行通信接口协议，通常用于连接微控制器和外围设备。在汽车电子系统中，SPI 总线常用于连接各种外围设备，如传感器、显示器、存储器等。SPI 总线具有高速数据传输、简单的硬件接口和灵活的设备连接方式等特点，使其在汽车电控单元之间进行数据交换和通信成为可能。

在 SPI 通信中，主控设备通过 SCLK 线控制时钟，以此来同步数据传输。在每一个时钟周期里，主控设备和从设备各自发送和接收一个位，这是通过 MOSI 和 MISO 线来实现的。SS 线则用于选择特定的从设备进行通信。与其他接口（如 I2C 和 UART）相比，SPI 接口因其简单的硬件要求和较高的数据传输速率（可以达到几十兆位每秒）而受到青睐。

值得注意的是，SPI 没有一个严格的流控制机制或确认协议，这意味着如果主控设备和从设备之间出现了任何的不同步，可能会导致数据错误。因此，我们需要对硬件和软件进行精心设计和优化，以确保通信的可靠性。

SPI 也有一些局限性。因为 SPI 通常需要四根线进行连接，所以当需要连接的从设备数目增加时，线路也会随之增多，这样不仅会占用更多的 I/O 端口，还可能增加系统的复杂性和成本。SPI 没有错误检测机制，这也增加了数据传输过程中出错的风险。

在实际应用中，SPI 被广泛用于各种场合，包括嵌入式系统、汽车电子系统、工业自动化和物联网设备。由于其高速、低成本和可靠性，SPI 继续保持其在数字通信领域的重要地位。不过，随着应用需求的日益复杂和数据安全性的提升，SPI 协议也需要进一步改进和扩展，以适应更多的应用场景。

3.2.4.4 各种通信总线的比较

各种通信总线在汽车中的应用各有特点，根据具体的应用需求和系统要求，选择合适的通信总线是至关重要的。下面将对 CAN、LIN、FlexRay、MOST、Ethernet 和 SPI 通信总线进行比较。

CAN 总线是一种广泛用于汽车领域的通信总线，具有可靠性高、抗干扰能力强、适用于实时通信等优点。CAN 总线在车身控制系统、发动机管理系统、传感器和执行器之间提供可靠的数据传输。然而，CAN 总线的传输速率较低，无法满足高带宽的应用需求。

LIN 总线是一种低成本的串行通信总线，主要用于连接低带宽的从属设备，适用于车门控制模块、座椅控制模块等低速数据传输的应用场景。LIN 总线具有简单的硬件实现和低功耗的特点，但传输速率有限，不适用于高带宽的应用。

FlexRay 总线是一种高速数据传输和实时性较强的通信总线，适用于高带宽和复杂控制系统的应用，在汽车领域的电控系统、刹车控制系统等关键控制系统中得到广泛应用。FlexRay 总线具有较高的带宽和可靠性，但实现和维护成本较高。

MOST 总线是专门用于车载多媒体和信息娱乐系统的高速串行总线，能够提供高带宽和实时功能，在车载音频系统、娱乐系统和通信系统中应用广泛。MOST 总线具有高质量的多媒体数据传输和共享能力，但适用范围相对较窄。

Ethernet 总线是一种通用的局域网技术，近年来在汽车领域得到广泛应用，具有高带宽、灵活性和兼容性等优点，适用于高级驾驶辅助系统、车载摄像头和传感器数据传输等高带宽应用。然而，汽车环境下的电磁干扰和安全性等问题仍需要解决。

SPI 总线是一种用于连接微控制器和外部设备的串行通信接口

协议，具有高速数据传输、简单的硬件接口和灵活的设备连接方式。然而，SPI 总线也面临缺乏错误监测机制、线路复杂等问题。

3.3　V2X 通信在智能网联汽车中的应用

V2X 通信在智能网联汽车中扮演着重要角色。V2X 代表车辆与其他实体之间的通信，它通过车辆之间的互联互通和与周围环境的数据交换，能够提高行车安全性、交通效率和乘坐体验，实现碰撞预警、交通协调和路况信息共享等功能。然而，V2X 通信也面临着技术标准制定、数据安全和隐私保护等挑战。

3.3.1　V2X 通信的概述

V2X 通信是指车辆与周围环境之间的通信系统，用于实现车辆间和车辆与基础设施之间的数据交换和协作。V2X 通信系统由车辆端单元和基础设施端单元组成，通过无线通信技术实现实时信息传递。这种通信系统能够提供车辆感知、智能驾驶和交通管理等功能，为智能网联汽车的安全性、效率和舒适性提供支持。

3.3.1.1　什么是 V2X 通信

V2X 通信是指车辆与周围环境中的各种实体之间进行无线通信和信息交换的技术和系统，是智能网联汽车领域的关键技术之一，旨在实现车辆之间、车辆与基础设施以及车辆与行人之间的实时数据传输和协作。

V2X 通信系统通过车载单元和基础设施设备之间的无线连接，实现车辆与道路、其他车辆、行人、交通信号灯和交通管理中心等之间的相互通信。这种通信可以是车辆与车辆之间的直接通信、车辆与基础设施之间的通信、车辆与行人之间的通信以及车辆与网络之间的通信。通过

V2X 通信，车辆可以获取周围环境的信息，并与其他实体进行数据交换和协调，从而提高交通安全性、交通效率和驾驶体验。

V2X 通信使用了各种无线通信技术，包括 Wi-Fi、蜂窝网络、车载自组网（VANET）和 5G 等。这些技术能够提供可靠的通信连接和较低的通信延迟，以满足对实时性和可靠性的要求。V2X 通信还依赖于先进的通信协议和安全机制，以确保信息的安全性和保密性。

V2X 通信在智能网联汽车中有广泛的应用，可以支持交通流量优化、智能驾驶辅助、行人保护、交通信号优化等功能。通过 V2X 通信，车辆可以相互感知彼此的位置、速度和行驶意图，从而进行协同驾驶和避免碰撞。V2X 通信还可以将交通信号和路况信息传输给车辆，帮助驾驶员做出更明智的驾驶决策。

尽管 V2X 通信技术带来了许多潜在的优势，但也需要注意一些问题。V2X 通信需要解决技术标准的制定和统一的问题，以确保不同厂商和设备之间的互操作性。V2X 通信还需要解决隐私保护、网络安全和数据处理等方面的问题，以保障用户的个人信息和交通数据的安全性。

3.3.1.2　V2X 通信的组成部分

V2X 通信的组成部分主要包括单元模块（on-board unit，OBU）、基础设施设备和通信网络。

车载单元是安装在车辆上的硬件设备，负责实现车辆与外部实体之间的无线通信，通常由无线通信芯片、天线、处理器、存储器和接口等组件构成。车载单元能够接收来自其他车辆、基础设施设备或网络的 V2X 通信数据，并将自身的数据发送给其他实体。车载单元通过无线通信技术（如 Wi-Fi、蜂窝网络或车载自组网）与周围的车辆、基础设施设备或行人进行通信。

基础设施设备是部署在道路、交通信号灯和交通管理中心等位置的设备，用于与车辆进行通信。这些设备包括无线通信基站、交通信号灯、路边传感器和道路标志等。基础设施设备通过无线通信与车载单元交换数据，可以向车辆提供实时的交通信息、路况信息和交通控制指令，帮助驾驶员做出更明智的驾驶决策。

通信网络连接了车载单元和基础设施设备之间的数据传输，通常采用无线通信技术和协议，如 Wi-Fi、蜂窝网络、车载自组网或 5G 等。通信网络负责可靠地传输 V2X 通信的数据包，确保数据的安全性和实时性。

3.3.1.3　V2X 通信的工作原理

V2X 通信的工作原理基于无线通信技术和通信协议，通过车载单元与基础设施设备或其他车辆进行数据交换和信息共享。

在 V2X 通信中，车辆通过车载传感器、摄像头或雷达等设备感知周围的车辆、行人和基础设施设备。这些传感器能够获取车辆位置、速度、加速度、距离和周围环境的信息。这些感知数据经过处理和编码后，通过无线通信技术发送给周围的实体。

数据传输可以采用多种无线通信技术，如 Wi-Fi、蜂窝网络、车载自组网等。通信技术的选择取决于通信距离、带宽要求、实时性等因素。传输的数据可以包括车辆的位置、速度、方向、加速度、状态信息等。

收到数据的实体（如其他车辆或基础设施设备）会对收到的数据进行解码和处理。这些数据可以用于实现车辆之间的协同行驶、交通信号控制、行人安全警示等功能，也可以用于车辆自身的决策制定，如碰撞预警、道路条件评估等。

V2X 通信的工作原理需要保证数据的安全性和用户的隐私性。因此，通信过程会采用加密和认证机制来确保数据的机密性和完整性，以防止未经授权的访问和数据篡改。

3.3.1.4　V2X 通信的优点和挑战

V2X 通信在智能网联汽车中具有多项优点。V2X 通信提升了道路安全性，通过 V2X 通信，车辆可以实时获取周围车辆、行人和道路设施的信息（包括位置、速度、方向等），这种信息的交换使车辆能够预测潜在的危险情况（如迎面而来的车辆、行人突然穿越等），从而采取相应的行动避免事故的发生。V2X通信有助于提高交通效率，车辆之间可以共享实时的交通信息（包括拥堵情况、交通信号灯状态等），基于这些信息，交通管理系统可以进行智能调度，优化交通流量，减少交通堵塞；车辆也可以选择最佳的路线和出行时间，减少行驶时间和燃料消耗。V2X通信还为驾驶员提供了更多的驾驶辅助功能，通过接收其他车辆和基础设施发送的信息，驾驶员可以获得更准确的导航指引、交通警示和预警信息，这有助于提高驾驶员的意识和决策能力，减少驾驶错误和事故的发生。

V2X通信也面临一些挑战。V2X通信需要广泛的设备和基础设施（包括车辆装备的通信模块、道路设施的传感器和通信设备等）支持，这需要大量的投资和基础设施建设，以实现全面的V2X通信覆盖。V2X通信由于涉及车辆和基础设施之间的信息交换，必须确保通信的安全性，防止信息被篡改和恶意使用；同时必须采取措施确保个人隐私不被滥用。V2X通信的标准化和互操作性也是一个挑战，由于不同厂商和地区可能采用不同的V2X通信技术和协议，确保不同设备之间的互操作性和兼容性是一个复杂的任务。必须制定统一的标准和规范，以促进V2X通信的普及和应用。

3.3.2 V2V通信在智能网联汽车中的应用

V2V通信是指车辆之间的通信和信息交换技术，它通过无线通信手段实现车辆之间的实时数据传输和交互，旨在提高车辆之间的安全性、效率和舒适性。

3.3.2.1 V2V通信的工作原理

在V2V通信中，每辆车都搭载了车载单元，具备无线通信能力。车载单元利用特定的无线频段和协议进行通信，如基于无线局域网的 IEEE 802.11p 标准。这些车载单元能够接收和发送通信信号，实现车辆之间的实时数据交换。

在 V2V 通信中，每辆车通过内部传感器或外部传感器获取车辆状态和环境信息，如车速、加速度、制动状态、位置和方向等。这些数据被车载通信模块接收，并经过编码和封装，以符合通信协议的要求。编码和封装过程将数据转换为特定格式，以便其他车辆能够正确解析和处理。

经过编码和封装的数据通过无线信号进行传输。车载单元利用无线天线发送和接收无线信号，并选择合适的频段进行传输。传输过程需要考虑信号的稳定性、传输速率和功耗等因素。

其他车辆的车载单元收到传输的信号后，对其进行解析。根据通信协议的规范，接收端的车载单元将信号转换为可读的格式，并提取有用的信息，如其他车辆的位置、速度、加速度等。这些信息可以被用于车辆自身的决策和控制，如碰撞预警和交通流优化等。

3.3.2.2 V2V 通信在智能网联汽车中的应用场景

V2V 通信在智能网联汽车中的应用场景包括碰撞预警和危险警示、车队协同和协作、交通流优化、可变车道指示等。

通过实时的车辆间通信，车辆可以相互交换位置、速度等信息，实现碰撞风险的预测和警示。当一个车辆检测到潜在的碰撞风险时，它可以向周围的车辆发送警示信息，提醒其他车辆采取相应的行动，如减速或变更车道，以避免事故发生。

在车队中，车辆之间通过 V2V 通信可以共享信息，如路况、目的地等。这使车队能够更好地协调行驶，减少交通拥堵，提高效率。车队成员可以根据共享的信息进行合理的车辆间距调整，实现更紧密的车队行驶，减少能量消耗。

车辆通过 V2V 通信可以相互交换路况信息、红绿灯信息等，帮助驾驶者做出更合理的驾驶决策。基于这些信息，车辆可以根据交通流量和道路条件进行智能的速度调整和车道选择，以优化整体交通流动性，减少拥堵和通行时间。

当需要进行车道变更时，车辆可以通过V2V通信向周围车辆发送指示信息，以提醒其他车辆让出空间。这有助于增强驾驶者的意识和可视性，降低车道变更的风险。

3.3.2.3　V2V通信的优点和挑战

V2V通信可以提高行车安全性。通过实时的通信，V2V通信可以提供碰撞预警和危险警示功能，帮助驾驶者及时意识到潜在的碰撞风险。这种即时的警示可以大大减少交通事故的发生，保护驾驶者和乘客的生命安全。

V2V通信可以提高交通效率。通过V2V通信，车辆可以相互共享路况信息、红绿灯信息等，帮助驾驶者做出更合理的驾驶决策。这样可以优化交通流动性，减少交通拥堵，缩短通行时间，提高道路利用率。

V2V通信有助于改善驾驶体验。驾驶者可以通过V2V通信获得更全面的车辆周围环境信息，如其他车辆的位置、速度、方向等。这种信息的共享可以提供更准确的感知和判断，增强驾驶者对道路情况的认知，从而提高驾驶安全性和舒适性。

V2V通信也面临一些挑战。V2V通信需要在高速移动的车辆之间进行实时的信息交换，因此对通信的可靠性和实时性有较高的要求。V2V通信涉及个人车辆的位置和行驶信息的共享，因此需要采取相应的隐私保护和安全措施，防止未经授权的访问和信息泄露。V2V通信的广泛应用还面临着技术标准和互操作性的问题，不同厂商和不同地区可能采用不同的通信技术和协议，这可能导致通信设备之间的兼容性和互操作性问题。

3.3.3 V2I通信在智能网联汽车中的应用

V2I通信是智能网联汽车中的重要技术之一，实现了车辆与基础设施之间的实时通信和信息交换。通过V2I通信，车辆可以与交通信号灯、路边设备、停车场等基础设施进行数据传输和互动，从而提供更智能、高效和安全的交通管理和出行体验。

3.3.3.1 V2I通信的工作原理

V2I通信是指车辆与基础设施之间的通信和信息交换。它通过无线通信技术和标准化的通信协议实现，使车辆能够与交通信号灯、路边设备、停车场等基础设施进行实时的数据传输和互动。V2I通信的工作原理涉及通信链路的建立、数据交换和处理等过程。

在V2I通信中，车辆需要先与基础设施建立可靠的通信链路，可以通过车载通信设备与基础设施之间的无线通信连接来实现。车辆可能使用LTE、5G、Wi-Fi、DSRC等通信技术与基础设施进行通信。

数据交换是V2I通信的核心步骤。一旦通信链路建立，车辆和基础设施之间可以交换各种类型的数据。车辆可以向基础设施发送请求，如请求交通信号灯的状态、停车位的可用性等。基础设施也可以向车辆发送信息，如交通信号灯的状态、道路施工信息等。数据交换通常使用特定的通信协议进行，确保数据的可靠传输和正确解析。

在V2I通信中，数据处理是至关重要的一步。车辆和基础设施在收到数据后，需要进行相应的数据处理。车辆可能会解析交通信号灯的状态，以便根据信号灯的变化调整车速或行驶路线。基础设施可能会处理车辆发送的请求，并回复相应的数据。数据处理可以包括数据解析、筛选、验证、存储等操作，确保数据的准确性和可用性。

3.3.3.2 V2I通信在智能网联汽车中的应用场景及优点

V2I通信在智能网联汽车中的应用场景非常广泛，下面将详细介绍几个重要的应用场景。

V2I 通信可以在交通信号优化方面发挥重要作用。通过与交通信号灯的通信，车辆可以获取信号灯的状态信息，如绿灯、红灯以及倒计时等。基于这些信息，车辆可以实时调整车速和行驶路线，以避免在红灯时等待时间过长，提高交通效率。

V2I 通信可以提供实时的路况信息。交通基础设施可以向车辆发送实时的路况信息，包括道路拥堵、事故警告、施工区域等。车辆收到这些信息后，可以根据路况情况进行导航优化，选择更加畅通的道路，避免拥堵区域，提高行车效率。

V2I 通信还可以在停车管理方面发挥作用。基于 V2I 通信，车辆可以获取停车场的实时信息，包括停车位的可用性和定价等。这使驾驶员可以事先知道停车场的情况，并能够选择适合的停车位，减少寻找停车位的时间和燃料消耗。

V2I 通信还可以用于道路安全管理。基于 V2I 通信，交通基础设施可以向车辆发送警告信息，包括前方的危险情况、道路状况不良等。车辆收到警告后，可以及时采取相应的措施（如减速、改变行驶路线等），从而提高驾驶员和乘客的安全性。

3.3.3.3　V2I 通信面临的挑战

V2I 通信也面临着一系列挑战。例如，数据安全和隐私问题一直是人们关注的焦点，由于信息交流的频繁，如何有效地保护用户数据和个人隐私成为一项重要任务；网络延迟和带宽也是需要解决的关键问题，高速和低延迟的通信是 V2I 不可或缺的要求，但当前的网络基础设施仍然存在一些局限；由于不同制造商和地域可能采用不同的通信技术和标准，因此兼容性与标准化成了 V2I 广泛应用的一大难题；建立和维护一个全面的 V2I 通信基础设施需要大量的财力支持，这无疑增加了 V2I 的推广难度；当前与 V2I 相适应的政策和法规框架还没有完全成熟，这也影响了 V2I 技术的研发和商业化进程。

3.3.4 其他 V2X 通信在智能网联汽车中的应用

V2X 通信除了 V2V 通信和 V2I 通信，还有许多其他类型的通信。下面将概括介绍其他 V2X 通信在智能网联汽车中的应用。

3.3.4.1 V2P 通信的介绍和应用

V2P 通信是指车辆与行人之间的通信和信息交换。随着智能网联汽车的发展，V2P 通信成为提高行人安全和交通效率的重要技术。通过 V2P 通信，车辆能够与周围的行人进行实时的信息交流，如警示行人即将过马路的车辆、提供行人路线指引、警示行人不要闯红灯等。

V2P 通信的应用场景十分广泛。车辆可以通过 V2P 通信向行人发送警示信息，提醒他们注意车辆的存在，特别是在盲区或不可见的地方，这有助于减少交通事故和行人与车辆的碰撞风险。V2P 通信可以提供行人路线指引，如告知行人最佳过马路的时间和路线，以便行人选择最安全和最便捷的方式过马路。V2P 通信可以向行人提供交通信号灯状态的信息，以帮助行人判断何时可以安全过马路。V2P 通信还可以用于紧急情况下的警示，如在行人遇到紧急救援车辆时提供警示，使行人能够及时避让。

V2P 通信的实现依赖于车辆和行人之间的无线通信技术，如基于车载通信设备和行人的移动设备之间的无线连接。通常采用的通信技术包括 Wi-Fi、蓝牙和移动网络等。车辆和行人之间的通信可以通过短距离无线通信技术进行，以确保实时性和高效性。

V2P 通信的优点在于它保障了行人的安全，提高了交通效率。通过与车辆的实时通信，行人可以更好地了解交通状况和车辆行为，从而做出更明智的决策，减少与车辆的冲突和事故风险。V2P 通信还可以改善行人的出行体验，提供个性化的出行服务和路线指引。

3.3.4.2 V2N 通信的介绍和应用

V2N 通信是指车辆与网络之间的通信和信息交换。随着智能网联汽车的发展，V2N 通信成为实现车辆互联和智能交通的重要技术之一。通过 V2N 通信，车辆能够与云服务器和交通基础设施进行实时的双向数据传输和信息交流，实现车辆的远程监控、数据分析和交通管理等功能。

V2N 通信的应用场景多种多样。V2N 通信可以用于车辆的远程监控和管理，通过与云服务器的通信，车辆的实时数据（如位置、速度、状态）可以传输到云端进行监控和分析，从而实现车辆远程管理、故障诊断和维护等功能。V2N 通信可以用于交通管理和优化，车辆可以与交通信号灯、路况监测设备等交通基础设施进行通信，实现交通流量调控、智能交通信号优化和拥堵预警等功能。V2N 通信还可以用于车辆定位和导航，通过与地图数据和导航服务的通信，提供准确的导航和路径规划信息给车辆驾驶员。

V2N 通信的工作原理基于车辆与云服务器之间的无线通信。通常采用的通信技术包括车载通信设备（如车载终端）与移动通信网络（如 4G、5G）之间的无线连接。车辆通过无线网络将数据传输到云服务器，并从云服务器接收来自网络的指令和数据。这种双向通信的机制实现了车辆与网络之间的实时数据交换和指令传递。

V2N 通信的优点在于它实现了车辆的远程管理和交通优化。通过与云服务器的通信，车辆可以及时上传数据并接收来自云端的指令，实现车辆的远程监控、诊断和维护。V2N 通信可以将车辆与交通基础设施连接起来，实现交通流量调控和智能交通管理，提高交通效率和安全性。

V2N 通信的稳定性和可靠性是关键问题，需要确保车辆与网络之间的实时连接和数据传输的稳定性。数据安全和隐私保护也是重要考虑因素，需要采取合适的安全措施保护车辆和用户的数据不被非法获取和滥用。V2N 通信还需要解决多种通信标准和协议的兼容性问题，以确保不同车辆和网络设备之间的互操作性和互联性。

3.3.4.3 V2G 通信的介绍和应用

V2G 通信是指车辆与电网之间的通信和能量交互,它允许电动车与电网之间进行双向的能量传输和信息交流,实现智能能源管理和电网调度的目标。V2G 通信为电动车主和电力系统运营商提供了更灵活的能量利用和交易方式,促进了可再生能源的集成和能源系统的优化。

V2G 通信的应用主要涉及两个方面:能量供应和能量回馈。V2G 通信可以用于能量供应,即电动车将储存的电能供应到电网中。在能量需求高峰时,电动车可以通过与电网的通信,将储存的电能释放出来,为电网提供额外的能量支持,缓解电网负荷压力。这种能量供应机制可以提高电网的稳定性和可靠性,减少能源供需间的不平衡。

V2G 通信可以实现能量回馈,即电网向电动车充电。在电网能量供应充裕的情况下,电动车可以通过与电网的通信,接收来自电网的能量充电。这样一来,电动车不仅可以满足自身能量需求,还可以作为分布式能源储备系统,为电网提供能量储备和调节能力。灵活调度电动车的能量回馈,可以实现电网的负荷平衡和能源资源的最优利用。

V2G 通信的工作原理基于电动车与电网之间的双向通信和能量交换。通常,电动车与电网之间通过通信网络进行数据传输和控制指令的交换。电动车配有通信模块,可以与电网进行实时的数据传输和信息交流。电动车通过与电网通信,可以根据电网需求和价格信号,控制能量的供应或回馈。

V2G 通信的优点在于它提供了能量管理的灵活性和可持续性。通过与电网的双向通信,电动车可以根据电网需求和价格信号智能地调节能量的供应和回馈。这不仅为电动车主提供了更灵活的充电和能量消耗方式,还为电力系统运营商提供了可持续的能源调度和管理手段。V2G 通信还可以促进可再生能源的集成,将电动车作为能量储备系统,提供可靠的能源支持。

V2G 通信需要建立健全的通信基础设施和标准,以确保电动车与电网之间的可靠和安全的通信。V2G 通信需要解决电动车充电设施的建设和管理问题，以提供足够的充电基础设施。V2G 通信还涉及能量交易和结算的问题，需要建立透明、公平和高效的能量交易机制。

3.3.4.4　C-V2X 通信的介绍和应用

C-V2X 通信是一种基于蜂窝网络的车辆与周围环境之间的通信技术，利用移动通信网络（如 5G）作为传输媒介，实现了车辆与其他车辆、基础设施、行人以及网络之间的双向通信。C-V2X 通信在智能网联汽车领域具有重要的应用价值。

C-V2X 通信的应用场景广泛而多样。C-V2X 通信可以用于实现智能交通系统，通过车辆之间的实时通信，提供交通信息共享、车辆位置追踪、交通流优化等功能，从而提高交通安全性和交通效率。C-V2X 通信可以支持自动驾驶技术的发展，实现车辆与周围环境的高精度感知和协同行驶，提升自动驾驶系统的安全性和可靠性。C-V2X 通信可以应用于紧急情况下的车辆安全警示和救援调度，通过与交通基础设施和应急服务机构的通信，C-V2X 通信可以向车辆发送紧急事件的警示信息，提醒驾驶员采取相应的行动，并协助应急服务机构准确定位和快速响应事故或灾难。

C-V2X 通信的工作原理基于蜂窝网络的架构和协议。车辆通过内置的通信模块与蜂窝网络建立连接，利用蜂窝网络提供的高速数据传输和广域覆盖能力，与其他车辆、基础设施和网络进行通信。C-V2X 通信依赖于先进的移动通信技术（如 5G 网络）提供低延迟、高可靠性和大容量的通信能力。

C-V2X 通信的优点在于其广域覆盖、高速数据传输和灵活性。蜂窝网络的广泛覆盖范围使 C-V2X 通信可以在城市、高速公路和偏远地区等多种环境下实现可靠的通信。高速数据传输能力和低延迟使车辆之间可以实时交换信息，支持快速的决策和反应。C-V2X 通信基于标准化的移动通信技术，具有较高的灵活性和可扩展性，便于与其他智能网联技术进行集成和互操作。

  C-V2X通信需要建设稳定和高效的5G网络基础设施，以支持大规模的车辆通信和数据传输。C-V2X通信，需要制定统一的通信协议和安全标准，以确保通信的互操作性和安全性。C-V2X通信还需要应对隐私保护和数据安全的问题，确保车辆和用户的信息得到充分保护。

第 4 章 智能网联汽车电控技术

本章介绍了智能网联汽车电控系统的基础知识和关键技术，探讨了智能网联汽车电控系统的组成、工作原理以及设计和开发过程，重点介绍了自动驾驶系统和先进驾驶辅助系统的电控技术，这些技术包括传感器技术、数据处理和融合技术、决策和控制算法等。本章还讨论了智能网联汽车电控技术面临的挑战和前景，如系统复杂性、安全性和法规等问题。本章节旨在全面了解智能网联汽车电控技术的发展和应用，为智能网联汽车的实现和进一步创新提供基础。

4.1 智能网联汽车电控系统的基础知识

本节介绍了智能网联汽车电控系统的组成，包括电控单元、传感器和执行器、通信网络以及软件和算法等组成部分；探讨了智能网联汽车电控系统的工作原理，包括数据采集、数据处理、决策和控制以及执行等过程；讨论了智能网联汽车电控系统的设计和开发，包括系统设计、软件开发、硬件选择和设计、系统集成和测试等方面。本节还提到了智能网联汽车电控系统面临的挑战和前景，如系统复杂性、安全性和发展方向等。本节内容为理解智能网联汽车电控系统的基本结构和运作提供了重要的指导和参考。

4.1.1 智能网联汽车电控系统的组成

智能网联汽车电控系统由电控单元、传感器和执行器、通信网络以及软件和算法等组成。电控单元是系统的核心，负责控制和管理各个子系统的功能。传感器和执行器用于采集车辆和环境信息，并执行相应的操作。通信网络用于实现不同组件之间的数据交流和协作。软件和算法用于提供智能化的决策和控制功能。这些组成部分共同构成了智能网联汽车电控系统的基础，使车辆能够实现感知、决策和执行的自动化功能。

4.1.1.1 电控单元

电控单元是智能网联汽车电控系统中的核心组件之一，扮演着控制和管理车辆各个子系统功能的角色。电控单元负责接收和处理来自传感器的输入信号，并通过执行器控制车辆的各种操作，以实现车辆的性能。

智能网联汽车中通常存在多个电控单元，每个电控单元负责控制特定的功能或子系统。例如，引擎控制单元负责控制和管理引擎的工作，包括燃油喷射、点火系统等；车身控制单元负责控制车辆的底盘系统，如刹车、转向和悬挂系统等。

电控单元的工作原理基于输入与输出的信号交互。首先，电控单元通过传感器收集来自车辆和环境的各种传感器数据，如车速、转速、加速度、温度等。其次，电控单元通过内部的计算和算法对这些数据进行处理和分析，生成相应的控制指令。再次，电控单元将这些指令发送给执行器（如电动马达、电磁阀）等，以控制车辆的运动和操作。

电控单元的设计和开发需要考虑多个方面，包括硬件设计、软件开发和通信协议的选择。硬件设计需要选择适合的处理器、存储器和接口电路，以满足系统的计算和存储需求。软件开发需要编写可靠的控制算法和逻辑，确保电控单元能够正确地对传感器数据进行处理并生成相应的控制指令。通信协议的选择需要考虑与其他电控单元和系统之间的互联性和兼容性。

电控单元在智能网联汽车中的作用非常重要，它通过集成和协调各个子系统的功能，实现了车辆的智能化和自动化。电控单元的发展和改进使汽车能够具备更高级的功能，如自动驾驶、智能安全系统和车辆互联等。然而，电控单元的设计和开发也面临着挑战，包括系统的复杂性、安全性和可靠性等方面。随着技术的进步和发展，电控单元将继续演进，为智能网联汽车带来更加先进和创新的功能。

4.1.1.2 传感器和执行器

传感器和执行器是智能网联汽车电控系统中不可或缺的组成部分，负责感知车辆和环境的状态，并通过控制信号实现对车辆的操作和控制。

传感器是用于感知车辆和环境的物理量或状态的设备，能够将测量的物理量转化为电信号或数字信号，供电控单元使用。传感器的种类繁多，包括加速度传感器、转速传感器、压力传感器、温度传感器和光学传感器等。这些传感器能够测量车辆的加速度、转速、压力、温度以及周围环境的物体和道路状况等信息。通过这些传感器的数据，电控系统能够了解车辆的运动状态、发动机的工作状态以及周围环境的情况，为决策和控制提供重要依据。

执行器则是根据来自电控单元的控制信号来执行相应的操作或控制，负责将电控单元发送的控制指令转换为具体的物理动作或运动。常见的执行器包括电动马达、电磁阀和电动执行器等。电动马达可用于控制车辆的运动，如电动窗户马达和电动座椅调节马达。电磁阀用于控制液体或气体的流动，如发动机喷油阀和制动系统的电磁阀。电动执行器（如电动刹车和电动转向系统）则实现了车辆的自动化控制。

传感器和执行器之间通过电气或机械连接进行交互。传感器将测量的物理量转化为电信号，并通过连接线路传递给电控单元。电控单元根据传感器信号的输入进行数据处理和决策，生成相应的控制信号。这些控制信号通过连接线路传递给执行器，执行器根据控制信号实现相应的操作和控制。传感器和执行器的协同工作，实现了车辆的智能化控制。

传感器和执行器的准确性和可靠性对于智能网联汽车的安全和性能至关重要。传感器的准确性决定了车辆能否正确感知和理解周围环境的信息，执行器的可靠性则关系到车辆操作的准确性和稳定性。因此，汽车制造商和供应商在选择、设计传感器和执行器时需要考虑其精度、可靠性、适应性和成本等因素。

随着智能网联汽车的发展，传感器和执行器的种类和数量不断增加，其功能也在不断演进和创新。通过更先进的传感器和执行器技术，智能网联汽车能够实现更高级别的自动驾驶、智能安全和舒适性功能。然而，传感器和执行器的集成和协调也面临一些挑战，如传感器数据的处理和融合、执行器的精准控制等。因此，持续的研发和创新对于提升传感器和执行器的性能至关重要。

4.1.1.3 通信网络

通信网络在智能网联汽车电控系统中起着关键的作用，提供了不同电控单元、传感器和执行器之间的数据交换和通信能力。通过通信网络，各个组成部分可以实现实时的数据传输、信息共享和协同工作，从而实现智能网联汽车的功能和应用。

在智能网联汽车中，通信网络可以分为两个主要层次：车内通信网络和车辆对外通信网络。

车内通信网络是智能网联汽车内部各个电控单元、传感器和执行器之间的通信系统，它们通过车内网络总线进行数据交换和通信。常见的车内通信网络包括控制器局域网、局域网互联、媒体通信控制器等。这些通信网络可以连接各种不同类型的电控单元（如发动机控制单元、制动系统控制单元、座椅调节控制单元等），实现车辆内部各个系统之间的数据交互和协调控制。

车辆对外通信网络是智能网联汽车与外部环境进行通信的网络，能够使智能网联汽车与其他车辆、基础设施和云端系统进行数据交换和信息共享，实现车辆间的协同工作和智能交通的实时管理。常见的车辆对外通信网络包括车载外部通信网络，如车辆对车辆通信、车辆对基础设施通信和车辆对行人通信（Vehicle-to-Pedestrian，V2P）等。这些通信网络使用无线技术（如Wi-Fi、蜂窝网络等），实现车辆与外部实体的实时通信和信息共享。

通信网络的设计和实现考虑了多个因素，包括数据传输速度、延迟、可靠性、安全性以及成本等。对于车内通信网络，CAN总线是最常见和应用最广泛的一种技术，具有简单、可靠和经济的特点，适用于车辆内部的实时控制和数据交换。对于车辆对外通信网络，V2X通信是当前研究和发展的热点，能够使智能网联汽车与其他车辆和基础设施进行实时的数据交流和协同工作，提高交通安全和效率。

通信网络在智能网联汽车中，数据传输的可靠性和实时性要求非常高，对网络带宽和延迟提出了更高的要求。通信网络的安全性也是一个重要的考虑因素，确保数据的机密性和完整性，防止恶意攻击和信息泄露。通信网络的标准化和兼容性也是一个挑战，不同厂商和不同国家或地区的智能网联汽车需要能够进行互联和通信。因此，通信网络的设计和实现需要综合考虑各种因素，以确保系统的可靠性和安全性。

4.1.1.4 软件和算法

软件和算法在智能网联汽车电控系统中起着关键的作用，负责处理和控制各种数据，实现车辆的智能化和自动化功能。

智能网联汽车电控系统中的软件是指嵌入电控单元中的程序代码，用于控制和管理车辆的各个系统和功能。这些软件包括操作系统、驱动程序、应用程序以及算法库等。软件的设计和开发需要考虑系统的可靠性、实时性、安全性和可维护性。其中，实时性是至关重要的，因为许多车辆控制任务需要在严格的时间限制内完成，如制动控制、转向控制等。软件还需要支持通信网络的接口和协议，以实现与其他系统的数据交换和通信。

算法是智能网联汽车电控系统的核心部分，用于数据处理、决策和控制。在智能网联汽车中，算法主要用于感知、决策和规划等方面。感知算法负责从各种传感器中获取数据，并进行数据融合和环境感知，以识别和理解车辆周围的道路、交通标志、障碍物等。决策算法基于感知数据和车辆状态进行分析和决策，如选择合适的行驶路线、判断交通状况、制定安全策略等。规划算法根据决策结果生成路径和轨迹，以实现自动驾驶或驾驶辅助功能。

软件和算法的设计和开发是一个复杂而关键的过程，需要深入了解智能网联汽车的需求和功能，以确定所需的软件模块和算法；需要根据需求进行设计，选择合适的开发平台和工具；需要进行功能验证和性能测试，以确保软件和算法的正确性和可靠性。软件和算法的开发还需要遵循相关的标准和规范，以确保系统的安全性和兼容性。

软件和算法的优化和改进是智能网联汽车电控技术的关键方向之一。随着技术的发展和数据处理能力的提升，越来越多的智能算法被引入汽车电控系统中，以实现更高级别的自动驾驶和智能化功能。例如，机器学习和深度学习算法可以帮助车辆识别和预测复杂的交通场景，增强驾驶辅助功能。软件和算法的优化也可以提高系统的效率和响应速度，提供更好的用户体验和安全性。

智能网联汽车的软件规模和复杂性不断增加，需要解决软件开发过程中的需求管理、版本控制和测试等问题。软件的安全性是一个重要的考虑因素，以防止恶意攻击和数据泄露。算法的可解释性和可靠性也是一个挑战，需要确保算法的决策过程可以被解释和验证。

4.1.2 智能网联汽车电控系统的工作原理

智能网联汽车电控系统通过数据采集、处理、决策和控制等环节，实现对车辆各个系统和功能的智能管理和控制。数据采集阶段是通过传感器获取车辆和环境信息；数据处理阶段是对采集的数据进行处理和分析；决策和控制阶段是根据数据分析结果做出相应决策并控制车辆执行；执行阶段是将决策的指令传递给执行器实现相应功能。通过这样的工作原理，智能网联汽车电控系统能够实现智能驾驶、驾驶辅助和车辆管理等功能，提升驾驶安全性和驾驶体验。

4.1.2.1 数据采集

数据采集在智能网联汽车电控系统中涉及获取车辆和周围环境的各种信息和数据。通过有效的数据采集，系统可以获得关键的驾驶状态、车辆性能和环境条件等数据，为后续的数据处理和决策提供基础。

智能网联汽车使用了多种类型的传感器来感知和测量各种物理量。例如，加速度传感器用于测量车辆的加速度和倾斜角度，陀螺仪传感器用于测量车辆的角速度，车速传感器用于测量车辆的速度，车辆定位系统用于确定车辆的位置和方向等。智能网联汽车还有涉及车辆状态的传感器，如发动机温度传感器、油压传感器、气囊传感器等。这些传感器能够将物理量转换为电信号，并将其传递给电控单元进行处理和分析。

数据采集还包括车载摄像头和雷达等设备。车载摄像头用于获取道路上的图像和视频信息，以识别和分析车辆周围的障碍物、道路标志和交通信号等。雷达则通过发送和接收电磁波来测量周围物体的距离和速度，以实现车辆的跟车和防撞功能。

数据采集还可利用其他车辆和基础设施之间的通信来获取数据。通过车辆与车辆、车辆与基础设施的通信技术，车辆可以交换位置、速度、行驶方向等信息，以实现交通流优化、协同驾驶和交通安全等功能。

数据采集的过程需要注意数据的准确性和可靠性。传感器的校准和定位以及数据的滤波和融合技术，都是确保采集的数据具有高精度和一致性的关键步骤。

4.1.2.2 数据处理

数据处理是智能网联汽车电控系统中的关键步骤，涉及将采集的大量数据进行分析和提取。通过数据处理，系统能够理解和解释车辆状态、环境条件以及其他相关数据，从而做出相应的决策和控制。

数据处理的过程可以分为多个阶段。数据预处理是对原始数据进行清洗、校正和滤波的过程。数据采集过程中可能存在噪声、异常值或不完整的数据，预处理的目标是消除这些干扰，提高数据的质量和可靠性。常见的预处理方法包括去噪、数据插值和异常值检测等。

数据特征提取是将原始数据转化为可供后续分析和决策使用的特征向量的过程。通过对数据进行特征提取，我们可以提取关键的信息，如车辆速度、加速度、转向角度等。特征提取的方法包括时域分析、频域分析、小波分析等，我们应根据不同应用场景选择合适的特征提取方法。

数据处理的过程需要进行数据融合与集成。数据融合是将来自不同传感器和数据源的信息进行整合，以获取更全面和准确的信息，可以通过传感器融合、模型融合和时空融合等技术来实现。数据集成则是将不同来源的数据进行统一表示，以便于后续的分析和决策。

数据处理还需要进行数据分析与建模。通过对数据进行统计分析、机器学习和深度学习等，可以发现数据之间的关联规律和模式，建立模型用于预测和决策。例如，通过分析车辆的行驶模式和驾驶行为，可以预测车辆的行驶轨迹和意图，从而实现智能导航和驾驶辅助功能。

数据可视化是数据处理的重要环节，通过图表、图像和可视化界面等方式将处理结果呈现给用户。数据可视化可以帮助用户理解和解释数据，从中获取有用的信息，并支持决策和控制的过程。

4.1.2.3 决策和控制

决策和控制是智能网联汽车电控系统中的关键环节，需要根据采集的数据和经过处理的信息做出相应的决策并控制车辆的行为。通过决策和控制，系统可以实现自动驾驶、避免碰撞、优化能源利用等功能，提升驾驶安全性和效率。

决策和控制的过程需要进行环境感知和状态估计。通过感知系统和传感器获得的数据，系统能够了解车辆周围的道路状况、障碍物位置、交通情况等信息，并对车辆自身的状态进行估计，如速度、加速度、姿态等。环境感知和状态估计是基于采集的数据和模型对当前场景进行分析和推断的过程。

基于环境感知和状态估计的结果，系统进行决策制定。决策过程需要根据当前环境和车辆状态，确定合适的行为策略和路径规划。例如，在自动驾驶系统中，决策可能涉及选择合适的车道、行驶速度、变道、超车等行为。决策制定通常依赖于预先建立的决策模型和算法，对多个因素（如安全性、效率、舒适性等）进行权衡。

决策制定完成后，系统需要进行控制操作来实现所制定的行为策略。控制过程需要将决策的结果转化为具体的控制指令，通过执行器对车辆进行控制。控制过程可能涉及多个系统（如车辆的刹车系统、油门系统、转向系统等），通过调节这些系统的输出，实现车辆的加减速、转向等操作。

在决策和控制过程中，系统需要实时监测和更新，以应对不断变化的环境和车辆状态。通过不断感知、分析和决策，系统可以实现智能的驾驶行为，并根据实时情况做出相应的调整。

复杂的交通环境和多变的道路状况需要系统能够快速做出准确的决策和控制。安全性是决策和控制过程中的重要考虑因素，系统需要能够及时识别和避免潜在的危险。决策和控制的效率和稳定性也是挑战，系统需要在不同的驾驶场景和条件下保持稳定的性能。

随着技术的不断进步和研发的持续投入，决策和控制技术将不断改进和优化，从而提升智能网联汽车的驾驶安全性、效率和舒适性。未来的发展方向包括更高级别的自动驾驶技术、更精确的环境感知和预测、更灵活的决策制定和控制策略等，必将为智能网联汽车带来更加卓越的性能和用户体验。

4.1.2.4 执行

在智能网联汽车电控系统中,执行是决策和控制的最后阶段,涉及将决策结果转化为具体的行动,并通过执行器对车辆进行控制操作。执行的目标是确保车辆按照预定的行为策略和路径规划进行动作,实现安全、准确和可靠的驾驶。

执行涉及多个执行器和系统(如刹车系统、油门系统、转向系统等),通过控制这些系统的输出来控制车辆的加减速、转向、换挡等动作。执行器的操作需要精确控制,以便车辆能够按照决策制定的指令进行行驶。

在执行过程中,系统需要实时监测和调整执行器的状态和输出。通过传感器和反馈机制,系统可以获取执行器的实时数据(如刹车压力、转向角度等),以确保执行器的正常工作和准确响应。系统还需要进行闭环控制,通过比较执行器的实际输出和期望值,对执行器进行实时调整和修正,以保持车辆行驶的稳定性和精度。

执行阶段还涉及与车辆环境的交互和协作。智能网联汽车可以与其他车辆、基础设施和交通管理系统进行通信,通过交换信息和协调行动,实现更高级别的协同驾驶和交通流优化。在执行阶段,车辆需要根据收到的相关信息和指令,调整执行器的行为,并及时响应其他车辆或系统的要求。

执行器的精确控制和实时调整需要高度可靠的硬件和软件支持。执行器的功能和响应速度直接影响着车辆的驾驶安全性和舒适性。车辆的执行行为需要与实际道路环境和交通状况相匹配,考虑到复杂的交通场景和突发情况,执行过程需要具备适应性和灵活性。

未来,执行技术将不断演进和改进,以应对更高级别的自动驾驶和智能交通系统的需求。发展方向包括更精确的执行器控制算法和策略、更可靠的执行器硬件设计、更高效的执行器状态监测和故障诊断等。通过持续的技术创新和改进，执行阶段将进一步提升智能网联汽车的驾驶安全性和用户体验。

4.1.3 智能网联汽车电控系统的设计和开发

智能网联汽车电控系统的设计和开发是实现智能网联汽车功能的关键环节，涉及系统架构设计、软件开发、硬件选择与设计、系统集成与测试等方面。合理的系统设计和优化的开发流程可以确保电控系统的可靠性和安全性。然而，设计和开发过程也面临一些挑战，如系统复杂性、软件和硬件兼容性、安全性保障等。

4.1.3.1 系统设计

系统设计是智能网联汽车电控系统开发的关键步骤，涉及整个系统的架构设计和功能划分。系统设计阶段需要综合考虑汽车的功能需求、安全性要求、性能指标以及硬件和软件的限制等因素。

系统设计需要明确智能网联汽车的功能需求，根据车辆的应用场景和用户需求，确定需要实现的功能，如自动驾驶、车辆通信、智能安全等。这些功能需求将指导后续的系统设计和模块划分。

系统设计要考虑安全性要求。智能网联汽车面临各种安全威胁，如网络攻击、数据篡改等。因此，系统设计需要考虑安全性防护措施（包括数据加密、身份验证、安全通信等），以保障车辆和乘客的安全。

系统设计需要考虑性能指标。智能网联汽车需要实时响应、高度可靠的系统性能。因此，系统设计要关注延迟、吞吐量、容错能力等指标，并进行合理的资源分配和调度，以满足实时性和可靠性要求。

系统设计还需要充分考虑硬件和软件的限制。智能网联汽车的电控系统涉及大量的传感器、执行器和处理器等硬件设备以及软件算法和系统架构。设计人员需要综合考虑硬件的性能、成本和可靠性以及软件的复杂性、可维护性和兼容性等因素，进行合理选择和设计。

系统设计过程通常采用模块化和层次化的设计方法，将整个系统划分为多个模块，每个模块负责特定的功能或任务。模块之间需要定义清晰的接口和通信协议，以实现模块间的数据交换和协同工作。

4.1.3.2 软件开发

软件开发在智能网联汽车电控系统中起着至关重要的作用。随着智能化和互联化的发展，汽车电控系统的功能日益复杂，需要高效、可靠的软件来实现各种功能和算法。软件开发涉及软件架构设计、编码实现、测试验证和持续优化等多个阶段。

软件开发的第一步是软件架构设计。在这个阶段，开发团队需要根据系统需求和设计规范，设计出适合的软件架构。软件架构定义了系统的组成部分、模块之间的关系、数据流和控制流以及各个模块的功能和接口。合理的软件架构可以提高系统的可维护性和可扩展性。

接下来是编码实现阶段。开发团队根据软件设计规范和架构设计，进行具体的编码工作。他们使用编程语言和开发工具，将软件需求转化为可执行的程序代码。编码过程需要严格遵循软件开发的最佳实践（包括模块化设计、代码复用、规范命名等），以提高代码的可读性和可维护性。

软件开发过程中，测试验证是一个重要的环节。开发团队需要进行单元测试、集成测试和系统测试等多个层次的测试，以确保软件的功能正确性和稳定性。测试过程中，开发团队需要发现和修复软件中的缺陷和问题，确保软件质量符合要求。

除了初步的测试验证，软件开发还需要进行持续的优化和改进。开发团队会根据用户反馈和实际运行情况，收集数据并进行性能分析。他们会针对软件的稳定性和用户体验等方面进行优化和改进，以提供更好的产品和服务。在软件开发过程中，开发团队需要合理分配资源、制订工作计划，并采用合适的开发方法和工具。团队成员之间需要进行协作和沟通，确保软件开发进度和质量的控制。

4.1.3.3 硬件选择和设计

在智能网联汽车电控系统的设计和开发过程中，硬件的选择和设计直接影响系统的可靠性和功能实现，是至关重要的一步。

硬件选择需要根据系统需求和功能要求来确定。开发团队需要评估系统所需的处理能力、存储容量、输入/输出接口等硬件资源，以选择适当的硬件平台。这包括选择适当的处理器、内存、存储器和外设等组件，以满足系统的性能和功能要求。

硬件设计需要考虑电路设计和电路板布局。电路设计涉及各种电路元件的选型和连接，以实现各个功能模块的电路设计，包括模拟电路、数字电路、电源电路等。电路板布局则是将电路元件布置在电路板上，并设计合适的电路板层次结构和信号传输线路，以确保信号的传输可靠性和电磁兼容性。

硬件设计需要考虑系统的可靠性和安全性。设计过程需要采用合适的电路保护措施和故障检测机制，以提高系统的抗干扰能力和故障容忍能力；还需要考虑安全性要求（如加密和认证机制），以防止未经授权的访问和数据泄露。

硬件选择和设计还需要考虑成本和可制造性。开发团队需要评估不同硬件方案的成本和生产可行性，以确保在预算范围内选择合适的硬件解决方案；还需要考虑硬件供应链的稳定性和可靠性，以确保能够及时获取所需的硬件组件。

在硬件选择和设计的过程中，开发团队需要与硬件供应商和制造商密切合作。开发团队需要与供应商进行技术评估和交流，了解最新的硬件技术和产品，以做出明智的选择；与制造商合作可以确保硬件设计的可制造性和质量控制，以满足量产需求。

4.1.3.4 系统集成和测试

系统集成和测试是智能网联汽车电控系统开发过程中的重要环节，涉及将各个组件和模块整合到一个完整的系统，并对系统进行全面的测试和验证，以确保系统的功能和稳定性符合设计要求。

系统集成阶段首先需要进行硬件和软件的集成，包括将各个电控单元、传感器、执行器以及通信网络等组件连接在一起，并确保它们能够正常协同工作。硬件集成涉及将各个硬件组进行物理连接，并配置适当的接口和通信协议。软件集成则是将各个模块的软件代码进行整合，并确保它们能够正确地协同运行。

随后是系统测试阶段，包括功能测试、性能测试和安全测试等。功能测试是验证系统各个功能模块的正确性和完整性，确保它们按照设计要求正常运行。性能测试是评估系统在不同工况下的性能表现，如响应时间、处理能力、通信速度等。安全测试是验证系统的安全性能，包括抗干扰能力、数据保护、故障容忍性等。

系统集成和测试过程需要采用多种测试方法和工具。例如，系统集成和测试过程可以使用仿真工具进行虚拟测试，模拟不同的工况和环境来验证系统的性能；可以进行实际的实验室测试和道路测试，以验证系统在实际使用场景下的稳定性。

系统集成和测试还需要考虑系统的可靠性和安全性，可以进行故障注入测试，模拟系统出现故障的情况，评估系统的故障处理能力和恢复能力；还可以进行安全漏洞扫描和攻击测试，以评估系统的安全性并提供相应的防护措施。

系统集成和测试阶段还需要进行系统的验证，通过与设计要求进行比对，确保系统的功能和性能达到预期；与相关标准和法规进行比对，确保系统符合相应的安全和环境要求。

4.1.4 智能网联汽车电控系统的挑战和前景

智能网联汽车电控系统面临着许多挑战，但也具备广阔的前景。这些挑战包括系统复杂性的增加、安全性的保障、标准与法规的制定以及技术的不断进步。然而，智能网联汽车电控系统的发展前景仍然十分乐观。随着自动驾驶技术的成熟、智能交通基础设施的建设和用户需求的增长，智能网联汽车电控系统将在提升驾驶安全、改善交通效率和提供舒适便捷的出行体验方面发挥重要作用。未来的发展需要技术创新、标准化合作和政策支持，以实现智能网联汽车的广泛应用和普及化。

4.1.4.1 系统复杂性的挑战

智能网联汽车电控系统面临着系统复杂性的挑战，这是系统中涉及的各个组成部分的复杂性和相互关联性不断增加所导致的。

智能网联汽车电控系统需要集成多个子系统和模块（如感知系统、决策系统、控制系统等），这些子系统需要协同工作以实现车辆的智能化和网联化。每个子系统本身就非常复杂，涉及多个传感器、执行器、算法和软件模块的协同工作。这些子系统之间也存在复杂的相互依赖关系，需要进行精确的数据交换和协调，以确保整个系统的稳定运行和高效性能。

车辆感知系统通过各种传感器收集来自车辆周围环境的数据，包括图像、声音、雷达等。这些数据需要进行实时的处理和分析，以提取有用的信息并做出相应的决策和控制。车辆内部的状态信息和外部的交通信息也需要进行采集和处理。这使数据管理成为一个巨大的挑战，需要高效的算法和强大的计算能力来处理海量的数据。

智能网联汽车电控系统还需要应对不断变化的环境和情况。道路交通系统是一个复杂而不确定的环境，车辆需要适应各种路况、天气条件和其他车辆的行为。这就要求系统能够及时感知和识别各种情况，并做出准确的决策和响应。系统需要强大的实时计算能力、高精度的传感器和智能的算法来处理复杂的环境信息，预测未来的情况。

4.1.4.2 安全性的挑战

智能网联汽车电控系统面临着重要的安全性挑战，这是系统的复杂性和对安全的高要求所导致的。

智能网联汽车电控系统的复杂性增加了安全性的挑战。系统涉及多个子系统和模块，每个子系统都有自己的安全性要求和潜在的安全风险。例如，感知系统的传感器可能受到干扰或故障，导致错误的环境感知和决策；控制系统的执行器可能出现故障或被恶意攻击，导致车辆失去控制。因此，我们需要对每个子系统进行全面的安全性分析和设计，确保其能够可靠地工作并抵御各种安全威胁。

智能网联汽车电控系统面临着网络安全的挑战。系统中的通信网络连接了各个子系统和外部环境，包括车辆之间的通信和车辆与基础设施的通信。这使系统容易受到网络攻击和数据安全威胁。黑客可以试图入侵系统、篡改数据或者干扰通信，从而对车辆的安全性和隐私构成威胁。因此，我们需要采取强大的网络安全措施（如加密通信、身份验证和访问控制等），以保护系统的安全性和数据的完整性。

智能网联汽车电控系统需要面对软件安全的挑战。系统中的软件模块非常复杂，包含大量的代码和算法。软件的错误或漏洞可能导致系统的不稳定或容易受到攻击。因此，软件开发过程必须严谨慎重（包括代码审查、静态和动态测试、漏洞分析等），以确保软件的质量和安全性。

另一个安全性挑战是系统的可信性和鲁棒性。智能网联汽车电控系统需要在各种环境条件下运行，并适应不同的道路和交通情况。系统需要能够正确识别和响应各种情况，包括紧急情况和异常情况。系统还需要具备容错能力，以快速检测和纠正错误，确保车辆的安全行驶。

4.1.4.3 其他挑战

除了系统复杂性和安全性挑战，智能网联汽车电控系统还面临着其他一些挑战，这些挑战涉及技术、法规和市场等多个方面。

技术挑战是智能网联汽车电控系统发展的关键问题之一。随着技术的不断进步和创新，汽车电控系统需要不断地适应和引入新的技术。例如，人工智能、机器学习和深度学习等技术的应用，可以提升感知和决策的能力，但也带来了算法设计、数据管理和计算资源等方面的挑战；新的通信技术和网络架构的引入（如 5G 和车联网技术），也为系统带来了更高的要求和挑战。

法规和标准化是智能网联汽车电控系统发展的重要驱动力和限制因素。智能网联汽车涉及诸如道路安全、隐私保护、数据管理和网络安全等多方面问题，需要遵守国家和地区的法规和标准。然而，由于技术的快速发展和不断变化，法规和标准的制定和更新也面临一定的困难和挑战。因此，制定合适的法规和标准，并确保其与技术的发展相适应，是一个重要的任务。

智能网联汽车电控系统的商业模式和市场环境也是一个挑战。随着智能网联汽车的发展，许多新兴公司和技术提供商开始出现，市场竞争激烈。消费者对于智能网联汽车的接受程度和需求也是一个不确定的因素。因此，如何构建可持续的商业模式、满足消费者需求，并在竞争激烈的市场中保持竞争力，是一个重要的挑战。

由于系统涉及多个供应商和合作伙伴，供应链管理和协调成为一个复杂的问题。另外，如何保证系统的可靠性和稳定性以及进行及时的故障排除和维护，也是一个重要的挑战。

4.1.4.4 前景和发展方向

智能网联汽车电控技术将进一步推动汽车的智能化和自动化发展。随着感知技术、决策算法和控制系统的不断改进，智能网联汽车能够实现更准确、高效的环境感知和决策，从而提供更安全、舒适的驾驶体验。自动驾驶技术的不断演进将使车辆能够实现更高级别的自动驾驶功能，减少驾驶员的工作负担和交通事故的发生。

智能网联汽车电控技术将促进交通系统的智能化和优化。通过车辆之间的通信和车辆与基础设施的互联互通，交通系统能够实现更高效的交通流量管理、交通信号优化和路况预测。这将大大减少交通拥堵、提升交通安全和节约能源，为城市交通系统的可持续发展提供重要支持。

智能网联汽车电控技术还将促进出行服务的创新和发展。通过智能网联汽车的实时数据采集和处理，个性化的出行服务可以更好地满足用户需求。例如，基于实时交通和路况信息的导航系统可以提供更准确的导航引导和路径规划。智能网联汽车还可以与其他出行方式和服务相结合（如共享出行、智能停车等），提供更便捷、可持续的出行解决方案。

在技术发展方面，智能网联汽车电控技术将继续突破传感器、通信、人工智能和数据处理等关键技术的瓶颈，提高系统的性能。随着5G通信技术的商用化和车联网技术的成熟，车辆之间、车辆与基础设施之间的通信将更加稳定和快速。人工智能和大数据分析的进步亦将为智能网联汽车提供更强大的决策和预测能力。

在安全和法规方面，智能网联汽车电控技术将面临更严格的安全和隐私要求。随着车辆之间的通信和数据交换增多，系统的安全性和隐私保护变得尤为重要。制定健全的安全标准和法规，并建立有效的安全测试和认证机制，将是未来发展的重要方向。

4.2 自动驾驶系统

本节主要介绍自动驾驶系统的主要组成部分、工作原理以及相关的电控技术。自动驾驶系统包括感知系统、决策系统、控制系统和执行系统，它们共同协作，实现车辆的环境感知、决策和控制。自动驾驶系统的工作原理涉及数据采集与融合、环境感知与预测、决策与规划以及执行等关键步骤。自动驾驶系统的电控技术在传感器、数据处理、决策算法和控制技术等方面发挥着重要作用。自动驾驶系统虽然面临技术、安全和法规等诸多挑战，但其前景仍然广阔，有望推动出行方式的变革和交通系统的优化。

4.2.1 自动驾驶系统的主要组成部分

自动驾驶系统是一种基于先进电控技术的车辆自动行驶系统，由多个关键组成部分构成，包括感知系统、决策系统、控制系统和执行系统，每个部分承担着特定的功能和任务。感知系统负责从环境中获取车辆周围的信息；决策系统负责对感知数据进行分析和处理，做出合理的驾驶决策；控制系统负责将决策转化为实际的车辆操作；执行系统负责实施控制指令并监测系统的运行状态。这些组成部分共同协作，实现车辆的自动驾驶功能。

4.2.1.1 感知系统

感知系统在自动驾驶系统中的主要任务是通过传感器获取车辆周围的环境信息。感知系统能够利用多种传感器技术（包括摄像头、雷达、激光雷达、超声波传感器等）来感知道路、障碍物、行人和其他车辆等元素，这些传感器可以提供丰富的数据，如图像、距离、速度和方向等。

摄像头是感知系统中常用的传感器之一，能够捕捉道路上的图像，提供道路、交通标志、红绿灯和行人等的视觉信息。摄像头通常采用计算机视觉技术对图像进行分析和处理，识别和跟踪车辆、行人和障碍物。

雷达是另一种重要的感知传感器，它通过发射电磁波并接收其反射信号来测量距离和速度。雷达可以提供精确的距离和速度信息，帮助车辆检测周围的障碍物和其他车辆，并判断它们的位置和运动状态。

激光雷达是一种高精度的感知传感器，它使用激光束扫描周围的环境，并通过接收反射光来构建精确的三维地图。激光雷达能够提供非常详细的环境信息，包括障碍物的形状、尺寸和位置。

超声波传感器通常用于近距离感知，如在停车和低速行驶时检测前方的障碍物。超声波传感器通过发射超声波脉冲并测量其返回时间来计算距离，能够提供车辆周围物体的距离信息，避免碰撞并保持安全距离。

感知系统中的传感器通常是多样化且互补的，通过融合不同传感器的数据，我们可以获得更全面、准确的环境信息。融合算法和技术在感知系统中起着关键作用，能够将来自不同传感器的数据进行整合和分析，提供对周围环境的综合认知。

感知系统的准确性和可靠性对于自动驾驶系统的性能至关重要。因此，感知系统的设计和开发需要考虑传感器的选择、布局、校准以及数据处理和融合算法的优化。随着技术的不断进步，感知系统将变得更加精确和高效，为自动驾驶系统的实际应用提供更好的支持。

4.2.1.2 决策系统

决策系统是自动驾驶系统的核心模块，它的设计和功能对于实现安全、高效的自动驾驶至关重要。决策系统通过综合分析感知系统提供的环境信息（包括障碍物检测、道路标识识别、交通信号等）以及车辆自身的状态信息（如车速、方向盘转角等），来做出智能决策，规划行驶路径。

在感知和定位的基础上，决策系统需要考虑多种因素（如道路规则、交通流量、前方障碍物等）来做出相应的决策，确定车辆的行驶意图（包括加速、减速、换道、超车等），并结合当前的交通环境，制定最佳的行驶策略。决策系统还需要实时更新决策结果，以应对不断变化的交通情况。

决策系统的算法和模型通常包括机器学习、深度学习、规划和优化等技术，通过学习和推理，能够在复杂的交通环境中做出准确、可靠的决策。决策系统的设计需要兼顾安全性、高效性和适应性，以应对各种复杂的交通场景和驾驶情况。

在实际应用中，决策系统还需要与其他系统（如感知系统、控制系统和通信系统）进行紧密的协调和集成。通过与这些系统的协同工作，决策系统能够实现自动驾驶车辆的精确控制和行驶路径的优化。

决策系统也面临着一些挑战。其一是复杂的交通环境和场景（如多车道道路、复杂的交叉口、行人和自行车等）增加了决策系统的算法设计和优化的难度。另一个挑战是确保决策的实时性和鲁棒性，尤其是在快速变化的交通环境中，决策系统需要能够及时做出准确的决策，调整并适应不断变化的道路情况。

自动驾驶系统的决策系统在不断演进和发展。随着技术的不断成熟和算法的不断优化，决策系统将能够更加准确、智能地应对各种复杂的交通场景，实现更安全、高效的自动驾驶体验。随着数据的积累和算法的进一步改进，决策系统也将不断提升自己的学习能力和适应能力，以应对未来交通系统的挑战和需求。

4.2.1.3 控制系统

控制系统是自动驾驶系统中的重要组成部分，负责实时监测车辆的状态并控制车辆的行驶。控制系统通过与感知系统和决策系统的协同工作，使车辆能够按照规划路径和速度准确、稳定地行驶。

控制系统主要包括车辆动力系统、转向系统和制动系统。车辆动力系统负责控制车辆的加速和减速，确保车辆按照要求的速度行驶。转向系统负责控制车辆的转向，使车辆能够按照规划路径准确转向。制动系统负责控制车辆的制动力，以保证车辆能够安全停车或减速。

在实际应用中，控制系统需要根据感知系统和决策系统提供的信息实时调整车辆的动力、转向和制动操作。控制系统需要根据感知系统提供的障碍物检测、车道线识别等信息以及决策系统提供的行驶意图和路径规划，对车辆进行精确控制。

控制系统的设计和实现依赖于先进的控制算法和技术，如 PID 控制器、模型预测控制器、最优控制等。这些算法能够根据车辆的动态特性和环境变化，实时调整控制指令，使车辆能够稳定、精确地执行所需的行驶操作。

控制系统还需要考虑安全性和鲁棒性，能够应对各种不确定性和异常情况，如突发障碍物、恶劣天气条件等。因此，控制系统需要具备快速响应、鲁棒性强的特点，以确保车辆能够在各种复杂的交通环境中安全、可靠地行驶。

自动驾驶系统需要能够在毫秒级的时间尺度内做出准确的控制决策和调整，这对控制系统的计算能力和响应速度提出了较高的要求。控制系统的故障或错误可能导致严重的事故，因此控制系统需要采取严格的安全措施和故障检测机制，以确保系统的可靠性和安全性。

随着传感器技术、计算能力和算法的不断进步，控制系统将更加精确、智能地控制车辆行驶，为用户提供更高水平的自动驾驶体验。控制系统的发展还将促进自动驾驶技术在各个领域的应用（包括公共交通、物流运输等），为交通系统的效率和安全性带来巨大的提升。

4.2.1.4 执行系统

执行系统是自动驾驶系统的关键组成部分，负责将控制指令转化为实际的物理动作，实现车辆的加速、制动、转向等。执行系统通过各种执行器（如发动机执行器、制动器执行器、转向器执行器等）对车辆进行精确控制和调节，确保车辆按照预定的行驶策略和指令进行操作。

执行系统包括多个执行器，每个执行器负责控制特定的车辆功能。例如，发动机执行器负责控制发动机的燃油供给，控制车辆的加速和减速；制动器执行器负责控制制动器施加的制动力的大小，实现车辆的停车和减速；转向器执行器负责控制车辆的转向角度，确保车辆按照预定的路径转向。

执行系统的设计和实现需要考虑多个方面的要素。执行系统需要与控制系统紧密配合,确保控制指令能够准确、实时地传递给执行器。执行系统需要具备高精度和高可靠性,以确保执行器能够按照预期进行操作,如发动机执行器需要能够精确控制燃油供给、制动器执行器需要能够实现准确的制动力控制等。执行系统需要具备高度的智能化和自适应能力,以应对不同的驾驶场景和需求。执行系统还需要考虑能源效率和环境影响,以满足对车辆性能和环境友好的要求。

随着自动驾驶技术的不断发展和智能网联汽车的普及,执行系统将继续面临挑战和发展。未来的执行系统将更加智能化、自适应和高效,能够通过先进的执行器和控制算法实现更精确、可靠的车辆控制。执行系统的集成和优化将促进自动驾驶技术的进一步应用,为用户提供更安全、舒适和便利的驾驶体验。

4.2.2 自动驾驶系统的工作原理

自动驾驶系统是智能网联汽车的关键技术之一,其工作原理是通过感知、决策、控制和执行等步骤实现车辆的自动驾驶。感知系统通过传感器获取车辆周围的环境信息,决策系统基于感知数据做出驾驶决策,控制系统将决策转化为控制指令,执行系统将控制指令转化为实际动作。这种工作原理使自动驾驶系统能够实时感知环境、做出智能决策,并以精确控制实现车辆的自动驾驶。

4.2.2.1 数据采集和融合

数据采集和融合是自动驾驶系统中的关键步骤,旨在获取车辆周围环境准确、全面的信息,并将不同传感器采集的数据进行有效融合,以提供更全面、可靠的环境感知。

在数据采集方面,自动驾驶系统借助各种传感器来感知车辆周围的环境。常用的传感器包括激光雷达、摄像头、雷达和超声波传感器等。激光雷达可以提供高精度的三维数据,摄像头可以捕捉视觉信息,雷达可以探测目标的距离和速度，超声波传感器则用于测量距离和检测障碍物。这些传感器相互协作，构成了多模态的数据采集系统，以获取丰富的环境信息。

数据融合是将不同传感器采集的数据进行整合和处理，以获得更准确、完整的环境感知结果。融合算法可以综合利用不同传感器的优势，弥补各个传感器之间的局限性，提高环境感知的鲁棒性和可靠性。常用的数据融合方法包括传感器数据融合和信息融合。

传感器数据融合是将来自不同传感器的原始数据进行整合，以消除噪声、校准数据，并提取有用的特征。例如，激光雷达可以提供准确的形状和位置信息，而摄像头可以提供目标的视觉特征，传感器数据融合算法可以将这些数据进行配准和融合，生成更准确的环境地图和目标识别结果。

信息融合是将传感器数据与其他相关信息（如地图数据、车辆状态信息和预测模型等）进行结合，这些额外的信息可以增强自动驾驶系统对环境的理解和预测能力。例如，传感器数据与地图数据进行融合，可以提供车辆的精确定位和道路几何信息；传感器数据与车辆状态信息融合，可以确定车辆的加速度、转向角等动态参数；传感器数据与预测模型进行融合，可以对周围的目标行为进行预测。

数据采集和融合的目的是获得准确、全面的环境感知结果，为后续的决策和控制提供可靠的基础。通过合理选择传感器和应用高效的融合算法，自动驾驶系统能够实时、精确地感知车辆周围的环境，为安全、高效的驾驶决策提供支持。

4.2.2.2 环境感知和预测

环境感知和预测通过对车辆周围环境进行分析和预测，提供对道路状况、交通情况以及其他移动物体行为的理解。环境感知和预测是自动驾驶系统进行决策和规划的基础，至关重要。

环境感知包括对车辆周围的物体、道路标志、道路几何信息等进行感知和理解。为了实现环境感知，自动驾驶系统常依赖于多种传感器，这些传感器的数据通过融合算法进行处理，形成对周围环境的全面感知。

预测是基于环境感知结果对周围物体行为进行推测，以便对未来的动态变化做出合理的响应。自动驾驶系统通过建立模型和算法来预测其他车辆、行人、交通信号灯等的行为。这些模型和算法可以基于历史数据、规则和机器学习等方法进行训练和优化。预测的目的是提供对环境中其他物体行为的合理预期，从而为自动驾驶系统做出准确的决策和规划。

环境感知和预测的准确性和鲁棒性对于自动驾驶系统的安全和性能至关重要。准确的环境感知可以确保系统对周围环境的全面理解，避免发生危险和冲突。精确的预测能力可以帮助系统在复杂的交通环境中做出合理的决策，如变道、避让障碍物等。因此，环境感知和预测技术的持续改进和创新，对于实现高度自动化和安全的自动驾驶至关重要。

随着感知和预测技术的不断发展，自动驾驶系统的环境感知和预测能力将不断提升。高精度的传感器、先进的数据处理算法以及机器学习、深度学习等人工智能技术的应用将进一步增强自动驾驶系统对复杂环境的感知和预测能力，这将为实现更安全、高效、智能的自动驾驶提供更坚实的基础。

4.2.2.3 决策和规划

决策和规划是自动驾驶系统中的关键环节，负责根据环境感知和预测结果，制定行驶策略和路径规划，以实现安全、高效的行驶。

在自动驾驶系统中，决策的任务是根据当前环境和车辆状态，确定下一步的行驶行为，如加速、减速、换道、停车等。决策过程需要考虑多个因素，包括交通规则、道路状况、周围车辆行为以及系统的优先目标。为了做出准确的决策，自动驾驶系统通常会采用一系列的算法和模型，如规则引擎、状态机、强化学习等。这些算法和模型可以根据实时环境信息和系统目标，评估不同行为的风险和效果，并选择最佳的行驶策略。

规划是在决策的基础上确定车辆的行驶路径。规划过程需要综合考虑多个因素，如道路限制、交通流量、目标位置、周围障碍物等。自动驾驶系统会利用地图数据和感知信息，结合路径规划算法，生成最优的行驶路径。规划还需要考虑系统的安全性和效率，确保车辆能够按照预定的路径安全、顺利地行驶。

决策和规划的实现需要结合大量的数据和算法。感知系统提供环境信息，预测模块提供其他车辆和行人的行为预测，决策和规划模块则基于这些信息进行决策和路径规划。这些模块之间需要高效地交换数据和协同工作，以实现整个系统的协调与优化。

决策和规划的准确性和实时性对自动驾驶系统的性能至关重要。准确的决策和规划能够使车辆做出合理的行驶决策，避免与其他车辆发生冲突，并保持良好的车辆稳定性。实时的决策和规划能够使车辆快速响应变化的交通环境，确保行驶的连续性和流畅性。

4.2.3 自动驾驶系统的电控技术

自动驾驶系统的电控技术是实现自动驾驶功能的关键，涵盖了传感器技术、数据处理和融合技术、决策和规划算法以及控制技术等方面。通过有效地采集和处理环境信息、实时决策和规划行驶策略以及控制车辆执行相应的动作，自动驾驶系统能够实现车辆的自动驾驶。

4.2.3.1 传感器技术

传感器技术在自动驾驶系统中负责采集车辆周围环境的各种信息，为系统提供准确、全面的感知能力。传感器可以分为多种类型，包括摄像头、雷达、激光雷达、超声波传感器等。

传感器技术的发展使自动驾驶系统能够实时获取环境信息，提高对道路和周围车辆的感知能力。然而，传感器技术也面临一些挑战，如高成本、不同天气和光照条件下的可靠性问题以及对数据处理和融合的要求较高。因此，研究人员和工程师需要不断改进传感器技术，以提高传感器的性能，推动自动驾驶技术的发展。

4.2.3.2 数据处理和融合技术

数据处理和融合技术在自动驾驶系统中负责将传感器获取的原始数据进行处理和整合，提取有用的信息，为决策和控制提供准确的输入。数据处理和融合技术包括数据预处理、数据融合和感知结果解释等步骤。

数据预处理是指对原始数据进行滤波、去噪、校准等处理，以消除数据中的噪声和误差。传感器数据常常存在各种干扰和噪声，如传感器的测量误差、环境干扰和设备故障等。数据预处理可以帮助提高数据质量，减少误差对后续处理的影响。

数据融合是将来自不同传感器的数据进行整合，以获得更全面、准确的环境信息。传感器之间具有互补的特点，融合多个传感器的数据可以提高感知系统的可靠性和准确性。数据融合技术可以采用多种方法，包括传感器级融合、特征级融合和决策级融合等。传感器级融合是将不同传感器的原始数据进行整合；特征级融合是将提取的特征信息进行整合；决策级融合是将不同传感器的决策结果进行整合。数据融合可以综合利用各种传感器的信息，提高对环境的感知能力和决策的准确性。

感知结果解释是将融合后的数据转化为可理解的结果，为后续的决策和控制提供有意义的信息。感知结果解释包括目标检测和跟踪、车道线识别、障碍物分类等任务。解释融合后的数据可以为自动驾驶系统提供对周围环境的理解，从而进行相应的决策和控制操作。

数据处理和融合技术的发展使自动驾驶系统能够从多个传感器中获取准确全面的环境信息，提高驾驶的安全性和可靠性。然而，数据处理和融合技术也面临一些挑战，如大规模数据处理、实时性要求和算法复杂性等。因此，研究人员和工程师需要不断改进数据处理和融合技术，以满足自动驾驶系统对高效、准确感知的需求。

4.2.3.3 决策和规划算法

决策和规划算法在自动驾驶系统中负责根据感知的环境信息和系统的目标，生成适当的行动策略和轨迹规划，以实现安全和高效的驾驶操作。决策和规划算法可以分为静态规划和动态规划两种类型。

静态规划算法主要用于在已知环境和目标条件下生成规划路径。常见的静态规划算法包括 A* 算法、Dijkstra 算法和 RRT（rapidly exploring random trees）算法等。这些算法通过搜索算法和优化方法，在已知地图和目标条件下，计算出最优的路径。静态规划算法通常适用于较为简单的场景，如事先规划好的道路网络等。

动态规划算法则更适用于复杂的实时决策场景，需要根据实时感知的环境信息进行决策和规划。常见的动态规划算法包括模型预测控制（model predictive control，MPC）、强化学习（Reinforcement Learning）和时变优化等。这些算法基于实时感知数据和系统的目标，通过建立模型、优化目标函数或学习策略，实现实时的决策和规划。动态规划算法能够根据不同的环境变化和驾驶需求，实时调整决策策略，以适应复杂的驾驶场景。

决策和规划算法的设计考虑了多个因素，如安全性、高效性、舒适性和法规遵从性等。算法需要综合考虑车辆的动力学特性、道路限制、交通规则和其他交通参与者的行为等因素，以生成合适的驾驶策略和规划路径。算法还需要考虑不同驾驶场景下的优先级、风险评估和决策权衡等问题，以保证驾驶的安全性和可靠性。

随着自动驾驶技术的发展，决策和规划算法也在不断改进。研究人员和工程师致力于提高算法的效率、鲁棒性和适应性，以实现更加智能和自动的驾驶操作。为了满足不同驾驶场景的需求，研究人员和工程师还需要进一步研究多Agent协同决策、人机交互和动态环境感知等问题，以推动自动驾驶技术的进一步发展。

4.2.3.4 控制技术

控制技术在自动驾驶系统中负责将决策生成的轨迹转化为具体的车辆动作，以实现准确的控制和精确的驾驶操作。控制技术主要包括车辆动力学建模、控制算法设计和执行器控制等方面。

车辆动力学建模是控制技术的基础。通过对车辆的动力学特性进行建模，我们可以获得车辆的运动方程和状态变量，如位置、速度、加速度和转角等。车辆动力学建模考虑了车辆的惯性、质量、转向特性、制动特性等因素，以准确描述车辆的运动行为。

控制算法设计是实现自动驾驶系统精确控制的关键。常见的控制算法包括PID控制、模型预测控制、最优控制和自适应控制等。这些算法根据车辆的状态和目标设定，计算出相应的控制指令（如油门、刹车、转向和换挡等），以实现期望的车辆动作。控制算法需要考虑车辆的稳定性、安全性和舒适性等因素，还需要适应不同的驾驶场景和驾驶条件，以保证驾驶的可靠性和稳定性。

执行器控制是将控制指令转化为实际的车辆动作的过程。执行器控制涉及车辆的各种执行器，如发动机执行器、刹车系统、转向系统和变速器执行器等。通过执行器控制，控制指令可以精确地转化为相应的执行器操作，实现准确的车辆控制。执行器控制需要考虑执行器的响应速度、精度和稳定性等因素，以确保控制指令能够准确地传达给车辆并得到执行。

随着自动驾驶技术的不断发展，控制技术也在不断创新和改进。研究人员和工程师致力于提高控制算法的精确性和鲁棒性，优化执行器的控制功能，以实现更加准确、平稳和安全的驾驶操作。为了应对不同驾驶场景和需求，研究人员和工程师还需要研究控制技术在多 Agent 协同驾驶、动态环境变化和复杂交通条件下的应用。

4.2.4 自动驾驶系统的挑战和前景

自动驾驶系统作为一项革命性的技术，拥有各种挑战和广阔的前景。

感知和认知能力是自动驾驶系统的核心挑战。准确地感知和理解环境是实现安全、高效驾驶的基础。自动驾驶系统需要准确地识别和分类道路上的各种交通参与者（包括其他车辆和行人等），并预测其行为。这要求感知系统具备高精度、高鲁棒性和快速响应的能力。

决策和规划是自动驾驶系统的关键挑战。在复杂的交通环境中，自动驾驶系统需要能够基于感知数据和预测结果做出准确的决策和规划，包括车辆行驶路线、速度调整、超车和变道等。这要求决策算法具备高度的智能性、适应性和鲁棒性，能够在各种驾驶场景和复杂情况下做出合理的决策。

安全和法规是自动驾驶系统发展过程中的重要挑战。自动驾驶系统需要具备高度的安全性和可靠性，确保驾驶过程中不发生意外事故。自动驾驶系统还需要制定和遵守相关的法规和标准，确保在道路上的合规性和合法性。

除了上述挑战，自动驾驶系统还面临其他挑战。例如，公众接受度和信任度是自动驾驶系统发展的重要因素，公众对于自动驾驶的认知、接受程度和安全顾虑等因素都会影响自动驾驶系统的应用和推广。自动驾驶系统的成本、可靠性、维护和保养等方面也是需要面临的挑战。

尽管面临诸多挑战，自动驾驶系统仍然有着广阔的前景和发展方向。自动驾驶系统有望实现道路交通的智能化和高效化，提高驾驶的安全性、舒适性和便利性。自动驾驶系统可以改善交通拥堵问题，提高交通效率和道路利用率。自动驾驶系统还有望推动新的商业模式和出行方式的出现，如共享出行、出租车服务和物流配送等。

4.3 先进驾驶辅助系统

先进驾驶辅助系统是一项重要的汽车技术，它通过电控技术为驾驶员提供安全和便利的辅助功能。本节将介绍 ADAS 的定义、分类、工作原理和优点，并重点探讨 ADAS 的电控技术、设计与开发、挑战与前景。ADAS 的电控技术包括传感器技术、数据处理和融合技术、决策和控制算法以及控制技术。ADAS 的设计与开发涉及系统设计、软件开发、硬件选择和设计、系统集成和测试等方面的问题。ADAS 的发展面临技术、安全和法规等多个方面的问题，但它也带来了智能化驾驶的前景和发展方向。

4.3.1 ADAS 的概述

先进驾驶辅助系统是一种使用传感器、算法和控制技术来提供驾驶员辅助功能的技术系统。下面将介绍 ADAS 的分类、工作原理和优点。

4.3.1.1 ADAS 的主要类型

ADAS 系统涵盖了多种功能和特性，根据其主要的目标和功能，大概分为以下几种主要类型。

一种常见的 ADAS 类型是碰撞预警和紧急制动系统。这种系统通过使用雷达、摄像头或激光传感器等设备来检测前方的障碍物和其他车辆，并在发现潜在碰撞风险时发出警报或自动制动，可以提醒驾驶员注意前方的危险情况，并在驾驶员未能及时采取行动时自动减速或制动，从而减轻碰撞的严重程度。

另一种常见的 ADAS 类型是车道保持辅助系统。该系统使用摄像头或其他传感器来监测车辆在车道内的位置，并通过提供视觉或听觉提示来帮助驾驶员保持车辆在车道内行驶。当车辆偏离车道时，系统会发出警报或施加轻微的转向力，以引导驾驶员纠正车辆的行驶轨迹。

自适应巡航控制（ACC）也是一种常见的 ADAS 类型。该系统通过使用雷达或摄像头等传感器来监测前方车辆的距离和速度，并根据车辆间的安全距离自动调整巡航速度。这种系统允许驾驶员在设置的速度范围内保持与前车的安全距离，从而提供更便利的长途巡航体验。

盲点监测系统是一种辅助驾驶功能，旨在帮助驾驶员监测并避免盲点区域的交通冲突。该系统通常使用侧面或后方的传感器来监测驾驶员视野外的盲点区域，并在有其他车辆或障碍物进入盲点时发出警告。这有助于提醒驾驶员注意盲点区域，并采取适当的行动，以确保安全变道或并线操作。

还有一些其他类型的 ADAS 系统，如自动紧急制动系统、道路标志识别系统、自动泊车辅助系统等。这些系统使用各种传感器和算法来提供额外的驾驶辅助功能，从而增强驾驶员的安全性和舒适性。

4.3.1.2　ADAS 的工作原理

ADAS 的工作原理基于传感器、数据处理和控制算法的相互配合。ADAS 系统通过感知车辆周围环境和驾驶行为并采取相应的措施，来提供驾驶辅助和安全功能。ADAS 系统的工作原理从数据采集到最终的控制操作，涉及多个环节，形成一个闭环的过程。

首先，ADAS 系统通过各种类型的传感器（如雷达、摄像头、激光雷达和超声波传感器等）来感知车辆周围的环境。这些传感器收集的数据包括周围车辆的位置、速度、距离、道路标志、车道线和障碍物等信息。

采集的数据需要经过数据处理和融合的过程，通过算法和模型进行分析和处理，以提取有用的信息并减少噪声和误差。数据处理和融合的算法可以对图像、声音和其他传感器数据进行处理和分析，例如目标检测和跟踪、道路标志识别和车道线检测等。

接下来，ADAS 系统进行环境感知和预测，利用处理后的数据对车辆周围的环境进行感知和分析。系统可以识别其他车辆、行人、障碍物等，并预测它们的行为和动态。基于这些预测结果，系统能够判断潜在的危险，并生成相应的决策。

决策和规划是 ADAS 系统的重要组成部分，根据环境感知和预测的结果，系统会根据预设的算法和规则生成相应的决策。这些决策可能涉及紧急制动、避免碰撞、变道、并线或调整车速等行动。决策的目的是提供最佳的驾驶辅助和安全性，确保车辆在各种情况下能够做出适当的响应。

ADAS 系统通过与车辆的控制单元进行通信，将决策转化为实际的操作。系统可以与发动机控制单元、制动控制单元和转向控制单元等进行交互，以实现所需的驾驶辅助功能。例如，系统可以控制制动系统的施加力度、转向系统的调整和加速系统的控制，以实现自动制动、自动驾驶和车道保持等功能。

通过以上工作原理，ADAS 系统能够提供一系列的驾驶辅助功能，帮助驾驶员提高驾驶的安全性和舒适性。

4.3.1.3　ADAS 的优点

ADAS 系统通过使用传感器和算法，能够实时感知和分析周围的道路和交通状况，提高驾驶安全性。例如，车道保持辅助系统可以检测车辆是否偏离车道，并发出警告或自动调整方向，以保持车辆在车道内行驶，这有助于减少事故的发生，并提高驾驶员和乘客的安全性。

自适应巡航控制是 ADAS 系统的一个功能，可以根据车辆周围的交通状况自动调整车速，使驾驶员能够放松并享受更平稳的驾驶体验，提供驾驶舒适性。智能停车辅助系统可以帮助驾驶员更容易地找到合适的停车位，并提供准确的驾驶指导，减少停车时的困扰。

导航系统可以提供实时的交通信息和最佳路线规划，帮助驾驶员选择最高效的路线，减少拥堵并节省时间，提高驾驶效率。交通标志识别和车道辅助系统可以提供准确的交通标志信息和车道指导，帮助驾驶员更好地控制车辆。

4.3.2　ADAS 的电控技术

ADAS 的电控技术是指先进驾驶辅助系统在实现功能的过程中所涉及的电控技术，包括传感器技术、数据处理和融合技术、决策和控制算法以及控制技术等方面的应用。传感器技术负责采集车辆和周围环境的数据，并通过数据处理和融合技术进行分析和综合，实现对驾驶环境的感知和理解。决策和控制算法用于根据感知结果进行决策，并通过控制技术实现相应的驾驶辅助功能。ADAS 的电控技术是实现先进驾驶辅助系统功能的关键，对提升驾驶安全性和舒适性具有重要作用。

4.3.2.1　传感器技术

传感器技术用于获取车辆和周围环境的各种数据信息。传感器通过测量物理量或环境特征，将其转化为电信号或数字信号，以便系统能够对其进行处理和分析。ADAS 中常用的传感器包括摄像头、雷达、激光雷达和超声波传感器等。

传感器技术的发展提升了 ADAS 系统的感知能力和准确性。通过多种传感器的组合和数据融合，ADAS 系统能够获取全面的环境信息，并为驾驶员提供更准确的辅助功能和安全警告。然而，传感器技术也面临一些挑战，如不同环境条件下的稳定性、传感器数据的准确性和实时性等问题，需不断研发和创新。

4.3.2.2　数据处理和融合技术

数据处理和融合技术在 ADAS 中起着关键作用，用于处理传感器获取的各种数据，并将其融合为更准确、全面的环境感知结果。数据处理和融合技术包括数据预处理、特征提取、数据融合和环境建模等过程，旨在实现对车辆和周围环境的全面理解。

数据预处理是数据处理流程的重要一环，用于对传感器数据进行校正、滤波和去噪等处理，以消除噪声和误差，提高数据的质量和可靠性。例如，数据预处理可以使用滤波算法对传感器数据进行平滑处理，减少异常值的影响。

特征提取是从原始数据中提取有用信息的过程。通过运用计算机视觉、信号处理和模式识别等技术，我们可以从图像、雷达数据等不同类型的传感器数据中提取关键特征，如车道线、障碍物、行人等。这些特征能够提供对环境的描述和分析，并为后续的决策和控制提供依据。

数据融合是将多个传感器的数据进行整合和融合，以得到更准确、全面的环境感知结果。融合技术可以利用传感器之间的互补性，将各个传感器的数据进行融合，消除单个传感器的局限性，并提供更全面的环境认知。常用的数据融合方法包括基于规则的融合、基于概率的融合和基于机器学习的融合等。

环境建模是将感知的环境信息转化为车辆可理解的形式，通常采用三维地图或场景模型来描述环境特征。环境建模技术可以将感知的障碍物、车道线、交通标识等信息进行建模和表示，为决策和控制提供准确的环境描述。

数据处理和融合技术的目的是提取和整合各种传感器数据，实现对环境的准确理解，并为 ADAS 系统的后续决策和控制提供支持。然而，数据处理和融合技术也面临一些挑战，如数据的时序性和实时性要求、大数据量的处理和计算要求、不同类型传感器数据的异构性等。因此，我们需要不断改进和优化数据处理和融合算法，以提高 ADAS 系统的可靠性，并实现更安全和高效的驾驶辅助功能。

4.3.2.3 决策和控制算法

决策和控制算法用于分析感知数据并做出相应决策，以实现车辆的安全驾驶和控制。决策和控制算法涵盖了多个方面，包括路径规划、行为决策、控制指令生成等，旨在提供车辆在不同情境下的智能决策和精准控制。

路径规划算法负责确定车辆在给定路况下的最佳行驶路径。通过考虑路况、交通标识、障碍物等信息，路径规划算法可以生成安全、高效的行驶路径。常见的路径规划方法包括 A* 算法、Dijkstra 算法和基于规划曲线的方法等。

行为决策算法基于感知数据和车辆状态，评估当前行驶环境并做出适当的决策。这些决策包括变道、超车、跟随、停车等，能够保证车辆的安全和流畅行驶。行为决策算法通常基于规则、逻辑或机器学习方法，通过考虑道路规则、车辆行为模式和环境信息等因素，为车辆提供智能的驾驶策略。

控制指令生成算法是将决策结果转化为具体的控制指令，用于调节车辆的加速度、转向角度、制动等操作。控制指令生成算法可以基于模型预测控制、PID 控制、模糊控制等方法，通过实时调整车辆的控制参数，以响应决策结果并保持车辆的稳定性和舒适性。

决策和控制算法的目的是使车辆能够根据环境和任务要求做出合理的决策并精准地执行控制指令。然而，决策和控制算法也面临一些挑战，如复杂的交通环境、不确定性因素的存在、实时性要求等。因此，我们需要不断改进和优化决策和控制算法，提高其准确性、实时性和适应性，以实现更安全、高效的驾驶辅助功能。

4.3.2.4 控制技术

控制技术在先进驾驶辅助系统中起着关键的作用，用于实现车辆的精确控制和稳定运行。控制技术涵盖了多个方面，包括车辆动力控制、制动控制、转向控制和悬挂控制等，旨在提供安全、舒适和可靠的驾驶体验。

车辆动力控制技术用于管理车辆的速度。车辆动力控制技术基于引擎和动力传动系统，通过控制油门踏板、换挡点和转速等参数，调节车辆的动力输出，以实现期望的加速度和速度响应。常见的车辆动力控制技术包括电子油门控制、电动驱动系统和智能巡航控制等。

制动控制技术用于管理车辆的制动系统，以实现安全的制动操作。制动控制技术基于制动踏板和制动系统，通过控制制动液压力、制动力分配和防抱死系统等参数，调节车辆的制动力和制动距离，确保车辆在各种驾驶条件下的稳定停车和制动控制。常见的制动控制技术包括电子制动力分配、电子稳定控制和自动紧急制动系统等。

转向控制技术用于管理车辆的转向系统，以实现准确的转向操作和车辆的稳定转弯。转向控制技术基于转向轮、转向机构和转向角度传感器等，通过控制转向力和转向角度，调节车辆的转向响应和操控功能。常见的转向控制技术包括电动助力转向、车辆稳定控制和车道保持辅助系统等。

悬挂控制技术用于管理车辆的悬挂系统，以实现舒适的悬挂调节和稳定的车身控制。悬挂控制技术基于悬挂结构和悬挂传感器等，通过调节悬挂刚度、减震器阻尼和空气悬挂系统等参数，优化车辆的悬挂特性和车身姿态，提供更平稳的驾驶体验和更好的悬挂舒适性。常见的悬挂控制技术包括主动悬挂系统、自适应悬挂系统和电子阻尼控制系统等。

控制技术的目的是通过精确控制车辆的动力、制动、转向和悬挂等方面，提供更安全、舒适和可靠的驾驶体验。控制技术的发展和应用，不仅需要先进的传感器和执行器，还需要高效的控制算法和系统集成能力。随着技术的不断创新和发展，控制技术在自动驾驶、智能交通和汽车安全领域的应用前景将更加广阔，为驾驶者提供更安全、便捷和舒适的出行体验。

4.3.3 ADAS 的设计和开发

ADAS 的设计和开发是将先进驾驶辅助系统应用于现实场景的关键过程，涉及整体系统的设计、软件开发、硬件选择和设计以及系统的集成和测试。设计和开发过程需要综合考虑安全性、可靠性和用户体验等因素，确保 ADAS 系统能够准确识别和响应各种驾驶场景，并为驾驶者提供有效的辅助功能。科学的设计和严格的开发流程可以实现 ADAS 系统的高效运行和不断改进，为驾驶者带来更安全、智能和便捷的驾驶体验。

4.3.3.1 系统设计

系统设计是 ADAS 开发过程中至关重要的一步，涉及对整个系统的功能、可靠性和用户体验等方面进行综合考虑和规划。在系统设计阶段，工程师需要定义系统的总体架构、模块之间的交互方式以及各个模块的功能和接口要求。

系统设计需要明确定义 ADAS 系统的功能和目标，包括识别系统需要具备的基本功能（如车道保持、自动紧急制动、自适应巡航控制等）；还需要考虑额外的辅助功能（如交通标志识别、行人检测等）。在定义功能时，工程师要考虑实际应用场景和驾驶者的需求，确保系统能够满足各种驾驶情况的要求。

系统设计需要确定系统的硬件和软件架构，包括选择合适的传感器和执行器，并确定它们的布局和安装位置；需要选择适当的处理器和存储设备来处理和存储传感器数据以及执行算法和控制指令；还需要设计合适的通信接口和网络结构，以实现各个模块之间的数据交换和协同工作。

系统设计过程需要考虑系统的可靠性和冗余设计，包括选择可靠的硬件组件和传感器以及设计容错和故障检测机制，以提高系统的鲁棒性和可靠性；还需要考虑能耗和成本等因素，以保证系统的可持续性和经济性。

系统设计需要进行模拟和验证，包括利用仿真软件和工具对系统进行模拟，以评估系统的性能是否满足设计要求；还需要进行实际的测试和验证，包括在实际车辆上进行道路试验，以确保系统在实际环境中的稳定性和可靠性。

4.3.3.2 软件开发

软件开发在 ADAS 的设计和开发过程中起着关键作用，涉及将系统的功能和算法转化为可执行的软件代码，以实现系统的各项功能及其要求。

软件开发过程首先需要进行需求分析和规划，包括明确系统的性能要求以及驾驶场景和使用案例。基于需求分析的结果，工程师可以制定软件开发的计划和策略，确定开发阶段。

接下来是软件设计和架构。在这个阶段，工程师将系统的功能和算法转化为软件模块和组件，并定义它们之间的接口和交互方式。软件设计需要考虑系统的可扩展性、可重用性和可维护性，以便后续的修改和维护。

设计完成后进入软件编码阶段。工程师根据设计文档和规范，使用编程语言将软件模块实现为可执行的代码。编码过程要注意代码的可读性、可维护性和可测试性，以便后续的调试和维护工作。

完成编码后需要进行软件测试和验证，包括单元测试、集成测试和系统测试等不同层次和阶段的测试。测试的目的是验证软件的正确性和稳定性，以确保软件能够按照设计要求正常运行，并且能够满足系统的性能要求。除了测试，还需要进行软件的调试和优化。在调试过程中，工程师会识别和修复软件中的错误和问题，以确保软件的稳定性和可靠性；还需要对软件进行性能优化和资源管理，以提高软件的执行效率和响应速度。

完成软件的开发和测试后,还需要进行软件的部署和发布,包括将软件安装到目标硬件平台上,并进行集成和系统验证。部署过程需要确保软件的正确安装和配置,以保证系统的稳定性和可靠性。

4.3.3.3 硬件选择和设计

在ADAS的设计和开发过程中,硬件选择和设计涉及选择适当的硬件组件和设计硬件架构,以满足系统的性能要求。

硬件选择需要考虑系统的需求和要求。工程师需要根据ADAS系统的功能和应用场景,确定所需的传感器、处理器、存储器、通信模块等硬件组件。这些组件的选择应考虑其精度、可靠性、功耗以及与其他组件的兼容性。

传感器是ADAS系统的关键组件之一,用于获取车辆和环境的各种信息,选择合适的传感器类型(如摄像头、雷达、激光雷达、超声波传感器等)取决于系统所需的感知能力和精度要求。处理器的选择也是关键因素之一,工程师需要根据系统的计算需求和实时性要求,选择适当的处理器类型和性能级别,高性能的处理器可以支持复杂的算法和实时的数据处理,从而提供更准确和快速的决策和控制。另一个重要考虑因素是存储器,ADAS系统需要存储大量的数据(包括传感器数据、地图数据、算法模型等),因此工程师需要选择适当的存储器类型(如闪存、固态硬盘等)和容量,以满足数据存储和访问的需求。通信模块也是ADAS系统中必不可少的组件之一,用于与其他车辆、道路基础设施或云端服务器进行通信,实现车辆之间的协作和信息交换,工程师需要选择适当的通信模块(如车载通信模块、无线网络模块等),以满足系统的通信需求和可靠性要求。

硬件设计需要考虑整体系统的可靠性、稳定性和安全性,包括设计适当的电路板、电源系统、散热系统和防护措施,以确保硬件的正常运行和保护。硬件设计还需要考虑硬件的可扩展性和可升级性。随着技术的不断发展和创新，ADAS 系统需要适应新的功能和算法。因此，选择具有良好扩展性和可升级性的硬件平台，可以方便地进行系统的升级和改进。

硬件选择和设计过程还需考虑成本和时间的因素。选择合适的硬件组件和设计方案，既要满足系统的性能要求，又要在合理的成本和时间范围内完成。

4.3.3.4 系统集成和测试

系统集成和测试是 ADAS 开发过程中至关重要的阶段。在这个阶段，各个子系统和组件将被整合到一个完整的系统中，并进行各种测试来验证其性能。

系统集成涉及将不同的硬件和软件组件相互连接和交互，包括将传感器、处理器、通信模块、执行器等硬件组件连接到电控单元中，并确保它们之间的正常通信和协调。系统集成还需要将软件算法和模型与硬件进行集成，以实现系统的整体功能。

集成过程需要进行各种测试来确保系统的性能，包括功能测试、性能测试、兼容性测试、可靠性测试等。功能测试用于验证系统是否按照设计要求正常工作，如检测传感器是否正确感知环境、算法是否正确执行等。性能测试用于评估系统在各种条件下的性能表现，如响应时间、精度和稳定性等。兼容性测试用于验证系统与其他设备和系统的兼容性，如与其他车辆通信协议的兼容性等。可靠性测试用于评估系统的稳定性和可靠性，如系统在长时间运行和各种环境条件下的稳定性。

除了功能和性能测试，集成过程还需要进行系统的集成验证和安全性评估。集成验证用于验证整个系统是否按照预期进行交互和协作，各个子系统和组件之间能否正确地传递和处理数据。安全性评估是为了评估系统的安全性和抗干扰能力，如检测系统是否容易受到黑客攻击、能否正确识别和应对异常情况等。

系统集成和测试阶段还需要进行实际道路测试和模拟测试。实际道路测试是在实际道路环境中对系统进行测试，以评估其在真实交通场景下的性能和适应能力。模拟测试则是通过模拟器或仿真平台进行测试，以模拟各种交通场景和条件，验证系统的功能和性能。

系统集成和测试阶段的目的是确保 ADAS 系统在各种情况下的正常运行和可靠性。全面的测试和验证可以发现和解决系统中的问题和缺陷，并进行必要的调整和改进，以提高系统的稳定性、可靠性和安全性。

经过系统集成和测试阶段的验证和确认，ADAS 系统可以进行量产和实际应用，为驾驶者提供更高级别的驾驶辅助功能，并提升整体驾驶安全性和舒适性。

4.3.4 ADAS 的挑战和前景

ADAS 作为汽车智能化和自动化的重要领域，面临着一些挑战，同时也具有一定的发展前景。

技术挑战是实现更高级别的 ADAS 功能的关键。随着技术的发展，ADAS 系统需要不断地提升其感知、决策和控制能力，以适应复杂的道路环境和交通情况。其中，提高传感器的精度和可靠性、优化数据处理和融合算法、开发智能的决策和规划算法等都是面临的技术挑战。

安全和法规也是 ADAS 面临的重要问题。ADAS 系统的安全性是至关重要的，因为它直接涉及驾驶操作和车辆控制，确保 ADAS 系统的稳定性、抗干扰能力和防止潜在的安全漏洞都是必要的挑战。制定和执行适当的法规和标准也是确保 ADAS 系统安全性的关键。

除了上述挑战，ADAS 还面临着其他一些挑战。例如，成本是广泛应用 ADAS 系统的一个关键因素，当前 ADAS 系统的价格较高，限制了其在大规模生产车辆中的应用，因此降低成本并提高可扩展性是需要解决的挑战；ADAS 系统的用户接受度也是一个挑战，我们需要通过推广和宣传来提高驾驶者对 ADAS 功能的理解和信任。

尽管面临挑战，ADAS 的前景却非常广阔。随着技术的不断进步和成本的降低，ADAS 系统将逐渐普及并成为汽车行业的标配，有望提供更高级别的驾驶辅助功能（如自动紧急制动、自适应巡航控制、自动泊车等），进一步提升驾驶的安全性和便利性。ADAS 系统的发展也为未来实现自动驾驶技术奠定了基础，为实现更安全、高效和智能的交通系统提供了重要支持。

未来 ADAS 的发展需要汽车制造商、技术提供商、政府和学术界之间的合作和协调，包括不断推动技术研发和创新、制定相关的法规和标准、加强用户教育以及加强安全测试和认证等方面的努力。通过共同努力，ADAS 系统可以实现更安全、智能和可持续的道路交通系统，为驾驶者提供更好的出行体验。

第5章 车载传感器技术及其应用

本章深入探讨了车载传感器的类型、应用场景以及传感器在智能网联汽车中的作用和数据融合技术的应用。通过了解车载传感器的工作原理和性能评估，我们可以了解其在车辆控制、环境感知和决策中的重要性。传感器数据融合技术在提高环境感知和决策准确性方面发挥着关键作用。然而，车载传感器技术也面临着挑战，如精度和稳定性、环境适应性等。尽管如此，车载传感器技术在提升驾驶安全性和实现智能网联汽车方面具有巨大的潜力。

5.1 车载传感器的主要类型和应用

车载传感器在现代汽车中起着关键作用，能够实时采集和检测各种参数和信号，从而为车辆控制系统和驾驶员提供有关车辆状态和周围环境的信息。通过了解不同类型的车载传感器及其应用领域，我们能够更好地理解传感器在发动机控制、制动系统、安全系统和舒适性系统等方面的作用。深入了解车载传感器的类型和应用，对于理解智能网联汽车的技术发展和驾驶体验提升具有重要意义。

5.1.1 车载传感器的类型

车载传感器作为智能网联汽车的核心组成部分，涵盖了多种类型的传感器技术，用于感知车辆和周围环境的各种物理量和信号。了解不同类型的车载传感器对于理解其工作原理和应用场景至关重要，有助于更好地理解智能网联汽车的感知能力和技术发展。

5.1.1.1 机械式传感器

机械式传感器通过机械结构和物理变量之间的相互作用来检测和测量车辆和环境的各种参数。机械式传感器通常基于力、位移、速度等物理量的测量原理，并将其转化为电信号进行处理和传输。机械式传感器通常由感测元件、机械结构和信号转换电路组成。

感测元件是机械式传感器的核心部分，能够根据所测量的物理量的变化产生相应的机械位移或力。常见的感测元件包括应变片、压电元件、弹簧和挠度传感器等。这些元件根据所受到的外部作用力或形变程度来改变其电特性或机械状态，并产生与之相关的电信号或机械输出。

机械结构是机械式传感器的支撑和传递力量的部分，能够将感测元件与被测量的物理量相连，并将其变化转化为机械位移或力。机械结构通常由杆、膜片、弹簧、滑块等组件构成，其设计和结构形式根据不同的传感器类型和应用需求而有所差异。

信号转换电路是机械式传感器的接口部分，能够将感测元件输出的机械位移或力转化为可处理的电信号。信号转换电路通常包括放大器、滤波器、模数转换器等电路组件，用于增强信号、滤除干扰，并将模拟信号转换为数字信号。

机械式传感器在车辆中的应用非常广泛。例如，在发动机控制中，机械式传感器可以用于测量发动机转速、油门位置、进气压力等参数，以便控制燃油喷射、点火时机等关键参数，以提高发动机的效率和性能；在制动系统中，机械式传感器可以用于测量刹车踏板力度、轮胎滑动等信息，以实现精确的制动控制；在安全系统中，机械式传感器可以用于测量车辆加速度、转向角度等，以便触发安全气囊、稳定控制等保护措施；在舒适性系统中，机械式传感器可以用于测量悬挂系统的位移和压力，以提供更舒适的行驶体验。

机械式传感器尽管在车辆中具有广泛的应用，但也面临一些挑战。例如，机械式传感器可能受到机械磨损、振动和温度变化的影响，导致测量精度的降低；机械式传感器通常需要进行定期维护和校准，以确保其性能的稳定和可靠性。

随着科技的不断发展，机械式传感器正不断改进和创新。例如，采用微机电系统（MEMS）技术制造的微型机械式传感器具有体积小、功耗低、响应快的特点，逐渐取代传统的机械式传感器。随着人工智能和数据处理技术的进步，机械式传感器可以与其他传感器进行数据融合，实现更高级的车辆控制和决策功能。

5.1.1.2　电磁式传感器

电磁式传感器利用电磁原理来测量和检测车辆和周围环境的物理参数，能够利用电磁场的变化或相互作用来感知和转换电磁信号，以实现对车辆状态和周围环境的监测和控制。

电磁式传感器可以根据其工作原理分为多个子类别，包括电感式传感器、霍尔传感器、磁电阻传感器和磁力传感器等。这些传感器利用电磁感应、磁阻效应和磁场变化等原理来测量和检测物理量。例如，电感式传感器基于电磁感应原理，通过测量线圈中感应出的电感变化来获取目标物体的位置、速度或变化。

电磁式传感器在车辆中有广泛的应用。例如，霍尔传感器可以测量磁场的强度和方向，广泛用于车辆的转向传感、速度测量、刹车传感等方面；磁电阻传感器可以测量磁场的变化和位置，常用于车辆的车轮转速、减震器行程等方面；磁力传感器可以测量磁场强度，常用于检测车辆的位置、方向和速度等。

随着车辆技术的不断发展，电磁式传感器在智能网联汽车中的应用前景广阔。通过结合其他传感器技术和数据融合算法，电磁式传感器可以更准确地感知和监测车辆和周围环境的状态，为智能驾驶和安全性能的提升提供支持。技术的不断创新和改进也将进一步提升电磁式传感器的可靠性，促进其在车辆领域的广泛应用。

5.1.1.3 光电式传感器

光电式传感器利用光电效应来感知和转换光信号，以测量和检测车辆及其周围环境的物理参数。光电式传感器通过光的发射和接收来获取目标物体的信息，可以用于测量距离、速度、光照强度等多种物理量。

光电式传感器可以根据其工作原理和光敏元件的类型分为多个子类别，包括光电二极管（photodiode）、光电晶体管（phototransistor）、光电开关（photoswitch）等。这些传感器利用光电效应将光信号转换为电信号，从而实现对目标物体的感知和测量。

光电式传感器在车辆中有广泛的应用。例如，光电二极管广泛用于车辆的光线感应和光强测量，包括车内照明控制、自动大灯控制等；光电晶体管常用于距离测量和速度检测，如在车辆的自适应巡航控制中用于测量前方车辆的距离和速度；光电开关可以实现非接触式的物体检测和位置测量，广泛用于车辆的车门控制、行程开关等方面。

光电式传感器具有高灵敏度和快速响应的特点，能够快速、准确地感知光信号，并将其转换为电信号。光电式传感器具有较高的精度和稳定性，能够在不同光照条件下正常工作。光电式传感器的体积小、功耗低，便于集成和应用于车辆系统中。

5.1.1.4 热敏式传感器

热敏式传感器通过感知和测量温度来提供关于车辆和环境的重要信息。热敏式传感器利用材料的热敏特性，当温度发生变化时，其电阻或电容等特性也会随之变化，从而实现对温度的感知和测量。

热敏式传感器的工作原理基于热敏效应，其中常见的是正温度系数

（PTC）和负温度系数（NTC）效应。PTC材料的电阻随温度的升高而增加，而NTC材料的电阻随温度的升高而降低。这些特性使热敏式传感器在车辆中能够测量和控制温度，具有重要的作用。

热敏式传感器在车辆中有广泛的应用。例如，热敏式传感器安装在发动机部件或冷却系统中，可以实时感知发动机的温度变化，并通过反馈信号控制冷却系统的运行，以维持发动机正常工作的温度范围。热敏式传感器还可以用于车辆的空调系统、电池管理系统、液体储存和输送系统等，以监测和控制温度，保证系统的安全和有效运行。

5.1.2 车载传感器的应用场景

车载传感器在智能网联汽车中有广泛的应用场景，用于监测和感知车辆及其周围环境的各种物理参数，为驾驶员和车辆系统提供关键的信息和反馈。车载传感器的应用场景包括发动机控制、制动系统、安全系统和舒适性系统等方面。通过准确感知和测量车辆的状态和环境变化，车载传感器可以实现实时监控和预警，提高车辆的性能。

5.1.2.1 发动机控制

发动机作为汽车的核心部件，其运行状态对整车性能和燃油效率至关重要。车载传感器在发动机控制中起着关键作用，用于实时监测和测量与发动机相关的参数，以提供准确的数据和反馈，实现精确控制和优化。

车载传感器可以监测发动机的工作状态。例如，转速传感器可以实时监测发动机转速的变化，并将其提供给控制系统，以调整点火时机、燃油喷射量等参数，确保发动机的正常运行；温度传感器可以测量发动机的冷却液温度和油温，并将其提供给冷却系统和润滑系统，实现温度的控制和调节；油压传感器则监测发动机油路的压力，以确保发动机的润滑系统正常运行。

车载传感器可以监测发动机的排放参数。例如，氧气传感器和氮氧化物传感器可以实时检测废气中的氧气含量和氮氧化物浓度，用于判断燃烧效率和排放水平，这些数据可以反馈给排放控制系统，以进行实时的调整和优化，减少有害气体的排放，提高环保性能。

车载传感器还可以监测发动机的故障和异常情况。例如，震动传感器和噪声传感器可以监测发动机的振动和噪声水平，及时发现异常情况并提醒驾驶员或自动进行处理；传感器还可以监测发动机部件的磨损和疲劳程度，提前预警并进行维修和更换，以保证发动机的可靠性和耐久性。

5.1.2.2 制动系统

作为车辆安全性的关键部件，制动系统的稳定性和可靠性对驾驶员和乘客的安全至关重要。车载传感器在制动系统中起着重要的监测和控制作用，它通过实时监测和测量相关参数，提供准确的数据和反馈，以实现高效的制动性能和安全驾驶。

车载传感器可以监测制动系统的压力和力度。例如，制动液压力传感器可以实时监测制动系统中的液压变化，以确保制动系统的正常工作，这些数据可以用于制动力的控制和调节，实现精确的制动力分配，提高制动效果和稳定性；制动踏板传感器可以监测驾驶员对制动踏板的施加力度，为制动系统提供驾驶员意图的反馈，以实现精准的制动控制。

车载传感器可以监测制动系统的温度和磨损程度。例如，制动盘温度传感器和制动片磨损传感器可以实时监测制动盘和制动片的温度变化和磨损程度，以提前预警并进行维护和更换，这有助于避免制动系统的过热和磨损过度，保持制动性能的稳定和可靠性。

车载传感器还可以监测制动系统的阻滞和失效情况。例如，轮速传感器可以实时监测车轮的转速变化，以判断制动系统的阻滞或失效情况，这样可以及时发出警报并采取措施，保证驾驶员的安全和制动系统的正常工作。

5.1.2.3 安全系统

车辆的安全性是驾驶员和乘客比较关心的问题之一。安全系统的作用就是通过车载传感器的监测和控制,提供实时的安全保护和预警功能,以降低事故发生的风险,并保障驾驶员和乘客的安全。

车载传感器在安全系统中的应用非常广泛,其中较为重要的是碰撞传感器。碰撞传感器能够感知车辆与外界物体的碰撞,并及时将这一信息传递给车辆的控制系统。根据传感器的类型和位置的不同,碰撞传感器可以分为多种形式,如前部碰撞传感器、侧部碰撞传感器和后部碰撞传感器等。这些传感器的作用是在车辆发生碰撞时,迅速触发安全气囊的充气和其他保护装置的工作,以减轻碰撞带来的伤害。

车载传感器还可以在安全系统中发挥其他重要的作用。例如,借助气囊传感器,系统可以监测座椅上乘员的重量和位置,智能地控制气囊的充气量,从而更好地保护乘员。车辆稳定性控制系统也依赖传感器来监测车辆的姿态、转向角度和横向加速度等参数,及时调整车辆的动态特性,提高车辆的稳定性和操控性能。

5.1.2.4 舒适性系统

随着人们对汽车乘坐体验的要求越来越高,舒适性系统的功能逐渐得到了提升和扩展。车载传感器在舒适性系统中发挥着关键作用,它通过感知和监测车内外环境的变化以及乘员的行为和偏好,为乘员提供更舒适的驾乘体验。

在舒适性系统中,车载传感器可以用于自动调节座椅和车内温度。座椅传感器能够感知乘员的坐姿和体重分布,以调整座椅的位置和支撑力度,提供更好的乘坐舒适性。温度传感器则可以监测车内温度变化,并根据设定的温度要求自动调节空调或加热系统,确保车内的温度适宜。

车载传感器还可以用于智能化的音频和娱乐系统。通过音频传感器和麦克风,系统能够感知车内的声音环境,并根据乘员的偏好自动调节音量和音效。借助摄像头和人体检测传感器，舒适性系统还可以提供智能化的乘员识别和行为分析功能，如根据乘员的面部表情和姿态调节音乐、照明和气味等因素，为乘员营造更舒适的环境。

除了座椅和音频系统，舒适性系统还可以利用车载传感器来改善车辆的悬挂系统和操控性能。通过悬挂传感器和加速度传感器，系统能够实时监测车辆的运动状态和路面情况，从而调节悬挂系统的刚度和阻尼，提供更平稳的行驶和更好的悬挂舒适性。车辆稳定性控制系统也可以利用传感器感知车辆的姿态和横向加速度，实现更准确的操控和更高的安全性能。

5.1.3 车载传感器的性能评估

车载传感器的性能评估是确保传感器能够准确、可靠地感知和测量相关参数的重要步骤。性能评估涉及传感器的精度和稳定性、环境适应性、耐久性和可靠性以及成本效益等方面的考量。对传感器进行全面的性能测试和分析可以评估其在不同工作条件下的准确性、稳定性和响应速度。通过有效的性能评估，我们可以选择最适合特定应用场景的车载传感器，提高整体系统的性能。

5.1.3.1 精度和稳定性

在车载传感器的性能评估中，精度指传感器测量结果与真实值之间的偏差程度，稳定性则指传感器在长时间使用过程中的测量一致性。

精度取决于传感器的测量准确度和分辨率。测量准确度是指传感器测量结果与真实值之间的误差程度，分辨率则表示传感器能够分辨的最小变化量。较高的精度意味着传感器可以提供更准确和可靠的测量结果，从而增强系统的性能。进行精度评估通常需要进行校准和校验，以确保传感器的准确性和稳定性。

稳定性的好坏影响着传感器的可靠性和持久性。稳定性评估通常涉及传感器在不同温度、湿度、压力和振动等环境条件下的性能表现。长时间的稳定性测试可以检测传感器的漂移情况，即测量结果随时间的变化情况。稳定性良好的传感器能够提供稳定的测量结果，即使在复杂和恶劣的工作环境下也能保持较高的准确性。

评估精度和稳定性通常需要进行实验和测试。实验可以模拟真实的工作条件，包括温度变化、湿度变化、振动和噪声等因素。通过与已知准确值进行比较或者与其他传感器进行校准，我们可以评估传感器的精度和稳定性；还可以进行长时间的持续监测和数据记录，以观察传感器的性能随时间的变化情况。

在车载传感器的设计和选择过程中，精度和稳定性是至关重要的考虑因素。精确和稳定的传感器能够提供准确的数据，为智能网联汽车的各项功能和系统提供可靠的支持。因此，传感器制造商和开发人员需要不断提升传感器的精度和稳定性，并进行有效的性能评估，以满足日益复杂和严苛的车载应用需求。

5.1.3.2 环境适应性

环境适应性指的是传感器在不同环境条件下的工作能力和适应性。由于车辆使用的环境可能会受到多种因素（如温度变化、湿度变化、气候条件、道路状况等）的影响，传感器的性能需要在各种不同的环境下保持一致和稳定。

在车辆运行中，传感器会受到温度的影响。温度变化会导致传感器的性能发生变化，如传感器的灵敏度、响应时间和输出稳定性可能会受到影响。因此，传感器的环境适应性评估需要考虑传感器在不同温度范围内的性能表现，确保其在极端温度条件下仍能正常工作。

高湿度环境可能导致传感器的灵敏度下降、响应时间延长，甚至引起电路腐蚀等问题。因此，传感器的环境适应性评估需要考虑湿度变化对其性能的影响，并确保其能够在潮湿的条件下可靠地工作。

车辆所处的气候条件和道路状况也会对传感器的性能产生影响。例如，在雨雪天气或者恶劣的路况下，传感器需要能够正确地检测和识别物体、道路标志和障碍物等。因此，传感器的环境适应性评估需要模拟不同气候条件和道路状况，并评估传感器在这些条件下的性能表现。

评估传感器的环境适应性通常需要进行实地测试和实验。这些测试包括在不同温度范围内进行性能测试、模拟湿度条件下的工作以及在各种气候条件和道路状况下进行性能验证。这些测试可以评估传感器在不同环境条件下的性能表现和适应能力。

对于车载传感器而言，良好的环境适应性是确保其可靠性的关键因素之一。只有在各种复杂和恶劣的环境条件下都能稳定工作，传感器才能为智能网联汽车提供准确和可靠的数据支持，从而实现各种功能和应用。因此，传感器制造商和开发人员需要注重环境适应性的评估和提升，以满足不断变化的车载应用需求。

5.1.3.3 耐久性和可靠性

在车载传感器的性能评估中，耐久性指的是传感器在长时间使用和各种条件下的稳定性和耐用性，可靠性则是指传感器在运行过程中提供准确和可靠数据的能力。

车载传感器经常面临严苛的工作环境，如高温、低温、湿度、震动等。这些环境因素可能对传感器的性能和寿命产生负面影响。因此，耐久性评估需要关注传感器在这些条件下的长期稳定性和可靠性。

传感器需要经受长时间运行的考验。长时间的使用和不间断的工作可能导致传感器部件的疲劳和老化，从而影响其性能和精度。耐久性评估通常包括模拟长时间运行的实验和测试，以验证传感器在长期使用情况下的可靠性。

传感器的可靠性也与其故障率和维修保养相关。传感器的故障可能导致数据错误或失效，从而影响车辆的正常运行和安全性。因此，传感器的可靠性评估需要考虑其故障率、寿命和维修保养需求，以确保其长期稳定运行。

耐久性和可靠性评估通常涉及多种测试方法和标准，包括模拟不同环境条件下的实验和测试，如温度循环测试、湿度测试、振动测试等。评估还需要对传感器的材料和结构进行分析，以确保其能够承受各种应力和负载。

对耐久性和可靠性进行评估可以提高车载传感器的工作稳定性和可靠性，确保其在车辆运行中能够准确、可靠地提供数据。这对于智能网联汽车的性能至关重要。制造商和开发人员应注重传感器的设计、材料选择和制造工艺，以提高传感器的耐久性和可靠性，并满足不断发展的车载应用需求。

5.1.3.4 成本效益

在汽车行业中，传感器的成本对于制造商和消费者都是一个重要考虑因素。成本效益的评估涉及传感器的成本和性能之间的权衡，以确定其在实际应用中的经济性和效益。

传感器的成本包括制造成本、采购成本以及与其相关的安装和维护成本。制造成本涉及材料成本、制造工艺和设备成本等。采购成本指购买传感器的实际成本，包括批发价格、交货费用等。安装和维护成本涉及传感器的安装、维修和保养费用等。

传感器的性能包括精度、灵敏度、响应速度、可靠性等。成本效益评估需要考虑传感器的性能与其成本之间的平衡，即在保持良好性能的同时，使传感器的成本尽可能低廉，以满足市场需求和用户的经济预算。

成本效益评估还需要考虑传感器在车辆系统中的实际效果和收益。传感器的应用对于车辆的性能具有重要影响。因此，成本效益评估需要综合考虑传感器的贡献和实际效益，以确定其能否为用户带来足够的价值和回报。

成本效益评估还应考虑传感器的寿命和可替代性。传感器的寿命可以影响其使用寿命成本,包括维护和更换成本。可替代性指的是在市场上是否存在替代传感器的选择以及替代传感器的成本和性能。

成本效益评估还需要考虑传感器的应用前景和市场需求。随着智能网联汽车的发展,人们对于更高性能、更多功能和更低成本的传感器的需求不断增加。因此,成本效益评估需要预测未来市场需求和技术发展趋势,以确保传感器的设计和生产具有良好的竞争力和可持续性。通过对传感器成本效益进行评估,制造商和开发人员可以确定合适的传感器解决方案,平衡成本和性能,并为智能网联汽车提供高效、可靠和经济的传感器技术。这将推动汽车行业的进步,提高驾驶安全性和舒适性,满足用户的经济需求。

5.2 传感器在智能网联汽车中的作用

通过感知车辆周围环境的信息,传感器能够提供准确的数据,帮助车辆识别障碍物、监测道路条件和交通情况,这些数据对于智能驾驶决策至关重要,使车辆能够自动、安全地行驶。传感器还在车辆控制中发挥作用,监测和控制发动机、制动系统、车身稳定性等,提供精确的控制和反馈。传感器的应用将推动智能网联汽车技术的发展,实现更高级别的自动驾驶,提升驾乘体验。

5.2.1 传感器在环境感知中的作用

通过感知车辆周围的环境信息(包括道路状况、障碍物、行人和其他车辆等),传感器能够提供准确的数据。视觉传感器、雷达传感器、激光雷达传感器等不同类型的传感器相互配合,实现对环境的全面感知和准确识别。这些数据为智能驾驶系统提供了重要的依据,帮助车辆做出决策和规划,确保行驶安全和效率。

5.2.1.1 视觉传感器

视觉传感器是一种重要的车载传感器,它模拟了人类的视觉系统,能够通过图像或视频数据获取环境信息。视觉传感器通常包括摄像头或摄像头阵列,其安装位置可以覆盖车辆的前、后、侧以及内部区域。视觉传感器在智能网联汽车中的应用非常广泛。

通过捕捉周围环境的图像或视频数据,视觉传感器能够识别道路标志、交通信号灯、行人、车辆和障碍物等。这些数据对于实现车辆的自动导航、交通规则遵守和安全驾驶至关重要。视觉传感器在驾驶辅助系统中发挥着重要作用。例如,借助计算机视觉技术,视觉传感器能够实现车道保持辅助、自适应巡航控制、自动泊车等功能;通过分析图像数据,视觉传感器能够识别车辆与车道的相对位置和姿态,从而帮助驾驶员进行精确的控制和决策。

视觉传感器还可以用于实现驾驶行为分析和监控。通过分析驾驶员的眼部动作、头部姿态和面部表情等信息,视觉传感器能够识别驾驶员的注意力状态、疲劳程度和情绪变化,提供相应的警示和提醒,以提高驾驶安全性。大量的图像和视频数据需要高效的处理和分析算法,传感器数据的处理涉及图像识别、目标跟踪、场景重建等复杂计算任务,这对计算能力和算法优化提出了挑战。

5.2.1.2 雷达传感器

雷达传感器是一种常用的车载传感器,它通过发射无线电波并接收其反射信号来感知周围环境。雷达传感器具有较长的探测距离和强大的抗干扰能力,因此在智能网联汽车中发挥着重要的作用。

雷达传感器广泛用于车辆的环境感知和障碍物监测。通过发射射频信号并接收返回的回波,雷达传感器能够检测周围物体的距离、速度和方向,这使雷达传感器在实现自动紧急制动、自适应巡航控制和车道保持等功能时能够发挥重要作用。雷达传感器能够快速、准确地探测到前方车辆、行人或其他障碍物，并向驾驶员发出警示或采取相应的控制措施。雷达传感器可用于实现车辆间的通信和协同。在智能网联汽车中，车辆之间可以通过雷达传感器进行通信，交换信息并实现协同行驶。例如，车辆可以共享自身的位置、速度和行驶意图，以提高交通流量的效率和安全性。雷达传感器的高精度定位和快速响应能力使其成为车辆间通信的重要工具。

雷达传感器还用于辅助驾驶和自动驾驶功能的实现。雷达传感器与其他传感器（如视觉传感器和激光雷达传感器）进行融合，可以实现更全面的环境感知和障碍物识别。雷达传感器的长距离探测能力使其能够及时发现远处的障碍物，从而提供更充分的信息供决策和控制系统使用。

雷达传感器需要应对各种环境条件的挑战，包括雨雪、雾霾、多路径干扰等。这要求传感器具备良好的抗干扰能力，能够准确地识别并过滤出有效的目标信息。

5.2.1.3 激光雷达传感器

激光雷达传感器是一种高精度、高分辨率的车载传感器，它通过发射激光束并测量其返回时间来感知周围环境。激光雷达传感器在智能网联汽车中起着关键作用，特别是在环境感知、障碍物监测和定位方面。

激光雷达传感器通过发射激光束并测量激光束的反射时间来计算距离。传感器旋转或扫描激光束，可以生成精确的三维点云图，以提供准确的环境地图和障碍物信息。激光雷达传感器能够提供高分辨率的空间信息，精确测量周围物体的位置、形状和距离，这使激光雷达传感器在自动驾驶和辅助驾驶系统中发挥着重要作用。

激光雷达传感器具有许多优点。例如：具有较长的探测距离和高精度的测量能力，这使激光雷达传感器能够检测到较远距离的物体，并提供精确的位置和形状信息；具有较高的角分辨率和角度测量精度，能够提供详细的空间信息；对于不同材质和表面特性的物体具有良好的适应性，可以有效地感知各种障碍物。

激光雷达传感器在智能网联汽车中的应用非常广泛，可以用于环境感知和障碍物检测，帮助车辆识别和跟踪其他车辆、行人、建筑物和路标等。激光雷达传感器还可以用于地图构建和定位，为车辆提供精确的定位信息。激光雷达传感器在自动驾驶系统中的应用越来越重要，可以实现高级驾驶功能，如自动跟随、自动变道和自动停车等。

5.2.1.4 其他传感器

除了视觉传感器、雷达传感器和激光雷达传感器，还有许多其他类型的传感器在环境感知中发挥着重要作用。这些传感器通过感知、检测和测量不同的物理量，为智能网联汽车提供丰富的数据和信息。

一种常见的传感器是超声波传感器。超声波传感器利用超声波的反射来测量物体的距离和位置，广泛用于倒车雷达和泊车辅助系统中，可以帮助驾驶员安全地进行倒车和停车操作。

另一种常见的传感器是惯性传感器，包括加速度计和陀螺仪。惯性传感器可以测量车辆的加速度、速度、方向和转动角度，在车辆姿态控制、导航系统和动态行为分析等方面发挥重要作用。

气体传感器也是一类重要的传感器，用于检测车辆周围的气体浓度和污染物。这类传感器可以监测废气排放、空气质量和内部空气污染，帮助实现环保和健康驾驶。

温度传感器和湿度传感器用于测量车内外的温度和湿度，在自动调节空调系统和提供舒适性驾驶体验方面起着重要作用。

5.2.2 传感器在控制决策中的作用

传感器在智能网联汽车的控制决策中起着关键作用。通过感知车辆周围的环境和车内状态，传感器提供了丰富的数据和信息，为决策系统提供准确的输入。这些数据包括道路状况、车辆位置、障碍物检测、交通流量等。基于这些数据，控制决策系统可以实时评估车辆的状态，并采取相应的控制策略。传感器的作用不仅限于提供静态数据，还包括动态信息的采集和分析，以识别和预测其他道路用户的行为。通过准确的传感器数据，控制决策系统可以做出合理的决策，从而提高车辆的安全性、效率和舒适性。传感器在控制决策中的作用将推动智能网联汽车技术的发展和应用。

5.2.2.1 动态信息采集

动态信息采集是传感器在智能网联汽车中的重要任务之一，涉及通过传感器对车辆周围的动态环境进行实时监测和采集。传感器可以感知并收集与道路交通相关的动态信息，如其他车辆的位置和速度、行人和障碍物的存在、交通信号灯状态等。这些动态信息对于车辆的控制决策具有重要意义。

一种常见的动态信息采集技术是使用雷达传感器。雷达通过发送无线电波并接收其反射回来的信号，可以探测周围物体的距离和速度，这使车辆能够实时感知前方和周围的其他车辆，从而进行安全的跟随和超越操作。视觉传感器也扮演着重要的角色，它通过摄像头捕捉道路上的图像，并使用计算机视觉算法提取关键信息（如车辆、行人、交通标志等），这些视觉信息能够提供对道路状况和周围环境的准确描述，帮助驾驶决策系统做出适当的行动。

除了雷达和视觉传感器，还有其他传感器可以用于动态信息采集，如激光雷达、超声波传感器等。这些传感器可以提供更全面和精确的动态环境信息，帮助车辆实时感知并适应不同的交通场景。

动态信息的采集对于智能网联汽车的自动驾驶、交通管理和安全性至关重要。通过准确感知并采集动态信息，车辆可以根据实时的道路状况做出智能的决策，避免潜在的危险，优化行驶效率。因此，动态信息采集技术的不断发展和创新将推动智能网联汽车领域的进一步发展和应用。

5.2.2.2 驾驶行为分析

驾驶行为分析是指通过传感器技术对驾驶员的行为和行驶特征进行监测和分析。在智能网联汽车中，通过各种传感器的数据收集和处理，我们可以获得丰富的驾驶行为信息，如加速、刹车、转向等操作以及车辆位置、速度、加速度等参数。

驾驶行为分析的目的是评估驾驶员的驾驶习惯和行为特征，并根据分析结果提供相关的驾驶建议和警示，以提高驾驶的安全性和效率。对驾驶行为进行监测和分析可以识别驾驶员的激进驾驶、疲劳驾驶、分神驾驶等不良行为，及时采取相应的措施进行警示或干预，提醒驾驶员保持安全驾驶状态。

传感器在驾驶行为分析中起着关键作用。例如，加速度传感器可以测量车辆的加速度，从而评估驾驶员的加速和刹车行为；转向传感器可以检测转向角度和转向速度，用于分析驾驶员的转向操作是否稳定；车内摄像头可以监测驾驶员的眼神活动、头部姿势和身体动作，用于识别疲劳驾驶和分神驾驶。

驾驶行为分析可以提供多方面的好处。驾驶行为分析可以帮助驾驶员意识到自己的驾驶行为，并促使他们养成安全驾驶习惯。通过及时警示和提醒，驾驶员可以纠正不良驾驶行为，减少事故风险。驾驶行为分析还可以为车辆保险、驾驶行为评估和车辆维护提供参考依据。

驾驶行为分析也面临一些挑战。准确识别驾驶行为需要可靠的传感器数据和高效的数据处理算法。个体驾驶习惯的差异和环境因素的影响可能导致分析结果的复杂性和不确定性。隐私问题也要妥善处理，确保驾驶员的个人信息安全。

尽管面临一些挑战，但驾驶行为分析在智能网联汽车领域仍具有广阔的前景。随着传感器技术和数据分析算法的不断进步，驾驶行为分析将成为智能驾驶系统中的重要组成部分，为安全、高效的驾驶体验提供支持和指导。

5.2.2.3 控制策略生成

控制策略生成是指基于传感器数据和环境信息，利用智能算法和模型来制定车辆的控制策略，以实现安全、高效的驾驶目标。在智能网联汽车中，控制策略生成起着至关重要的作用，涉及车辆的加速、刹车、转向等动作以及与其他车辆和交通环境的交互。

传感器数据在控制策略生成中起着关键的作用。通过各种传感器的数据收集，我们可以获取车辆周围的环境信息，如车辆位置、速度、道路状况、障碍物等。这些数据可以用于识别和预测交通状况，从而制定相应的控制策略。

控制策略生成涉及多种智能算法和技术的应用。其中，机器学习和深度学习技术可以用于从传感器数据中学习驾驶模式和交通规律，以制定适应性强的控制策略；规划和优化算法可以在考虑车辆动力学和交通流量的基础上，生成最佳的行驶路径和速度规划，以达到安全和高效的驾驶目标。

控制策略生成的目的是确保车辆在不同的驾驶情境下具有准确、响应迅速的控制能力。例如，在紧急情况下，控制策略可以包括紧急刹车和避让操作，以避免碰撞；在高速公路驾驶中，控制策略可以包括巡航控制和车道保持功能，以保持车辆稳定和与其他车辆保持安全距离。

随着技术的进步，控制策略生成在智能网联汽车领域具有广阔的前景。通过更精确的传感器数据和更智能的算法，控制策略生成将能够实现更安全、高效、舒适的驾驶体验。未来的发展方向包括进一步优化控制策略的精度和实时性，引入更多的智能技术（如人工智能和机器学习），加强控制策略与其他智能车辆和交通基础设施的协同工作，实现更智能、协调的交通系统。

5.2.2.4 控制执行评估

控制执行评估是智能网联汽车领域中的重要环节，涉及对车辆的实际控制执行过程进行监测和评估，以验证所设计的控制策略的性能。通过对车辆传感器数据、执行器状态和环境信息进行实时监测和分析，控制执行评估可以评估车辆在不同驾驶情况下的实际控制响应、稳定性和适应性。

控制执行评估需要建立准确的车辆模型，以便模拟和预测车辆行为。车辆模型包括车辆动力学、制动特性、悬挂系统等方面的建模。基于车辆模型，控制执行评估可以对控制策略在不同驾驶情境下的性能进行仿真和优化。

控制执行评估还需要收集和处理车辆实时数据，包括车速、加速度、转向角度、刹车压力等信息。这些数据可以通过车载传感器和控制单元获取，并用于评估控制策略的实际执行效果。控制执行评估还需要考虑传感器精度和稳定性对数据准确性的影响，并进行相应的校准和滤波处理。

控制执行评估中关键的一环是与实际驾驶情况的比对。通过与实际驾驶行为进行对比分析，控制执行评估可以评估控制策略在真实道路条件下的适应性和效果。这可以通过与驾驶员的驾驶行为进行对比或者与已知的驾驶数据进行比对来实现。

控制执行评估还可以帮助发现和解决控制系统中的潜在问题。通过对控制策略执行过程中出现的异常行为和错误进行分析，控制执行评估可以及时发现并修复系统中的故障和缺陷，提高控制系统的可靠性和稳定性。

5.2.3 传感器在车辆控制中的作用

传感器在车辆控制中扮演着关键的角色，它通过实时监测和收集车辆状态和环境信息，为车辆控制系统提供必要的数据输入。传感器的作用是提供准确的数据，用于控制算法的执行和决策。通过感知车辆的位置、速度、加速度、转向角度等关键参数，传感器能够帮助控制系统实时了解车辆的运行状态，并根据需要做出相应的调整和控制。传感器在车辆控制中的应用包括发动机控制、制动控制、车身稳定性控制以及安全和辅助系统的功能。准确、可靠的传感器数据对于保证车辆安全性和驾驶舒适性至关重要。

5.2.3.1 发动机控制

发动机控制通过传感器的实时监测和反馈，对发动机的运行进行精确控制，以实现优化的燃烧效率、动力输出和排放性能。传感器在发动机控制中起着关键的作用，常用于监测和测量多个参数，包括发动机转速、进气温度、进气压力、油压、冷却液温度等。

发动机控制系统通过传感器获取的数据经过处理和分析，可以实时监测和调整发动机的工作状态。例如，通过监测发动机转速和负荷，控制系统可以根据驾驶需求和车辆工况，调整燃油喷射量和点火时机，以优化燃烧效率和动力输出。传感器还可以检测和反馈发动机的故障信息（如排气温度异常、氧传感器故障等），以便及时采取适当的措施进行修复和保养。

传感器的准确性和稳定性对于发动机控制至关重要。传感器的数据精度和实时性直接影响发动机控制系统的性能和效果。因此，设计和选择传感器需要考虑其精度、响应速度、可靠性和耐久性等因素。

发动机控制技术的发展使传感器在实现更精确的控制和监测方面发挥着重要作用。例如，氧传感器技术可以实时监测和控制燃烧过程中的氧气含量，从而提高燃烧效率，降低排放物的产生；温度传感器可以对发动机冷却系统进行实时监测和调节，确保发动机在适宜的温度范围内运行。

发动机控制的目的不仅仅是提高动力性能和燃油经济性，还包括降低排放物的产生，保护环境。因此，传感器的应用在车辆的发动机控制中具有重要意义，为控制系统提供准确的数据和反馈，使发动机能够实现更高效、更环保的运行状态。随着智能网联汽车技术的不断发展，发动机控制系统将进一步结合其他车辆子系统和传感器数据，实现更加智能化和协同的控制策略，提升整体性能和驾驶体验。

5.2.3.2 制动控制

制动控制是车辆安全性的关键，而传感器在制动控制系统中扮演着重要角色。通过感知和监测车辆的动态参数，传感器能够提供关键的数据，以确保制动系统的有效运行和驾驶员的安全。

制动控制涉及多个传感器的协同工作，以实现精确的制动力控制和响应。例如，车速传感器用于监测车辆的速度，通过实时获取车速数据，制动系统可以根据车速调整制动力的大小和施加时间，以确保车辆稳定地减速和停车；制动压力传感器用于测量制动系统的液压压力，提供准确的制动力反馈，以确保制动系统的正常运行和适当的制动力施加；制动温度传感器用于监测制动系统的温度，及时发现制动器过热或过冷的情况，以避免制动性能下降或制动失效。

传感器的准确性和稳定性对于制动控制至关重要。任何制动系统的误差或延迟都可能导致不良的制动效果或危险情况的发生。因此，在设计和选择传感器时，工程师需要考虑其响应速度、精度、可靠性和环境适应性等因素，以确保制动控制的准确性和安全性。

传感器在制动控制系统中的应用不仅限于基本制动功能，还包括先进的辅助制动系统，如防抱死制动系统、电子稳定控制系统和紧急制动辅助系统等。这些系统利用传感器数据来监测车辆的动态状态、车轮的滑动情况和制动压力分布，以实现精确的制动控制和最佳的驾驶稳定性。

随着智能网联汽车技术的发展，传感器在制动控制中的作用将进一步增强。通过与其他车辆和基础设施进行通信，传感器可以获取更多的信息（如车辆间的距离和相对速度等），从而实现更精确的制动控制和协同驾驶。传感器数据的融合和智能算法的应用将进一步提升制动控制的效能和安全性。

5.2.3.3 车身稳定性控制

车身稳定性控制是现代车辆安全性和驾驶稳定性的关键，而传感器在车身稳定性控制系统中发挥着重要作用。通过感知和监测车辆的动态参数，传感器能够提供关键的数据，以确保车辆在不同驾驶条件下的操控性能。

在车身稳定性控制系统中，传感器主要用于感知和监测车辆的姿态、加速度、转向角度等重要参数。例如，陀螺仪传感器和加速度传感器广泛用于车辆姿态感知，它们通过测量车辆的倾斜角度和加速度变化，可以准确地判断车辆的侧倾、俯仰和滚动等姿态；转向传感器用于测量车辆的转向角度，提供实时的转向信息，以确保车辆在转弯和躲避障碍时的稳定性和响应性能。

传感器的高精度和实时性对于车身稳定性控制至关重要。通过实时获取和处理传感器数据，车身稳定性控制系统可以快速响应驾驶员的操控输入，并实施相应的制动和扭矩调整，以保持车辆的稳定性和平衡。传感器数据还可以用于检测侧滑和过度转向等异常情况，触发相应的控制措施，以避免车辆失控和滑出。

传感器在车身稳定性控制中的应用不仅限于基本的稳定性控制功能，还包括先进的辅助稳定性控制系统，如电子稳定控制系统和动态稳定控制系统。这些系统通过感知和分析传感器数据，实施更精确的操控干预（包括制动力的分配、扭矩的调整和车辆的动态稳定性控制），以提供更高的驾驶稳定性和安全性。

随着智能网联汽车技术的发展，传感器在车身稳定性控制中的作用将进一步增强。通过与其他车辆和基础设施的通信，传感器可以获取更多的信息（如车辆间的距离和相对速度等），从而实现更精确的车辆动态稳定性控制和协同驾驶。传感器数据的融合和智能算法的应用也将进一步提升车身稳定性控制系统的性能和效能。

5.2.3.4　安全和辅助系统

安全和辅助系统在现代车辆中起着至关重要的作用，而传感器在这些系统中扮演着关键的角色。通过感知和监测车辆及其周围环境的各种参数，传感器能够提供实时的数据，为安全和辅助系统提供必要的信息支持，以提高驾驶员和乘客的安全性和舒适性。

安全系统是车辆中重要的系统之一，旨在减少事故的发生和减轻事故的影响。传感器在安全系统中的应用包括但不限于以下方面。

碰撞预警和防护系统利用雷达、摄像头和超声波传感器等，实时监测车辆周围的障碍物和其他车辆。这些传感器能够感知车辆之间的距离和速度差异，并预测潜在的碰撞风险。一旦检测到危险情况，系统会发出警报或采取自动制动措施，以减少碰撞的可能性。

车道偏离预警和辅助系统通过摄像头和传感器的视觉技术，检测车辆是否偏离了车道。这些传感器能够识别道路标线和车辆的位置，实时监测车辆的行驶轨迹。一旦车辆偏离车道，系统会发出警报或进行轻微的方向调整，提醒驾驶员及时纠正行驶轨迹，降低事故的风险。

传感器还用于辅助系统中的盲点检测、后方交通警示、自适应巡航控制和交通标志识别等功能。这些传感器可以监测车辆周围的盲点区域，提供准确的后方交通信息，帮助驾驶员保持安全的行驶。自适应巡航控制利用传感器感知前方车辆的速度和距离，自动调整车辆的速度以保持与前方车辆的安全距离。交通标志识别系统通过摄像头和图像处理技术，识别并显示道路上的交通标志，提醒驾驶员注意交通规则。

5.3 传感器数据融合技术在智能网联汽车中的应用

传感器数据融合技术在智能网联汽车中扮演着重要角色，它通过将来自多种传感器的数据进行融合，可以提供更准确、全面的环境感知和决策支持。传感器数据融合技术能够解决传感器单独工作时存在的局限性，提高系统的可靠性、准确性和鲁棒性。在智能网联汽车中，传感器数据融合技术常用于环境感知、路径规划、控制决策和故障诊断等方面，为车辆提供更智能、安全和高效的行驶体验。

5.3.1 传感器数据融合的概述

传感器数据融合是指将来自多个传感器的数据进行集成和整合，以获得更全面、准确的环境感知和车辆状态信息。通过将不同类型、不同来源的传感器数据进行融合，传感器数据融合可以弥补单一传感器的局限性，并提供更高质量的数据支持。传感器数据融合的基本目标是通过有效的算法和技术，将各个传感器的数据相互关联，消除冲突和噪声，从而得到更可靠、一致的信息。传感器数据融合的应用可以提高智能网联汽车的感知能力，增强驾驶辅助和自动驾驶系统的性能，并为车辆提供更安全、高效的行驶环境。

5.3.1.1 传感器数据融合的意义

传感器数据融合在智能网联汽车中具有重要的意义，它通过整合多个传感器的数据，提供更全面、准确的环境感知和状态识别，从而为车辆的决策和控制提供可靠的信息支持。

传感器数据融合可以提高环境感知的准确性和鲁棒性。单一传感器可能受到各种干扰因素（如噪声、遮挡、环境变化等）的影响，导致数据不准确或不完整。传感器数据融合可以综合利用每个传感器的优势，弥补各个传感器的局限性，从而提高对环境的感知能力。例如，同时使用视觉传感器、雷达和激光雷达传感器，可以获得更准确的障碍物监测和距离测量结果，提高对道路状况的感知能力。

传感器数据融合可以增强对车辆状态的监测和评估。不同传感器可以提供关于车辆动力系统、制动系统、悬挂系统等方面的信息。传感器数据融合可以实时监测车辆的状态，识别潜在的故障或异常，提供及时的警报和反馈。这对于保证车辆的安全性和可靠性至关重要。

传感器数据融合可以提高对车辆周围道路状况和交通环境的理解。通过整合来自不同传感器的数据，传感器数据融合可以实时监测交通流量、车辆行驶速度、道路状况等信息。这有助于实时的交通管理和优化，为驾驶员和系统决策者提供更全面的道路信息，帮助他们做出更明智的决策，提高行车安全性和效率。

传感器数据融合还可以为自动驾驶系统提供强大的支持。自动驾驶系统需要准确、可靠的环境感知来识别障碍物、道路标志、行人等元素，并进行实时的决策和控制。传感器数据融合可以提供更丰富、一致的感知信息，为自动驾驶系统提供更准确的环境模型和场景理解，从而实现更精准、安全的自动驾驶功能。

5.3.1.2 传感器数据融合的级别

传感器数据融合可以根据融合的级别和复杂性分为多个层次。不同的级别在数据处理和融合的方法上有所不同。

低级传感器数据融合主要关注对来自同一类型传感器的数据进行简单的融合。例如，针对多个相同类型的传感器（如多个相机）采集的数据，低级融合能够进行像素级别的对齐和融合，以提高图像的质量和清晰度。这种级别的融合通常基于基本的数据处理技术，如图像对齐、滤波和增强。

中级传感器数据融合关注的是来自不同类型传感器的数据的融合。

这些传感器可能包括视觉传感器、雷达、激光雷达等。中级融合主要通过关联和整合这些传感器的数据，以提供更全面、准确的环境感知。例如，通过将雷达和视觉传感器的数据进行关联，中级融合可以实现目标的跟踪和识别，提供更精确的障碍物监测和位置估计。

高级传感器数据融合不仅关注多个传感器之间的数据关联，还会结合先进的算法和模型，实现更高层次的推理和决策。高级融合通常利用概率、统计和机器学习等技术，以更好地理解环境和预测未来的行为。这种级别的融合可以提供更深入的环境理解和高级决策支持，如路径规划、交通优化和风险预测等。

传感器数据融合的级别可以根据应用需求和系统复杂性进行选择。在智能网联汽车中，不同级别的传感器数据融合被广泛应用，以提供更准确、全面的环境感知和决策支持，为驾驶员和自动驾驶系统提供更安全、高效的行驶体验。

5.3.1.3 传感器数据融合的基本流程

传感器数据融合的基本流程可以分为以下几个步骤。

第一，数据采集阶段。在这个阶段，各个传感器开始采集环境信息，如视觉传感器捕捉图像、雷达测量距离和速度等。

第二，数据预处理阶段。该阶段是对采集的数据进行初步处理和校准，以确保数据的一致性和可靠性。

第三，数据关联阶段。这一阶段的目的是将来自不同传感器的数据进行关联，建立目标的关联关系，以实现跨传感器的信息整合。常用的关联方法包括基于时间戳、空间位置和特征匹配等。

第四，信息融合阶段。该阶段是将关联的数据进行融合，生成更完整、准确的环境描述。融合的方法包括传统的加权平均、滤波、插值等，也可以使用更高级的概率和统计模型进行融合，例如卡尔曼滤波、粒子滤波和贝叶斯网络等。

第五，目标识别和跟踪阶段。该阶段利用融合后的数据，对环境中的目标进行识别和跟踪，包括车辆、行人、障碍物等。这一阶段可以使用各种目标检测和跟踪算法，如基于特征的方法、深度学习和机器学习方法等。

第六，决策与规划阶段。该阶段是根据识别和跟踪的目标信息进行决策和规划，根据环境情况和驾驶任务，生成相应的控制策略和路径规划，以实现安全、高效的行驶。

传感器数据融合的基本流程是一个循环迭代的过程，需要持续进行数据采集、预处理、关联、融合、目标识别和决策规划等步骤，以实现对环境的全面理解和准确决策。这样的数据融合过程能够提高环境感知的准确性和可靠性，并为智能网联汽车的自动驾驶和驾驶辅助系统提供强大的支持。

5.3.2 传感器数据融合的技术和方法

传感器数据融合的技术和方法是将来自不同传感器的数据进行整合和处理，以获得更全面、准确的环境信息。常用的技术包括传统的加权平均、滤波、插值等方法以及更高级的概率和统计模型（如卡尔曼滤波、粒子滤波和贝叶斯网络等）。这些技术和方法能够提高数据融合的准确性和鲁棒性，有效解决传感器数据的不确定性和噪声问题。合理选择和应用适当的技术和方法，可以实现对环境信息更全面、准确的感知，从而为智能网联汽车的自动驾驶和驾驶辅助系统提供可靠的决策依据。

5.3.2.1 确定性方法

确定性方法是基于确定性的数学模型和规则，将来自不同传感器的数据进行融合和处理。在确定性方法中，传感器数据的融合是基于已知的物理模型、几何关系或规则进行的，通过数学运算和逻辑推理，将不同传感器的测量结果进行整合，以得到更准确、可靠的信息。

确定性方法的核心思想是利用已知的物理规律和模型，将不同传感器的测量数据转化为统一的参考框架下的物理量或状态变量。常见的确定性方法包括加权平均、滤波和插值等。

加权平均是一种简单直接的数据融合方法，它通过对不同传感器的测量值进行加权求和，得到综合的估计值。权重的选择可以根据传感器的准确性和可靠性来确定，对应的传感器权重越高，其测量值对最终融合结果的影响越大。

滤波是一种常用的数据融合方法，其中最常见的是卡尔曼滤波。卡尔曼滤波利用系统的状态空间模型和测量方程，通过递归的方式对传感器数据进行优化和修正。卡尔曼滤液通过综合当前的观测数据和系统模型的先验知识，得到对系统状态的最优估计。卡尔曼滤波在处理含有噪声和不确定性的传感器数据时表现出较好的性能。

插值是一种数据插值和补全的方法，它通过基于已有数据的空间和时间关系，估计未观测数据的值。常见的插值方法有线性插值、多项式插值和样条插值等，这些方法都是通过对已有数据点之间的关系进行插值计算，得到未知数据点的估计值。

确定性方法的优点在于简单、快速，并且可以根据已知的物理模型和规则进行数据融合，得到较为准确的结果。然而，确定性方法也存在一些局限性，如对传感器误差、不确定性和非线性关系的处理相对困难，在某些复杂的环境和情境下，确定性方法可能无法充分利用传感器数据的潜力。

5.3.2.2 概率性方法

概率性方法是基于概率统计理论，通过概率模型和推断方法，对不同传感器的测量数据进行融合和处理。概率性方法通过建立概率模型来描述传感器测量的不确定性，并利用贝叶斯推断等方法进行数据融合和估计。

在概率性方法中，传感器数据的融合是基于概率分布和条件概率进行的。概率性方法通过概率模型的建立，可以将不同传感器的测量结果转化为概率分布函数或概率密度函数，然后利用贝叶斯定理进行数据融合和估计。常见的概率性方法包括贝叶斯滤波、粒子滤波和概率图模型等。

贝叶斯滤波是一种基于贝叶斯定理的数据融合方法，其中最常见的是卡尔曼滤波和扩展卡尔曼滤波。贝叶斯滤波通过利用传感器的观测数据和系统的状态空间模型，计算后验概率分布来估计系统的状态。卡尔曼滤波假设系统的状态和观测数据都服从线性高斯分布，而扩展卡尔曼滤波则考虑非线性系统和观测模型，通过线性化近似来进行计算。

粒子滤波是一种基于蒙特卡罗采样的数据融合方法，它通过随机采样的方式来近似系统的后验概率分布。粒子滤波将系统状态表示为一组粒子，每个粒子具有一定的权重，根据观测数据和状态转移模型，通过重采样和重要性权重更新，逐步逼近后验概率分布。

概率图模型是一种用于建模和推理的概率性方法，其中最常见的是贝叶斯网络和马尔可夫随机场。贝叶斯网络通过有向无环图表示变量之间的依赖关系，通过条件概率表来描述变量之间的关系。马尔可夫随机场则用无向图表示变量之间的关系，通过势函数来定义变量之间的依赖。

概率性方法的优点在于能够有效处理传感器测量的不确定性和噪声，并提供对估计结果的概率分布信息。概率性方法能够更全面地利用传感器数据的信息，并提供对不确定性的量化和推断。然而，概率性方法在处理大规模复杂系统时可能面临计算复杂度的挑战，并且对模型的准确性和参数的选择敏感。

5.3.2.3 人工智能方法

人工智能方法在传感器数据融合中发挥着重要的作用。人工智能方法利用机器学习、深度学习和模式识别等技术，通过从数据中学习和推断来实现传感器数据的融合和分析。相比传统的确定性方法和概率性方法，人工智能方法具有更强的自适应性和学习能力，能够处理更复杂和非线性的传感器数据融合问题。

在传感器数据融合中，人工智能方法广泛应用于特征提取、模式识别、数据关联和决策等方面。机器学习算法可以从传感器数据中提取有用的特征信息，用于描述和表示目标物体的状态或环境的特征。深度学习方法则能够从大规模数据中学习复杂的模式和关联，实现对多传感器数据的融合和分析。

人工智能方法还可以用于数据关联和目标跟踪。通过分析和匹配不同传感器的数据，人工智能方法可以建立目标的关联关系，并实现对目标的跟踪和预测。人工智能方法能够根据历史数据和环境变化，实时更新目标的状态估计，并进行目标轨迹预测和决策。

除了传感器数据融合，人工智能方法在智能网联汽车中的其他方面也发挥着重要作用。例如，基于深度学习的图像识别和语音识别技术可以实现对驾驶员的行为和情感状态的识别，从而实现更智能化的驾驶辅助和安全控制。

5.3.3　传感器数据融合在智能网联汽车中的应用

智能网联汽车依靠传感器数据融合技术，实现对车辆周围环境的感知和分析，从而支持车辆的环境感知、路径规划、控制决策以及故障诊断和健康管理等关键功能。

5.3.3.1　环境感知

通过将来自不同类型传感器（如视觉传感器、雷达传感器和激光雷达传感器等）的数据融合，智能网联汽车可以实时、准确地感知车辆周围的道路、其他车辆、行人和障碍物等环境信息。这些数据可以提供给车辆的驾驶辅助系统和自动驾驶系统，用于目标检测、目标跟踪、障碍物识别和场景理解等任务。

5.3.3.2 路径规划

通过融合来自不同传感器的数据（包括车辆自身的状态信息、环境感知数据和地图数据等），智能网联汽车可以实现对路况、交通情况和路线选择的准确评估和预测。基于这些数据，智能网联汽车可以优化路径规划，选择最合适的行驶路线，提高行驶效率和安全性。

5.3.3.3 控制决策

通过融合来自多个传感器的数据（如环境感知数据、车辆状态数据和交通信息等），智能网联汽车可以对车辆行驶状态进行实时监测和评估，并做出相应的控制决策。例如，在自动驾驶系统中，传感器数据融合可以用于识别和预测其他车辆的行为以及规划和执行安全的车辆控制策略。

5.3.3.4 故障诊断和健康管理

通过融合来自多个传感器的数据，智能网联汽车可以实时监测车辆各个部件的状态和性能，并进行故障诊断和健康管理。传感器数据融合可以帮助检测和诊断车辆故障，预测和预防潜在的故障发生，并提供相关的维修和保养建议，从而提高车辆的可靠性和维护效率。

第 6 章 汽车电控系统的设计与仿真

本章介绍了汽车电控系统的设计原理、仿真模型构建以及测试与验证方法。通过系统分析、设计和集成，汽车电控系统可以满足性能的要求。建立动态系统模型、网络通信模型以及传感器和执行器模型，可以对系统进行仿真和评估。功能测试和性能测试可以对系统进行验证，保证系统的稳定性和可靠性。本章还讨论了相关的仿真平台和工具，为汽车电控系统的设计和开发提供支持。

6.1 汽车电控系统的设计原理

本节介绍了汽车电控系统设计的基本原理。通过系统分析、设计、集成和验证，汽车电控系统可以满足功能和安全要求。系统分析需要进行要求和规格分析、功能分析、性能分析和风险分析；系统设计包括架构设计、硬件设计、软件设计和网络设计；系统集成涉及硬件集成、软件集成、网络集成和系统测试；设计验证和优化可以确保系统的性能得到验证和改进。这些设计原理为汽车电控系统的有效设计和开发提供了指导。

6.1.1 系统分析

在汽车电控系统的设计过程中，系统分析是一个关键步骤，有助于确保系统满足需求并具备所需的性能。系统分析包括要求和规格分析、功能分析、性能分析和风险分析。

6.1.1.1　要求和规格分析

要求和规格分析是系统设计的起点，负责对系统的性能和约束条件进行详细的分析和定义。在这个阶段，设计人员需要与利益相关者进行沟通和讨论，以了解利益相关者的需求和期望，然后将这些需求转化为系统规格，明确系统应该达到的性能指标、功能要求和其他约束条件。

6.1.1.2　功能分析

功能分析负责对系统所需功能进行详细研究和定义，涉及对系统功能进行分解和分类，并确定功能之间的依赖关系和交互作用。功能分析可以识别系统的核心功能和子功能，并为后续的设计和开发提供指导。

6.1.1.3　性能分析

性能分析负责评估系统的性能指标，如响应时间、准确性、可靠性等。在这个阶段，设计人员需要确定系统在不同工作条件下的性能要求，并设计合适的指标和测试方法来评估系统的性能。性能分析还可以通过建立数学模型、仿真和实验测试来进行。

6.1.1.4　风险分析

风险分析负责识别和评估系统开发和使用过程中可能存在的风险和隐患。这些风险包括技术风险、安全风险、法规合规性风险等。通过风险分析，设计人员可以制定相应的风险管理策略，降低潜在风险对系统性能的影响。

6.1.2　系统设计

系统设计在汽车电控系统开发过程中涉及整个系统的架构、硬件、软件和网络的设计。系统设计的目标是将系统需求转化为可实现的技术方案，并确保系统能够满足性能的要求。系统设计阶段需要考虑系统的架构设计、硬件设计、软件设计和网络设计。

6.1.2.1 架构设计

架构设计是系统设计的起点，定义了系统的整体结构和模块之间的关系。在汽车电控系统中，架构设计涉及系统的分层结构、模块的功能划分和模块之间的通信机制。合理的架构设计可以实现模块化、可扩展和易维护的系统结构。架构设计还需要考虑系统的可靠性和安全性等因素，以确保系统能够满足实际应用的需求。

6.1.2.2 硬件设计

硬件设计是指根据系统需求设计和选择合适的硬件组件和电路。在汽车电控系统中，硬件设计涉及传感器、执行器、处理器、存储器等硬件设备的选择和集成。硬件设计需要考虑功耗、可靠性、成本和尺寸等因素，还需要进行电路设计、布局和布线，确保电路的稳定性和可靠性。硬件设计还需考虑接口设计和电磁兼容性，以确保系统的正常运行。

6.1.2.3 软件设计

软件设计是指根据系统需求设计和开发系统的软件部分。在汽车电控系统中，软件设计涉及算法的实现、驱动程序的编写和控制策略的开发。软件设计需要考虑系统的实时性、可靠性和安全性。软件设计需要进行模块化和结构化的设计，以方便开发和维护。软件设计还涉及软件工程的原则和方法，如需求分析、系统建模、测试和验证等。

6.1.2.4 网络设计

网络设计是指设计和配置系统中的网络通信结构和协议。在汽车电控系统中，网络设计涉及各个模块之间的通信方式和数据交换机制。网络设计需要考虑通信的带宽、时延、可靠性和安全性等因素，还需要选择合适的网络协议和通信接口，并进行网络配置和优化。网络设计还需要考虑网络拓扑结构、数据传输机制和网络安全性的要求，以确保系统的稳定和通信的可靠。

6.1.3 系统集成

系统集成是将各个模块、部件和子系统组合在一起，形成完整的汽车电控系统的过程。系统集成阶段需要进行硬件集成、软件集成、网络集成和系统测试，以确保各个组成部分能够协同工作，系统功能正常运行。

6.1.3.1 硬件集成

硬件集成是将各个硬件模块和组件组装到一起，建立它们之间的物理连接和电气连接。硬件集成过程需要进行硬件的布局、安装和连接。布局涉及硬件组件的摆放位置和布线方式，以保证信号传输的稳定性和可靠性；安装过程需要进行物理固定，确保硬件模块的稳定和可靠；连接过程需要进行电气连接，包括信号线、电源线、接地线等的连接。硬件集成还需要进行接口测试和校准，以确保各个硬件模块能够正常工作并与其他模块进行数据交换。

6.1.3.2 软件集成

软件集成是将各个软件模块和功能组件组合到一起，形成完整的软件系统。软件集成过程需要进行软件模块的组装、配置和调试。组装过程是将各个软件模块按照系统设计的要求进行组合，建立模块之间的调用关系和数据交换机制；配置过程是对各个软件模块进行参数设置和功能配置，以满足系统需求；调试过程是通过测试和调整，确保各个软件模块能够正确运行，并与其他模块协同工作。软件集成还需要进行接口测试和兼容性测试，以确保不同软件模块之间的数据交换和正常通信。

6.1.3.3 网络集成

网络集成是将系统中的各个模块通过网络进行连接和通信。网络集成过程需要进行网络设备的配置和连接。配置包括网络协议的设置、IP 地址的分配和端口的开放等;连接过程是通过合适的通信接口和网络协议,将各个模块连接到网络中,以实现数据的传输和共享。网络集成还需要进行网络性能测试,以确保网络的稳定性和数据传输的可靠性。

6.1.3.4 系统测试

系统测试是在系统集成完成后对整个汽车电控系统进行功能验证和性能评估的过程。系统测试包括功能测试、性能测试和集成测试。功能测试用于验证系统是否按照需求规格进行设计和实现,各项功能是否正常运行;性能测试用于评估系统在各种负载条件下的性能表现,包括响应速度、计算能力和通信效率等;集成测试是对整个系统的集成性能进行验证,测试系统各个模块之间的数据交换和协同工作情况。系统测试还需要进行安全性测试,以确保系统的安全性和稳定性。

6.1.4 设计验证和优化

设计验证和优化在汽车电控系统设计过程中,旨在确保系统满足设计要求并进一步改进系统性能。通过功能验证、性能验证、优化策略和系统优化,设计人员可以验证系统的功能完整性、性能可靠性,并提升系统的效率,优化系统的性能。

6.1.4.1 功能验证

功能验证旨在验证系统是否满足预期的功能要求。这个过程包括对系统的各项功能进行测试,确保系统在各种条件下能够按照设计要求进行正常操作。功能验证的方法包括模拟测试、实际测试和仿真验证等。对系统的各个功能模块进行测试和验证,可以确保系统能够正常运行,满足用户需求和预期的功能要求。

6.1.4.2 性能验证

性能验证旨在评估系统在不同工作负载和条件下的性能表现，包括系统的响应速度、计算能力、通信效率等性能指标的测试和评估。性能验证可以确保系统能够在实际应用中具备足够的性能，并满足用户对系统性能的期望。性能验证的方法包括负载测试、压力测试、实时性测试等。

6.1.4.3 优化策略

优化策略是指通过分析系统的设计和性能数据，提出改进和优化系统的方法和策略。优化策略涉及对系统的各个方面（包括硬件设计、软件设计、算法优化等）进行评估和分析。优化策略的目标是提升系统的效率和可靠性，减少系统的成本和能耗。优化策略包括改进设计方案、优化算法、调整系统参数等。

6.1.4.4 系统优化

系统优化是指在设计验证和优化的基础上，通过综合考虑系统的各个方面，进一步提升系统的整体性能和效果。系统优化包括对系统架构的优化、硬件和软件的优化、数据处理和传输的优化等。系统优化可以进一步提升系统的稳定性和可靠性，提高系统的吞吐量和响应速度。系统优化的目标是实现最佳的系统性能和用户体验。

6.2 汽车电控系统的仿真模型构建

汽车电控系统的仿真模型构建是电控系统设计和验证过程中不可或缺的一环。仿真模型构建是一个高度专业和多学科交叉的领域，涵盖了控制理论、数学建模、软件工程以及实际应用等多个方面。通过建立精确和高度逼真的仿真模型，工程师和研究人员能够在不直接干预实际车辆运行的情况下，评估电控系统的性能。建立有效的仿真模型不仅能节省大量的时间和成本，还能在早期阶段就识别出可能存在的问题和风险，从而实现更为高效的设计优化。仿真模型还可以用于训练算法、测试新的控制策略以及模拟各种驾驶场景和环境条件，以评估电控系统在各种实际应用中的表现。

6.2.1 动态系统模型

动态系统模型是汽车电控系统设计与仿真中的关键环节，用于描述系统的动态特性和行为。在汽车电控系统中，常用的动态系统模型包括状态空间模型、转移函数模型、非线性模型和驱动模型。

6.2.1.1 状态空间模型

状态空间模型是一种常用的描述动态系统的数学模型，它通过状态方程和输出方程来描述系统的演化过程。状态方程用来描述系统的状态随时间的变化规律，输出方程用来描述系统的输出与状态的关系。状态空间模型能够提供详细的系统动态信息，包括系统的状态变化、响应速度、稳定性等。通过状态空间模型，设计人员可以进行系统的稳定性分析、控制器设计和性能评估。

6.2.1.2 转移函数模型

转移函数模型是一种常用的描述动态系统的频域模型，它通过输入和输出之间的转移函数来描述系统的响应特性。转移函数模型是基于系统的拉普拉斯变换表示的，可以通过频率响应和传递函数来评估系统的频域性能。转移函数模型适用于线性系统，能够提供系统的频率响应、阻尼比、共振频率等信息。通过转移函数模型，设计人员可以进行系统的频域分析、滤波器设计和控制器设计。

6.2.1.3 非线性模型

非线性模型适用于描述复杂的非线性系统，如汽车电控系统中的动力系统和悬挂系统等。非线性模型可以基于物理原理或实测数据进行建模，能够更准确地描述系统的非线性特性和动态行为。非线性模型可以采用微分方程、差分方程、方程组等形式进行表示。通过非线性模型，设计人员可以进行系统的非线性分析、混沌分析和动态仿真。

6.2.1.4 驱动模型

驱动模型是指对汽车电控系统中的驱动部分（包括发动机、电动机、传动系统等）进行建模。驱动模型可以采用物理模型或经验模型来描述驱动系统的动态特性和行为。通过驱动模型，设计人员可以模拟和评估驱动系统的功率输出、扭矩特性、能耗等。驱动模型对于系统的能量管理、动力性能和驱动控制具有重要意义。

6.2.2 网络通信模型

网络通信是现代汽车电控系统中不可或缺的一部分，负责实现车辆内部和外部环境之间的数据传输、交互。在汽车电控系统设计与仿真中，常用的网络通信模型包括 CAN 网络模型、FlexRay 网络模型、LIN 网络模型和无线网络模型。

6.2.2.1 CAN 模型

CAN 是一种广泛应用于汽车电子系统的串行通信协议。CAN 模型通过定义节点和消息传输机制来描述车辆内部的通信结构。每个节点通过 CAN 总线进行数据的收发和交换，节点之间可以进行广播、单播和多播等通信方式。CAN 模型可以用于描述多个电控单元（包括传感器、执行器、控制器等）之间的数据交互。

6.2.2.2 FlexRay 网络模型

FlexRay 网络是一种高速、实时性强的车载通信网络，适用于需要高带宽和可靠性的应用场景。FlexRay 网络模型描述了车辆内部的分布式通信结构，其中包括多个通信节点和通信通道。FlexRay 网络支持时间触发和事件触发的通信方式，可以实现高带宽的数据传输和实时性要求较高的控制任务。

6.2.2.3 LIN 模型

LIN 是一种低成本、低速率的车载通信网络，主要用于连接车辆中的辅助电子设备和传感器。LIN 模型描述了车辆内部的单总线通信结构，其中包括主节点和从节点。主节点负责控制通信的时序和数据传输，从节点用于接收和发送数据。LIN 模型适用于对通信速率要求较低且成本敏感的应用场景。

6.2.2.4 无线网络模型

无线网络模型描述了车辆与外部环境之间的无线通信方式，包括蓝牙、Wi-Fi、LTE 等无线技术。无线网络模型可以用于车辆与移动设备的连接、车辆与基础设施的通信以及车辆之间的协同和协作。无线网络模型在智能网联汽车中具有重要作用，可以支持车辆的远程诊断、软件升级、云服务等功能。

6.2.3 传感器和执行器模型

传感器和执行器是汽车电控系统中的重要组成部分，负责感知和控制车辆的状态和行为。在汽车电控系统的仿真中，建立准确的传感器和执行器模型是关键任务之一。下面分别介绍位置传感器模型、速度传感器模型、加速度传感器模型和执行器模型的详细内容。

6.2.3.1 位置传感器模型

位置传感器用于测量车辆在空间中的位置信息,常见的位置传感器包括 GPS、惯性测量单元等。位置传感器模型主要包括两个方面的建模:位置测量和位置估计。位置测量模型根据传感器的特性和测量误差,将车辆的实际位置映射到传感器测量值;位置估计模型则利用测量值和滤波算法,对车辆的位置进行估计和预测,以提供更精确的位置信息。

6.2.3.2 速度传感器模型

速度传感器用于测量车辆在某一时刻的速度信息,常见的速度传感器包括车速传感器、轮速传感器等。速度传感器模型根据传感器的测量特性和误差模型,将车辆的实际速度映射到传感器测量值。通过建立准确的速度传感器模型,设计人员可以模拟车辆在不同行驶条件下的速度变化,为系统控制和决策提供准确的速度信息。

6.2.3.3 加速度传感器模型

加速度传感器用于测量车辆在某一时刻的加速度信息,常见的加速度传感器包括横向加速度传感器、纵向加速度传感器等。加速度传感器模型根据传感器的特性和测量误差,将车辆的实际加速度映射到传感器测量值。通过建立准确的加速度传感器模型,设计人员可以模拟车辆在不同驾驶情况下的加速度变化,为系统控制和决策提供准确的加速度信息。

6.2.3.4 执行器模型

执行器是汽车电控系统中负责控制和操纵车辆的设备,常见的执行器包括发动机、制动器、转向器等。执行器模型描述了执行器的动力学特性和控制行为。执行器模型可以基于实际的执行器特性(如响应时间、动力输出等)以及控制算法,将控制输入映射到执行器的输出状态。通过建立准确的执行器模型,设计人员可以模拟车辆控制系统对执行器的控制过程，评估系统的性能。

6.2.4 仿真平台和工具

在汽车电控系统的设计与仿真中，适当的仿真平台和工具可以提高效率和准确性。下面介绍三个常用的汽车电控系统仿真平台和工具：MATLAB/Simulink、CarSim 和 LabVIEW。

6.2.4.1 MATLAB/Simulink

MATLAB/Simulink 是一款功能强大的数学计算和仿真工具，广泛应用于汽车电控系统的设计与仿真。MATLAB 提供了丰富的数学计算和数据处理函数，Simulink 则提供了基于图形化模型的系统建模和仿真环境。使用 MATLAB/Simulink，工程师可以方便地建立汽车电控系统的模型，进行系统仿真、参数优化和控制策略设计。MATLAB/Simulink 还支持与其他工具和硬件的接口，如实时控制和硬件在环测试。

6.2.4.2 CarSim

CarSim 是一款专业的汽车动力学仿真软件，主要用于模拟车辆的运动、操控和性能。CarSim 基于车辆动力学原理和实测数据，可以准确地模拟车辆在不同驾驶条件下的行驶行为。CarSim 提供了丰富的车辆模型和道路场景，可以模拟不同类型的车辆、驾驶动作和路况。通过使用 CarSim，工程师可以评估车辆的动态性能，并优化车辆控制系统的设计。

6.2.4.3 LabVIEW

LabVIEW 是一种基于图形化编程的软件开发平台，广泛应用于测量、控制和自动化系统。在汽车电控系统的仿真中，LabVIEW 可以用于搭建控制系统的仿真平台和监控界面。工程师可以通过 LabVIEW 编程，将各个子系统的模型和算法集成在一个平台中,并实时监测和调试系统的运行情况。LabVIEW 还支持与各种硬件设备的接口,使仿真系统更加真实和可靠。

6.3 汽车电控系统的测试与验证

汽车电控系统的测试与验证是确保系统功能、性质和安全的重要步骤,涵盖了功能测试、性能测试和安全测试等多个方面。使用适当的测试平台和工具可以提高测试效率和准确性。本节将详细介绍汽车电控系统测试与验证的各个方面,以及相关的测试平台和工具。

6.3.1 功能测试

功能测试是对汽车电控系统的各个功能模块进行验证的过程,包括单元测试、集成测试、系统测试和验证测试。

6.3.1.1 单元测试

单元测试是针对系统中的单个功能模块或组件进行测试的过程。单元测试通常在开发过程中进行,通过编写测试用例和执行测试代码来验证每个功能模块的正确性。单元测试可以帮助发现功能模块的错误和缺陷,并及早修复。

6.3.1.2 集成测试

集成测试是将多个功能模块或组件进行集成,并验证它们在集成环境下的正确交互和协作。通过模拟真实的系统环境和输入条件,集成测试可以发现模块之间的接口问题和功能冲突,确保系统在集成后的正常运行。

6.3.1.3 系统测试

系统测试是对整个汽车电控系统（包括各个子系统和模块的集成、系统与外部环境的交互）进行全面测试。在系统测试中，各种功能和用例将被执行，以验证系统的功能是否满足用户需求和设计要求。

6.3.1.4 验证测试

验证测试是最终确认汽车电控系统是否满足用户需求和设计要求的阶段。验证测试通常由用户或客户参与，通过执行一系列预定义的测试用例来验证系统的功能。

6.3.2 性能测试

性能测试旨在评估汽车电控系统在各种操作条件下的性能和响应时间，具体包括以下几个方面的测试。

6.3.2.1 时序性能测试

时序性能测试用于评估系统在不同的工作负载和时序要求下的响应时间。时序性能测试通过模拟实际使用场景，能够测试系统在不同负载下的性能表现，如启动时间、响应时间和数据处理能力等。

6.3.2.2 耗能性能测试

耗能性能测试用于评估系统在不同工作状态下的能耗情况。耗能性能测试通过测量系统在不同操作模式下的电流和功耗，可以确定系统的能耗性能，并进行能效优化。

6.3.2.3 网络性能测试

网络性能测试用于评估系统与外部网络的通信性能。网络性能测试通过模拟不同网络条件和数据传输负载，能够测试系统的网络连接稳定性、数据传输速率和延迟等指标。

6.3.2.4 安全性能测试

安全性能测试用于评估系统在面对安全攻击和异常情况时的表现。安全性能测试通过模拟各种安全威胁和攻击场景，能够测试系统的安全性能和鲁棒性，并验证系统是否满足相关的安全标准和要求。

6.3.3 安全测试

安全测试旨在评估汽车电控系统的安全性和抵御能力，包括以下几个方面的测试。

6.3.3.1 安全要求分析

安全要求分析是识别和定义系统安全性能的过程。安全要求分析通过分析潜在的安全威胁和风险，能够确定系统对安全性能的要求和期望。

6.3.3.2 安全设计评估

安全设计评估用于评估系统的安全设计是否满足安全要求和标准。安全设计评估通过审查系统的设计文档和架构，能够检查是否存在潜在的安全漏洞和风险，并提出改进建议。

6.3.3.3 安全测试设计

安全测试设计是制定安全测试计划和测试用例的过程。安全测试设计是根据安全要求和系统特性，设计针对系统安全性能的测试用例和测试方案。

6.3.3.4 安全测试执行和分析

安全测试执行是根据测试计划和用例，进行系统的安全性能测试。安全测试执行通过模拟实际的安全攻击和威胁，能够测试系统的安全性能和鲁棒性。测试结果将进行分析和评估，以确定系统的安全性能和改进需求。

6.3.4 测试平台和工具

为了支持汽车电控系统的测试与验证，下文列举了一些可供使用的系统测试平台和工具。

6.3.4.1 HIL 测试系统

HIL 测试系统是一种将实际硬件与仿真环境相结合的测试平台，它通过连接实际的传感器、执行器和控制单元，与仿真模型进行实时交互，模拟真实的车辆环境，进行系统的功能和性能测试。

6.3.4.2 SIL 测试系统

SIL 测试系统是一种在软件仿真环境中进行系统测试的平台，它将系统的控制算法和逻辑在仿真环境中运行，并通过接口与实际硬件进行通信。SIL 测试系统可以快速进行系统测试和验证，减少对实际硬件的依赖。

6.3.4.3 DIL 测试系统

DIL 测试系统是一种将驱动器（如发动机和电动机）与仿真环境相结合的测试平台，可以模拟真实的驱动器行为，并与车辆电控系统进行实时交互，进行系统的功能和性能测试。

6.3.4.4 VIL 测试系统

VIL 测试系统是一种将整个车辆系统（包括车辆底盘和车辆电控系统）与仿真环境相结合的测试平台，可以模拟真实的车辆行驶条件和环境，进行系统的全面测试和验证。

上述测试平台和工具提供了实验室环境下的全面测试能力，能够准确模拟汽车电控系统的工作情况，并对系统进行功能、性能和安全性的验证，在汽车电控系统的开发和测试过程中发挥着重要的作用。

第 7 章　智能网联汽车电控技术的实践应用

智能网联汽车电控技术的实践应用涵盖了工业生产和市场化产品两个方面。在工业生产中，智能网联汽车电控技术应用于工业自动化、智能制造和车辆制造，能够提高生产效率和安全性。在市场化产品中，智能网联汽车电控技术应用于智能驾驶、智能出行和智能物流，能够实现自动驾驶、共享出行和无人物流等创新应用。本章通过具体案例分析，探索了智能网联汽车电控技术的应用实践，并展望未来的挑战与发展方向。

7.1　智能网联汽车电控技术在工业生产中的应用

智能网联汽车电控技术在工业生产中的应用不仅包括工业自动化，也逐渐延伸到了智能制造和汽车制造的各个环节。智能机器人的控制和自动化生产线的优化能够实现生产过程的智能化和自动化，工业互联网和工业物联网的应用进一步提升了生产系统的连接性和数据分析能力，这些都推动了工业生产的效率，促进了工业生产的自动化。智能制造作为第四次工业革命的核心，它通过大数据、云计算、物联网等先进技术，实现了生产过程的智能化和柔性化，在智能网联汽车电控系统中，这些高度集成的智能制造技术使车辆制造过程更加高效、精确和安全。汽车制造方面，智能网联汽车电控技术的应用带来了前所未有的变革，这不仅体现在机械设计和生产环节，更多体现在汽车的电子系统、软件控制以及与外界环境的互联互通上。从智能制造流水线上的自动化装配，到先进的质量检测，再到车载信息系统和先进驾驶辅助系统的集成，智能网联技术正在深刻地影响着整个车辆制造业。

7.1.1 工业自动化

工业自动化是指利用先进的电子技术、计算机技术和自动控制技术，实现工业生产过程中的自动化操作和智能化管理。智能网联汽车电控技术在工业自动化中发挥着重要作用。

7.1.1.1 智能机器人的智能控制

智能机器人的智能控制是工业自动化的核心之一。智能机器人具备感知、决策和执行的能力，能够完成各种复杂的生产任务。智能机器人通过传感器获取周围环境信息，利用算法进行数据处理和决策，驱动执行器实现精准操作。智能机器人在生产线上的应用，能够提高生产效率、生产质量和生产灵活性。

7.1.1.2 自动化生产线的智能控制

自动化生产线的智能控制是实现高效生产的关键。自动化生产线通过将各个生产环节进行自动化和集成，能够实现生产线的高度智能化以及产品的快速加工、装配和检测，提高生产效率和质量稳定性。智能控制系统的优化和协同，能够实现生产过程的无人化和高度自动化。

7.1.1.3 工业互联网的智能控制

工业互联网的智能控制通过将传感器、设备和系统连接到互联网上，实现了生产线各环节的数字化和网络化，提供了实时的生产数据监测和分析、远程监测和控制以及预测性维护和故障预警功能。这使生产管理者能够随时了解生产线的运行状况，灵活地调整和优化生产过程，提高生产效率和可靠性。

7.1.1.4 工业物联网的智能控制

工业物联网的智能控制通过将各种设备和传感器与互联网相连，实现了设备状态的实时监测和远程控制，提供了设备之间的协同工作、自动化物料传输和生产流程优化功能。这增强了生产线的灵活性和效率，减少了人工干预和操作错误的可能性。工业物联网的智能控制还能够优化资源利用，提高生产线的适应性和可持续发展能力。

7.1.2 智能制造

智能制造是一种利用先进技术和智能化手段对制造过程进行控制和优化的方法。在智能制造中，工艺、设备、系统和服务都得到了智能化的管理和调控，以提高生产效率、质量和灵活性。智能制造的应用范围广泛，包括工艺控制、设备控制、系统控制和服务控制等方面。通过智能化的控制手段，智能制造可以实现生产过程的精细化管理和协同化运作，推动制造业向高效、智能和可持续发展的方向迈进。

7.1.2.1 智能制造的工艺控制

智能制造的工艺控制是指利用先进的传感器和控制系统来监测和控制生产过程中的各项工艺参数。通过实时收集和分析数据，智能制造可以实现对工艺参数的精确控制和调整，确保产品质量的一致性和稳定性。智能制造的工艺控制还能够根据不同的产品要求和工艺变化进行智能化调整，提高生产线的灵活性和适应性。

7.1.2.2 智能制造的设备控制

智能制造的设备控制是指利用先进的传感器和控制系统对制造设备进行实时监测和控制。通过监测设备状态、工作效率和能耗等指标，智能制造可以实现对设备运行的优化和调整。智能制造的设备控制能够实现设备之间的协同工作，提高生产线的整体效率和生产能力。智能制造的设备控制还能够实现远程监控和故障诊断，及时处理设备故障，减少生产线的停机时间。

7.1.2.3 智能制造的系统控制

智能制造的系统控制是指利用先进的传感器和控制系统对整个制造系统进行实时监测、调度和协调。通过收集和分析生产数据、设备状态和物料流动等信息，智能制造可以实现对生产计划、工序流程和资源分配的优化和调整。智能制造的系统控制能够对生产过程中的异常情况进行预警和处理，提高生产线的稳定性和可靠性。智能制造的系统控制还能够与供应链和物流系统进行协同，实现全链条的智能化管理和优化。

7.1.2.4 智能制造的服务控制

智能制造的服务控制是指利用先进的传感器和控制系统对制造过程中的服务环节（包括原材料采购、生产计划安排、产品质量检测和售后服务等环节）进行实时监测和调度。通过实时收集和分析相关数据，智能制造可以优化供应链、提高服务质量和效率。智能制造的服务控制还能够实现对整个生产过程的可视化管理，提供数据支持和决策依据，推动制造业向智能化、高效化和可持续发展方向迈进。

7.1.3 汽车制造

汽车制造是一个高度复杂和集成的过程，涉及机械工程、电子工程、材料科学以及软件开发等多个学科领域。从初步的概念设计到最终产品的生产，每一步都需要精密的计算、严格的质量控制和综合的系统集成。汽车制造不仅包括传统的机械组件（如发动机、底盘和车身）的制造，还涵盖了逐渐增加的电子和信息技术元素（如传感器、控制器以及先进的驾驶辅助系统）。随着技术的不断进步，智能网联技术也逐渐成为现代汽车制造中不可或缺的组成部分。这些复杂的系统和组件需要在一个高度协同的环境中工作，以确保汽车的性能、安全和效能。

7.1.3.1　汽车制造工艺的智能控制

在汽车制造工艺中，智能控制技术被广泛应用，以提高生产效率和质量。通过引入自动化和智能化的工艺控制系统，可以实现工艺参数的监测和调整，优化生产流程，减少人为干预，降低错误率和废品率。智能控制系统可以实时采集和分析生产数据，并根据预设的工艺要求自动调整工艺参数，确保产品的一致性和稳定性。

7.1.3.2　汽车制造设备的智能控制

在汽车制造过程中，各种设备的智能控制是提高生产效率和生产质量的关键。通过引入先进的控制技术和传感器设备，智能控制系统可以实现设备的自动化操作和监控。智能控制系统可以对设备进行状态监测和故障诊断，实现设备的智能调度和维护。通过设备之间的协同工作，智能控制系统可以实现生产线的高效运作，提高生产能力和生产灵活性。

7.1.3.3　汽车制造系统的智能控制

汽车制造涉及多个环节和系统的协同工作，智能控制系统可以实现对整个制造过程的智能管理和调控。通过将各个环节的数据进行集成和分析，智能控制系统可以实现对生产计划、物料管理、工艺流程和质量控制等方面的优化和协调。智能控制系统还可以应用人工智能和大数据分析等技术，提供决策支持和智能优化，以实现生产的高效性、灵活性和可持续性。

7.1.3.4　汽车制造服务的智能控制

汽车制造服务是指针对客户需求的定制化和个性化服务。智能控制系统可以用于服务过程中的各个环节，包括需求分析、产品设计、生产计划、供应链管理和售后服务等。通过智能化的服务控制，智能控制系统可以实现对客户需求的快速响应和定制化生产，提高服务的质量和满意度。智能控制系统还可以通过数据分析和反馈机制，持续改进和优化服务流程，提供更加智能化和高效的汽车制造服务。

7.1.4 案例分析

智能网联汽车电控技术在工业生产中的应用十分广泛。工业自动化案例包括自动化机器人系统在汽车装配线的应用以及自动化包装机械在食品加工厂的应用。智能制造案例涵盖了智能制造系统在家电制造和纺织行业的应用。汽车制造案例包括自动化装配线和虚拟现实技术在汽车制造中的成功应用。这些案例表明智能网联汽车电控技术在工业生产中发挥着重要作用，并实现了生产效率的提升和产品质量的改善。

7.1.4.1 工业自动化案例分析

工业自动化是将自动化技术应用于工业生产过程中，以提高生产效率、降低成本和改善产品质量。工业自动化领域有许多成功的案例可以进行分析和研究。例如，某汽车制造公司引入了自动化机器人系统，用于汽车装配线的零部件组装和焊接工作，大大提高了生产速度和一致性；某食品加工厂采用自动化包装机械，实现了产品的快速包装和标记，提高了生产效率和卫生标准。

7.1.4.2 智能制造案例分析

智能制造是将信息技术与制造工艺相结合，实现智能化和灵活化的生产方式，有许多成功的案例。例如，某家电制造公司引入了智能制造系统，实现了生产过程的自动化和数字化管理，大大提高了生产效率和产品质量；某纺织公司应用物联网技术，实现了对生产设备的远程监控和调度，提高了生产线的灵活性和生产能力。

7.1.4.3 汽车制造案例分析

汽车制造是一个复杂而精密的过程，智能化的应用可以给汽车制造过程带来巨大的优势。例如，某汽车制造公司引入了自动化装配线，通过机器人和传感器的协同工作，实现了汽车零部件的高效装配和质量控制；某汽车制造商采用虚拟现实技术，用于产品设计和工艺验证，减少了开发周期和成本，提高了产品的设计质量和制造效率。

上述案例的成功应用证明了智能网联汽车电控技术在工业生产中的重要性和价值，能够为企业带来更高的生产效率、产品质量和客户满意度。随着技术的不断发展和创新，智能网联汽车电控技术在工业生产中的应用将会进一步扩大和深化。

7.2 智能网联汽车电控技术在市场化产品中的应用

智能网联汽车电控技术在市场化产品中的应用领域十分广泛。其中，智能驾驶领域涵盖自动驾驶汽车、智能驾驶辅助系统和智能驾驶服务；智能出行领域包括共享出行、无人驾驶出行服务和智能交通管理系统；智能物流领域包括无人物流车、智能仓储系统和智能供应链。这些应用案例展示了智能网联汽车电控技术在市场化产品中的广泛应用，为用户提供更便捷、安全和智能的出行和物流体验。

7.2.1 智能驾驶

智能驾驶是指利用先进的传感器、计算机视觉、人工智能和自动控制技术实现车辆自动感知、决策和控制的能力。智能驾驶包括自动驾驶汽车、智能驾驶辅助系统和智能驾驶服务。通过智能网联汽车技术的应用，智能驾驶可以提升行车安全、提高出行效率、改善驾驶体验，并为交通运输行业带来革命性的变革。

7.2.1.1 自动驾驶汽车

自动驾驶汽车是智能网联汽车领域的关键应用之一，它利用先进的传感器技术、计算机视觉和机器学习算法来感知和理解周围环境，并自动决策和控制车辆行驶。自动驾驶汽车的出现为交通安全、交通效率和出行便利性带来了巨大的潜力。

7.2.1.2 智能驾驶辅助系统

智能驾驶辅助系统是一类能够协助驾驶员进行车辆控制和决策的技术，它通过使用传感器、摄像头和雷达等设备，实时监测道路状况、车辆位置和周围环境，提供驾驶辅助功能（如自适应巡航控制、车道保持辅助、盲点检测等），提高驾驶安全性和舒适性。

7.2.1.3 智能驾驶服务

智能驾驶服务是通过智能网联汽车技术为驾驶员提供的增值服务。这些服务包括实时交通信息、导航系统、语音助手和车辆远程控制等功能。通过智能驾驶服务，驾驶员能够获取准确的路况信息、优化的导航路线和个性化的驾驶体验，提高出行效率和便捷性。

7.2.2 智能出行

智能出行是指通过智能网联汽车技术和互联网平台，提供更便捷、高效、智能的出行服务。在智能出行领域，共享出行、无人驾驶出行服务和智能交通管理系统是重要的应用方向。

7.2.2.1 共享出行

共享出行是指通过共享经济模式，将车辆资源进行优化配置，让多个用户共同使用同一车辆，从而实现出行成本的降低和资源利用的最大化。共享出行服务提供了更灵活的出行选择，用户可以根据需要选择合适的交通工具，如共享汽车、共享单车和共享电动滑板车等。

7.2.2.2 无人驾驶出行服务

无人驾驶出行服务是指利用自动驾驶技术，实现车辆的自动驾驶功能，不需要人类驾驶员的操作。无人驾驶技术通过高精度的地图、传感器和人工智能算法，能够准确感知环境、做出智能决策并控制车辆行驶。无人驾驶出行服务可以提供更安全、高效的出行方式，减少交通事故和交通拥堵。

7.2.2.3 智能交通管理系统

智能交通管理系统是基于智能网联汽车技术和互联网平台的交通管理系统。通过实时监测和分析交通数据，智能交通管理系统可以实现智能路况监控、信号灯优化、拥堵预测和交通导航等功能，提高交通运输效率和道路安全性。

7.2.3 智能物流

智能物流是指利用智能网联技术和物联网技术，对物流过程进行智能化管理和优化，提高物流效率和准确性。在智能物流领域，无人物流车、智能仓储系统和智能供应链是关键的应用方向。

7.2.3.1 无人物流车

无人物流车是指利用自动驾驶技术和物联网技术，实现物流车辆的自动行驶和配送功能，无须人工操控。无人物流车通过高精度的地图、传感器和人工智能算法，能够感知道路和环境，并做出智能决策，从而实现货物的自动装载、运输和卸载。无人物流车可以提高物流配送的效率和准确性，减少人力成本和交通拥堵。

7.2.3.2 智能仓储系统

智能仓储系统是指利用物联网和自动化技术，对仓储过程进行智能化管理和优化。智能仓储系统通过传感器和物流信息系统，实现对货物的实时监控、存储位置的智能分配和库存管理的自动化。智能仓储系统可以提高仓储效率，减少人力成本，确保货物的安全和准确性。

7.2.3.3 智能供应链

智能供应链是指利用物联网、大数据和人工智能技术，对供应链各环节进行实时监控和协调，以实现供应链的智能化和优化。智能供应链可以通过物流信息的实时共享和数据分析，提高供应链的响应速度、降低成本，并实现更高水平的供应链可视化。

7.2.4 案例分析

7.2.4.1 智能驾驶案例分析

智能驾驶是智能网联汽车技术的核心应用之一。通过各种传感器、人工智能算法和通信技术，智能驾驶系统能够感知道路和周围环境，并自动做出驾驶决策和操作。以特斯拉的 Autopilot 系统为例，它集成了多个传感器（如摄像头、雷达和超声波传感器），通过深度学习算法和数据处理，能够实现自动驾驶和驾驶辅助功能。

7.2.4.2 智能出行案例分析

智能出行是指基于智能网联技术实现出行服务的智能化和个性化。以滴滴出行为例，它通过智能调度系统和在线平台，实现了出租车、快车、顺风车等多种出行方式的智能匹配和调度；滴滴还在部分城市推出了无人驾驶出租车服务，通过自动驾驶技术提供更安全和便捷的出行体验。

7.2.4.3 智能物流案例分析

智能物流应用于物流行业，通过智能网联技术和物联网技术实现物流过程的智能化和优化。以亚马逊的物流系统为例，它通过大数据分析和物流网络的优化，实现了快速订单处理和配送，减少了配送时间和成本；智能仓储系统和无人物流车的应用也提高了物流操作的效率和准确性。

7.3 案例分析：智能网联汽车电控技术的应用实践

智能网联汽车电控技术是现代汽车行业的关键领域，它通过将传感器、通信和计算技术应用于车辆控制系统，实现了智能驾驶、智能出行和智能物流等创新应用。本节将通过具体案例分析，深入探讨智能网联汽车电控技术在工业生产、市场化产品和实际应用中的成功实践。

7.3.1 案例介绍：华为 HiCar 智能驾驶系统

华为 HiCar 智能驾驶系统是一项具有创新性和前瞻性的技术项目，旨在为用户提供更安全、便捷和智能的驾驶体验。通过先进的感知和决策算法、多种驾驶模式选择以及与其他车辆和交通基础设施的实时数据交互，HiCar 实现了智能网联汽车电控技术的全面应用。下面将详细介绍 HiCar 的项目背景、技术特点、应用和影响，深入了解智能驾驶技术在汽车行业中的重要作用和前景。

7.3.1.1 HiCar 项目背景

HiCar 是华为公司开发的一款智能驾驶系统，旨在将智能网联技术应用于汽车行业，实现更安全、便捷和智能的驾驶体验。该项目起源于对未来出行方式的探索和对智能化技术的不断创新，旨在为用户提供更多的驾驶乐趣和舒适性。

7.3.1.2 HiCar 智能驾驶系统的技术特点

HiCar 智能驾驶系统具有多项创新技术特点。HiCar 采用了先进的感知和决策算法，能够实时感知周围环境并做出准确的驾驶决策。HiCar

支持多种驾驶模式（包括自动驾驶、辅助驾驶和手动驾驶），能够根据驾驶需求自由切换，提供个性化的驾驶体验。HiCar 还具备高度自适应性，能够根据不同驾驶环境和路况进行智能调整，保证驾驶的安全性和稳定性。

7.3.1.3　HiCar 在智能网联汽车电控技术方面的应用

HiCar 智能驾驶系统在智能网联汽车电控技术方面有广泛的应用。HiCar 利用了先进的传感器技术（包括摄像头、雷达和激光雷达等），能够实现对道路和车辆的感知，提供全方位的环境信息。HiCar 借助高速通信网络与其他车辆和交通基础设施进行实时数据交互，实现了车辆之间的协同行驶和智能交通管理。HiCar 还应用了人工智能和深度学习技术，通过大数据分析和机器学习算法，提高驾驶决策的准确性和效率。

7.3.1.4　HiCar 的发展和影响

HiCar 智能驾驶系统的发展逐渐引起了广泛的关注，并产生了一定的影响，在提高驾驶安全性、减少交通事故和改善交通拥堵方面发挥了重要作用。HiCar 的应用推动了汽车行业的创新和变革，加速了智能网联汽车技术的发展和普及。HiCar 的成功案例为其他智能驾驶系统的开发提供了经验和借鉴，推动了整个行业向智能化、自动化和可持续发展方向迈进。

7.3.2　HiCar 技术应用实践

HiCar 技术在自动驾驶测试、商业化运营、系统设计与仿真以及车载传感器技术方面得到广泛应用。HiCar 通过优秀的性能，在测试中拥有出色表现，为商业化运营提供全方位的智能驾驶服务；它还在系统设计与仿真领域提供了高效的平台、工具以及先进的车载传感器技术和应用。

7.3.2.1 HiCar 在自动驾驶测试中的表现

HiCar 技术在自动驾驶测试中拥有卓越的表现，它通过高精度的传感器数据采集和处理技术，能够实时感知周围环境，包括道路状况、交通情况和障碍物位置等。HiCar 配备了强大的计算能力和智能算法，能够实现准确的环境感知、路径规划和车辆控制，实现安全可靠的自动驾驶。在各种复杂驾驶场景下，HiCar 能够稳定运行并做出精确的决策，有效降低事故风险，提升行驶安全性。

7.3.2.2 HiCar 在商业化运营中的应用

HiCar 技术在商业化运营中发挥重要作用，为智能驾驶提供全方位的解决方案，包括车辆控制、导航系统、智能交通管理等。通过集成 HiCar 技术，汽车可以实现自动驾驶、远程监控和智能服务等功能，提升乘客的出行体验。HiCar 还能与智能城市基础设施相连接，实现车路协同和交通优化，提高道路通行效率。这种商业化运营模式为智能网联汽车的推广和应用提供了可行性和可持续发展的前景。

7.3.2.3 HiCar 在智能网联汽车电控系统的设计与仿真

HiCar 技术在智能网联汽车电控系统的设计与仿真中扮演着重要角色，提供了强大的设计工具和仿真平台，能够模拟和评估各种电控系统的性能。通过使用 HiCar，工程师可以进行系统分析、功能设计和网络集成等工作，并通过仿真验证系统的可行性和优化方案。这种设计与仿真的方法能够大大缩短产品开发周期，降低开发成本，并确保电控系统在实际应用中具有高效、可靠和安全的特性。

7.3.2.4 HiCar 的车载传感器技术及其应用

HiCar 技术在车载传感器技术及其应用方面具有突出贡献，能够支持多种传感器（如摄像头、激光雷达、雷达和超声波传感器等）的集成，实现对周围环境的全面感知。HiCar 还提供了高级的传感器数据处理和融合算法，能够将不同传感器的数据进行综合分析和整合，提高感知的准确性和鲁棒性。这种车载传感器技术的应用使汽车能够更好地识别和应对各种道路情况和交通状况，为驾驶员提供准确的信息和决策支持，提升行车安全性和舒适性。

7.3.3 HiCar 的挑战和未来

HiCar 技术在智能驾驶和网联汽车领域取得了显著的进展，但也面临着一些挑战。

一个重要的挑战是技术的可靠性和安全性。智能驾驶系统需要确保在各种复杂的交通场景下能够正确识别和判断，还要保证车辆的安全行驶，这对传感器数据的准确性、算法的稳定性以及系统的容错性都提出了更高的要求。网络安全也是一个重要问题，需要保护车辆和乘客的隐私数据，并防止黑客入侵和恶意攻击。

智能驾驶技术的法律和道德问题是另一个重要的挑战。自动驾驶技术涉及责任分配、保险和道德准则等问题，需要制定相应的法律法规和标准来规范和引导行业发展。公众对于自动驾驶的接受度和信任度也需要加强。

智能驾驶技术的成本和可扩展性也是一个挑战。目前，智能驾驶技术的成本较高，主要是由于高精度的传感器和计算设备的需求。降低成本并提高可扩展性将是一个重要的研究方向，以便让更多的汽车和用户受益于智能驾驶技术。

在未来，HiCar 技术有着广阔的发展前景。随着技术的不断进步和成熟，智能驾驶将会成为汽车行业的主流趋势。HiCar 作为一项关键技术，将为智能网联汽车的发展和普及提供强大的支持。

HiCar 技术将进一步提升智能驾驶系统的性能。通过不断改进和优化传感器、算法和控制系统，HiCar 能够更准确地感知环境、做出决策，并保证车辆的安全行驶。随着人工智能技术的发展，HiCar 可能会采用更先进的学习和推理算法，提升驾驶系统的智能化水平。

HiCar 技术将与其他行业进行更深入的融合。智能网联汽车不仅仅是一辆具备自动驾驶能力的车辆，它还将与智能城市、智能交通、智能物流等领域进行紧密连接和协同操作。HiCar 可能会通过与城市基础设施、交通管理系统和物流平台的互联互通，实现更高效、更安全、更智能的出行方式。

HiCar 还有着广阔的商业应用前景。智能驾驶和智能出行服务将成为新的商业模式和利润增长点。例如，基于 HiCar 技术的共享出行、出行服务平台和智能交通管理系统等业务模式有望蓬勃发展，为企业和用户带来更多便利和价值。

第 8 章 智能网联汽车电控技术的未来发展

随着科技的不断进步和创新,智能驾驶、车联网和智能交通等领域将迎来更多的机遇和挑战。本章主要关注当前的挑战以及未来发展的方向,包括安全问题、技术问题和新技术的应用前景。通过引入人工智能、5G/6G 技术、区块链技术等,对硬件、软件和系统集成进行改进,智能网联汽车的性能将进一步提升。未来的发展将促进智能驾驶的普及、车联网的发展以及其他智能应用的实现,为出行、交通和物流等领域带来更多创新和便利。

8.1 当前的挑战与未来的发展方向

当前的挑战与未来的发展方向在智能网联汽车电控技术领域至关重要。智能网联汽车电控技术面临的挑战包括安全问题和技术问题;发展方向包括硬件、软件和系统集成的改进以及新技术在智能网联汽车中的广泛应用。

8.1.1 安全问题

在智能网联汽车电控技术中,安全问题至关重要。安全问题涵盖数据安全、通信安全、自动驾驶安全等方面。随着智能网联汽车的发展,保护数据的安全性、确保通信的安全性以及提高自动驾驶系统的安全性成为关键挑战。未来的发展需要加强对安全问题的研究和应对措施，以保障智能网联汽车系统的安全性和可信度，从而为用户提供更安全可靠的出行体验。

8.1.1.1 数据安全

数据安全是智能网联汽车电控技术中的重要问题之一。随着车辆产生大量的数据（包括传感器数据、车辆状态信息等），这些数据需要被安全地收集、传输、存储和处理。保护数据的安全性涉及数据加密、访问控制、身份验证等技术手段，以防止数据泄露、篡改或未经授权的访问。

数据加密是一种常用的数据安全手段，通过对数据进行加密处理，数据即使被窃取，其中的内容也无法解读。访问控制机制可以限制对数据的访问权限，确保只有授权人员能够获取敏感数据。身份验证可以验证数据发送者和接收者的身份，防止伪造数据的传输。

8.1.1.2 通信安全

智能网联汽车依赖通信技术实现车辆间的协同和与基础设施的互联。确保通信的安全性需要采取安全的通信协议和加密机制，防止信息的窃听、篡改或伪造。传统的通信协议如TLS（transport layer security）和IPsec（internet protocol security）可以用于保护通信过程中的数据安全。对通信链路进行实时监测和异常检测也是保障通信安全的重要手段。使用入侵检测系统和流量分析工具可以及时发现并应对可能的安全威胁。

8.1.1.3 自动驾驶安全

自动驾驶技术的引入使车辆能够在无人驾驶或部分自动驾驶模式下操作。智能网联汽车电控系统在实现自动驾驶的同时，必须确保系统的安全性，包括车辆感知技术的准确性、决策算法的可靠性、车辆间的协同与通信等。

确保自动驾驶的安全性需要使用高精度的传感器来获取周围环境的

信息，并通过精确的定位系统确定车辆位置。决策算法需要考虑各种复杂的交通场景和道路条件，以做出正确的驾驶决策。车辆间的协同与通信可以帮助车辆之间共享信息，提高整体的交通效率和安全性。

8.1.1.4 其他安全问题

除了数据安全、通信安全和自动驾驶安全，智能网联汽车还面临其他安全问题，包括车辆系统的防护，防止恶意攻击和未经授权的访问；安全更新的管理，确保车辆的软件和系统始终处于最新的安全状态；远程访问的安全性，保障远程服务和控制的安全可靠。

上述问题需要综合考虑并制定相应的安全策略和措施，以确保智能网联汽车系统的整体安全性。安全标准的制定和合规性评估也是解决安全问题的重要手段。

8.1.2 技术问题

智能网联汽车电控技术面临着各种技术问题的挑战，这些问题涉及算法、硬件、软件和系统集成等方面。算法方面需要解决复杂交通场景下的感知、决策和控制等问题；硬件方面需要提高传感器的精度和可靠性，确保车辆感知和定位的准确性；软件方面需要开发高效稳定的驱动软件和决策算法，保证系统的可靠性和实时性；系统集成方面需要解决多个子系统的协同和通信问题，确保整个系统的一致性和可扩展性。未来的发展需要持续的技术创新和改进，以应对这些技术问题，推动智能网联汽车电控技术的进一步发展。

8.1.2.1 算法的挑战

在智能网联汽车电控技术中，算法面临着巨大的挑战。例如，感知算法需要在复杂的交通环境中能够实时识别和跟踪周围的道路、车辆和行人等目标，这要求算法能够处理大量的传感器数据，并从中提取有用的信息；决策算法需要考虑多种因素（如交通规则、道路状况、前方车辆行为等），以做出合理的驾驶决策；控制算法需要确保车辆的稳定性和安全性，使车辆能够准确执行决策。算法的挑战在于综合考虑这些因素，实现高效、智能的驾驶控制。

8.1.2.2 硬件的挑战

智能网联汽车电控技术的硬件方面面临多重挑战。例如，智能网联汽车需要使用高精度的传感器设备（如摄像头、雷达、激光雷达等），以获取准确的环境信息，这要求传感器具有高分辨率、高帧率和低延迟等特性，以满足对细节和实时性的要求；车载计算平台需要具备强大的处理能力和实时性，能够高效运行感知、决策和控制算法；车辆的电气架构和通信系统也需要支持大数据处理和高速数据传输。因此，硬件的挑战在于满足高要求的可靠性和实时性。

8.1.2.3 软件的挑战

智能网联汽车电控技术的软件方面也面临着诸多挑战。例如，智能网联汽车需要开发高质量的驱动软件，确保车辆各系统的稳定运行，这涉及实时任务调度、资源管理和容错机制等方面；决策和控制算法的软件实现需要高效、可靠，并具备良好的可扩展性，以应对复杂的交通场景；软件的测试和验证也是一个重要的挑战，需要确保软件的正确性和安全性。软件的挑战在于综合各个方面的需求，实现高性能、可靠的系统运行。

8.1.2.4 系统集成的挑战

智能网联汽车电控技术的系统集成面临着复杂性和一致性的挑战。智能网联汽车的电控系统包含多个子系统（如感知、决策、控制和通信等），系统集成需要确保各个子系统之间的协同和一致性，不同子系统的数据交互、消息传递和状态同步需要进行有效管理。系统集成还需要考虑硬件和软件的兼容性，确保它们能够无缝地协同工作。系统集成的挑战在于将各个组件和模块有效地整合，并保证整个系统的稳定性和可靠性。

8.1.3 发展方向

随着智能网联汽车电控技术的不断发展，未来的发展方向将集中在硬件、软件和系统集成方面。硬件方面将继续推动传感器和计算平台的发展，提升其可靠性；软件方面将加强算法的研发和优化，实现更智能、高效的驾驶控制；系统集成方面将进一步完善各个子系统之间的协同和一致性，提升整个系统的稳定性和可扩展性。综上所述，未来的发展方向将以提升安全性和可扩展性为目标，推动智能网联汽车电控技术在出行、交通和物流等领域的广泛应用。

8.1.3.1 硬件的发展方向

在智能网联汽车电控技术中，硬件的发展方向十分关键。未来的硬件发展将聚焦于提升可靠性和适应性，以满足日益增长的需求。

传感器在智能网联汽车中起着收集环境信息和车辆状态的关键作用。随着技术的进步，传感器将变得更加敏感、精确和多样化。例如，激光雷达、摄像头和毫米波雷达等传感器将不断提升其分辨率和探测范围，以更好地感知周围环境；传感器的体积和功耗也将逐渐减小，以适应车辆电子系统的集成和节能要求。

智能网联汽车需要强大的计算能力来处理海量的数据和复杂的算法。未来的发展将聚焦于提升计算平台的效率和能耗。例如，新一代的处理器、图形处理单元和神经网络芯片等技术将被用于智能网联汽车中，以支持更快速和智能的计算能力；边缘计算和分布式计算的发展也将为智能网联汽车提供更加灵活和高效的计算架构。

智能网联汽车需要可靠和高速的通信网络来实现车辆之间的协同和与外部环境的连接。未来的发展将注重提升通信模块的带宽、覆盖范围和稳定性。5G 和 6G 等新一代通信技术将提供更快速和可靠的无线连接，支持实时的车辆间通信和云端服务。

智能网联汽车面临着安全性的挑战，包括网络安全和物理安全。未来的硬件发展将注重设计更加安全可靠的硬件模块和架构。例如，硬件安全模块和加密芯片将被广泛应用，以保护车辆的数据和通信安全；硬件的鲁棒性和故障诊断能力也将得到加强，以提升车辆系统的可靠性和稳定性。

8.1.3.2 软件的发展方向

软件的发展方向在智能网联汽车领域扮演着至关重要的角色。随着技术的不断进步和创新，未来的软件将在算法、架构和安全性方面得到纵深发展。

智能网联汽车需要强大的算法来实现自动驾驶、交通优化和预测等功能。因此，未来的发展将集中在改进算法的精确性、效率和鲁棒性，通过不断改进机器学习和深度学习算法，优化感知、决策和控制等关键任务，以实现更准确、高效的智能驾驶和交通管理。

智能网联汽车系统需要灵活且可扩展的软件架构。未来的发展将注重软件的模块化设计，采用面向服务的架构和微服务架构等技术，将软件系统划分为多个独立的模块，使开发和维护更加高效和灵活，以实现更好的可重用性和可维护性。

随着智能网联汽车中数据的不断增加和共享，软件安全和数据隐私成为关键问题。因此，未来的发展将注重软件安全和数据隐私的保护，可采用加密、认证和访问控制等技术，确保数据的安全传输和存储；也可建立规范和标准，保护用户的隐私权益，制定可信任的数据交换和共享机制。

8.1.3.3 系统集成的发展方向

系统集成是智能网联汽车电控技术发展的重要方向之一。随着汽车电子和通信技术的不断进步，各个子系统和模块的集成变得更加复杂和关键。

随着智能网联汽车电控系统的复杂性增加，采用模块化的设计和标准化的接口可以提高系统的灵活性和可扩展性。模块化设计将系统划分为独立的功能模块，使不同模块可以独立开发、测试和升级，从而提高开发效率和系统的可维护性。标准化接口可以促进不同供应商的组件和系统的互操作性，降低系统集成的难度和成本。

智能网联汽车涉及大量的数据采集、处理和交换，因此数据和通信的集成变得至关重要。未来的发展将注重数据的集成和共享，以实现更好的数据利用和分析。通信技术的集成也很关键，包括车辆之间的通信、车辆与基础设施的通信、车辆与云端的通信以及车辆与移动设备的通信（V2X），通信技术的集成可以实现车辆与车辆、车辆与基础设施、车辆与用户之间的无缝连接。

智能网联汽车的电控系统需要软件和硬件之间的紧密协作，以实现高效的数据处理和控制。未来的发展将注重软件和硬件的融合，优化软件和硬件之间的接口和通信，提高系统的整体性能；还需要采用先进的仿真和验证技术，确保软硬件的一致性和正确性。

8.1.3.4 其他发展方向

除了硬件、软件和系统集成方面的发展，智能网联汽车电控技术还面临其他一些发展方向。这些方向主要围绕新技术的应用和创新的领域展开，以进一步提升智能网联汽车的性能和用户体验。

一个重要的发展方向是人机交互技术的改进。随着智能网联汽车的普及，人机交互变得更加关键。未来的发展将注重更直观、智能化的用户界面设计，包括语音识别、手势控制、虚拟现实和增强现实等技术的应用。这些技术将使驾驶员与车辆之间的交互更加便捷和自然，提升驾驶员的安全感和驾驶体验。

智能网联汽车将面临能源管理和环境保护方面的发展。随着能源紧缺和环境问题的日益突出，智能网联汽车需要更加高效的能源管理和环境友好的设计。未来的发展将注重电池技术的改进，以提高电动汽车的续航里程和充电效率；还需要推动清洁能源（如氢燃料电池和太阳能等）的应用，以减少对传统燃料的依赖，减少排放。

智能网联汽车的发展还将受到法律法规和政策的影响。随着智能网联汽车的技术不断发展，相关的法律法规和政策也需要调整和完善。未来的发展需要制定更加明确和适应性强的法律框架，以规范智能网联汽车的行驶、数据隐私和安全等方面。政府的支持和鼓励也将对智能网联汽车的发展产生积极的影响。

8.2 新技术在智能网联汽车电控系统中的应用前景

随着人工智能、5G/6G 技术和区块链等新兴技术的快速发展，智能网联汽车将迎来更多的创新和应用。本节将重点探讨人工智能、5G/6G 技术、区块链技术以及其他新技术在智能网联汽车电控系统中的应用前景，展望其为智能驾驶、车联网和智能交通等领域带来的巨大影响。

8.2.1 人工智能

人工智能技术的快速发展为智能驾驶、车联网和智能交通等领域带来了广阔的应用空间。通过人工智能技术的引入，智能网联汽车电控系统能够实现更智能化、高效化和安全化的运行。下面将重点介绍人工智能在智能网联汽车中的深度学习、强化学习和计算机视觉等方面的应用，展望其在实现智能驾驶、增强驾驶辅助系统和改善车辆安全性能等方面带来的潜力和影响。

8.2.1.1 深度学习在智能网联汽车中的应用

深度学习是一种基于神经网络的机器学习技术，具有强大的模式识别和特征提取能力，在智能网联汽车中具有广泛的应用前景。

深度学习在智能驾驶领域发挥着重要作用。通过深度学习算法对大量的驾驶数据进行学习和训练，智能网联汽车可以实现自动驾驶功能，包括车道保持、自动泊车和自动紧急制动等。

深度学习可以用于智能网联汽车的感知系统中，提升车辆对周围环境的理解和识别能力。通过对摄像头、激光雷达等传感器获取的数据进行深度学习处理，智能网联汽车可以实现目标检测、车辆识别和行人识别等功能。

深度学习还可以用于智能网联汽车的决策与规划模块，帮助车辆做出智能的行驶决策。通过对路况、交通信号和行驶规则等信息进行深度学习分析，智能网联汽车可以做出安全和高效的驾驶决策。

8.2.1.2 强化学习在智能网联汽车中的应用

强化学习是一种机器学习方法，它通过智能体与环境的交互来学习最优行为策略。

强化学习可以用于智能网联汽车的路径规划和导航系统中。通过与环境的交互和反馈，智能网联汽车可以学习最优的行驶路径和导航策略，以实现高效、安全的行驶。

强化学习可以用于智能网联汽车的驾驶行为建模和优化。通过与环境的交互和奖励机制，智能网联汽车可以学习适应不同驾驶条件和道路情况的驾驶行为模式，并实时调整驾驶策略以提高驾驶安全性和乘坐舒适性。

强化学习还可以用于智能网联汽车的智能交通管理系统中。通过学习和优化交通信号控制策略，智能网联汽车可以减少交通拥堵，提升交通流畅性，从而提高整体交通效率。

8.2.1.3 计算机视觉在智能网联汽车中的应用

计算机视觉是指利用计算机和相应算法对图像或视频进行分析和理解的技术。

计算机视觉可以用于智能网联汽车的环境感知。通过对车辆周围环境中的图像或视频进行分析和处理,智能网联汽车可以实现障碍物检测、道路标志识别和交通信号识别等功能,从而提高车辆对道路和交通情况的理解能力。

计算机视觉可以应用于智能网联汽车的驾驶辅助系统。通过对驾驶员的行为和表情进行监测和分析,智能网联汽车可以判断驾驶员的疲劳程度和注意力水平,并及时发出警告或提供适当的辅助措施,以提高驾驶安全性。

计算机视觉还可以应用于智能网联汽车的车内监控和安全系统。通过对车内环境的实时监测和图像识别,智能网联汽车可以及时发现异常情况(如盗窃行为或突发状况),并采取相应措施以保障车辆和乘客的安全。

8.2.1.4 其他 AI 技术在智能网联汽车中的应用

除了深度学习、强化学习和计算机视觉等主要的人工智能技术,其他 AI 技术在智能网联汽车中同样具有广泛的应用前景。

自然语言处理技术是一种可以理解和处理人类语言的技术。在智能网联汽车中,自然语言处理技术可以实现车辆与驾驶员之间的语音交互。通过语音识别、语义理解和语音合成等技术,驾驶员可以通过语音与车辆进行交流,实现语音导航、语音控制和智能语音助理等功能。以便驾驶员更便捷地操作车辆,享受更加智能化的用户体验。

推荐系统和个性化学习技术可以根据驾驶者的个人偏好和驾驶习惯,提供个性化的驾驶建议和车内娱乐。通过分析驾驶者的历史行为数据,这些技术可以为驾驶者提供更加精准和个性化的驾驶建议,如路线推荐、加油站推荐等。根据驾驶者的喜好和兴趣,推荐系统还可以提供适合的音乐、电台和娱乐内容,提升驾驶的乐趣和舒适度。

智能决策和规划技术基于人工智能算法和模型,能够根据车辆的当前状态和周围环境，进行智能的决策和规划。例如，通过对车辆所处交通状况、行驶路线和车辆性能等因素的综合考虑，智能决策和规划技术可以优化车辆的驾驶策略，提高驾驶效率和安全性。这些技术可以帮助驾驶员选择最优的行驶路线，控制车速和加速度，减少能量消耗和排放，从而提升车辆的燃油经济性和环境友好性。

除了上面提到的技术，还有许多 AI 技术在智能网联汽车中有着潜在的应用前景。例如，机器学习技术可以通过分析大量的数据，帮助车辆预测和识别交通状况，提供实时的交通信息和预警；自动学习技术可以使车辆在行驶过程中不断学习和优化驾驶策略，提高驾驶的安全性和舒适度；人机交互技术可以改善驾驶员与车辆之间的交互体验，提供更直观、便捷和安全的界面。这些技术的应用将进一步提升智能网联汽车的性能和智能化水平，为驾驶员提供更好的驾驶体验和出行服务。

8.2.2 5G/6G 技术

5G 和 6G 技术在智能网联汽车领域具有广阔的应用前景，为车辆与车辆、车辆与基础设施以及车辆与云平台之间的高速、可靠、低延迟通信提供了强大的支持。下面是 5G/6G 技术在智能网联汽车中的具体应用。

8.2.2.1 5G/6G 在 V2X 通信中的应用

V2X 通信是指车辆与周围环境中的各种实体（如其他车辆、行人、道路基础设施）之间的通信。5G/6G 技术可以提供更快速、可靠和广覆盖的 V2X 通信，实现实时的车辆间协作和信息共享。这可以帮助车辆更好地感知和理解周围环境，提供高级驾驶辅助功能、交通流优化和事故预警等服务。

8.2.2.2 5G/6G 在自动驾驶中的应用

5G/6G 技术可以为自动驾驶汽车提供高带宽、低延迟和可靠的通信支持，实现车辆与云平台之间的实时数据传输和决策交互。通过将自动驾驶汽车与云端的高性能计算资源相连，5G/6G 技术可以实现更强大的计算能力和智能决策，提升自动驾驶的安全性。

8.2.2.3　5G/6G 在车载娱乐系统中的应用

5G/6G 技术的高速通信特性可以支持丰富多样的车载娱乐内容，如高清视频流、云端游戏和音乐串流等。车辆乘客可以通过 5G/6G 网络获得更流畅、高质量的娱乐体验，提高旅途的舒适度和乐趣。

8.2.2.4　5G/6G 在其他领域的应用

除了 V2X 通信、自动驾驶和车载娱乐系统，5G/6G 技术还可以用于其他领域。例如，5G/6G 技术可以支持车辆与智能交通管理系统的实时互联，实现交通信号的优化调度和交通流的智能控制。5G/6G 技术还可以用于车辆的远程诊断与维护，实现远程监测、故障诊断和软件更新等功能。

8.2.3　区块链技术

区块链技术作为一种分布式、去中心化的记录和验证数据的技术，为智能网联汽车领域提供了新的应用前景。下面是区块链技术在智能网联汽车中的应用。

8.2.3.1　区块链在数据安全中的应用

区块链技术可以通过去中心化的数据存储和加密算法，确保车辆数据的安全性和隐私性。每个数据交易都被记录在不可篡改的区块中，实现了数据的透明性和可追溯性。区块链还可以提供身份验证和访问控制机制，确保数据只能被授权的参与者访问。

8.2.3.2　区块链在车联网服务中的应用

区块链技术可以用于车联网服务的身份验证、支付和交易记录。通过将车辆和用户的身份信息存储在区块链上，并使用智能合约执行服务交付和支付流程，区块链技术可以实现安全、快速和可靠的车联网服务。区块链还可以记录车辆的维修历史和保险记录，为车辆的二手交易提供可靠的信息。

8.2.3.3　区块链在自动驾驶中的应用

自动驾驶汽车需要大量的高精度地图数据和实时交通信息来做出决策。区块链可以用于存储和验证地图数据和交通信息，确保数据的准确性和可靠性。通过区块链的共享机制，车辆可以共享实时的交通数据，提高自动驾驶系统的决策能力和安全性。

8.2.3.4　区块链在其他领域的应用

除了上述应用，区块链技术还可以在其他汽车领域发挥作用。例如，区块链可以用于车辆的溯源和防伪，确保车辆零部件的真实性和质量；区块链还可以用于车辆共享平台的信任建立和合约执行，提高共享经济模式的安全性和效率。

8.2.4　其他新技术

边缘计算、量子计算和虚拟现实/增强现实是智能网联汽车领域涌现出的新兴技术，它们为智能网联汽车的发展带来了新的机遇和挑战。下面是这些新技术在智能网联汽车中的应用。

8.2.4.1　边缘计算在智能网联汽车中的应用

边缘计算是一种将计算和数据处理功能推向网络边缘的技术，可以在车辆附近的边缘设备上进行实时数据处理和决策，减少对云服务器的依赖和延迟。边缘计算可以用于车辆的感知、决策和控制，提高实时性和响应性，减轻云服务器的负载。边缘计算还可以支持车辆之间的协同计算和数据共享，提高智能网联汽车系统的整体效能。

8.2.4.2 量子计算在智能网联汽车中的应用

量子计算是一种基于量子力学原理的计算方式,具有超强的计算能力和解决复杂问题的潜力。在智能网联汽车领域,量子计算可以用于优化路线规划、车辆控制和优化算法等方面。通过利用量子计算的并行计算能力和优化算法,智能网联汽车的性能和效率可以得到提升。然而,目前量子计算技术还处于发展初期,面临着许多挑战,如量子比特的稳定性和可控性、量子计算系统的规模化等问题。

8.2.4.3 虚拟现实/增强现实在智能网联汽车中的应用

虚拟现实和增强现实技术可以为驾驶员提供沉浸式的驾驶体验和增强的信息呈现。虚拟现实可以用于驾驶员培训和模拟驾驶,提供逼真的驾驶场景和紧急情况的模拟,帮助驾驶员提升驾驶技能和应对能力。增强现实可以将驾驶相关的信息(如导航指示、车辆状态和周围环境)以可视化的方式叠加到驾驶员的视野中,提供更直观和便捷的信息呈现方式。这些技术可以提高驾驶员的安全意识和驾驶体验。

8.2.4.4 其他新技术在智能网联汽车中的应用

除了上述技术,其他新兴技术在智能网联汽车中同样具有应用潜力。例如,生物识别技术可以用于车辆的身份验证和驾驶员的生物特征识别,增强车辆的安全性和防盗性;物联网技术可以连接车辆和周围的智能设备,实现车辆与家庭、办公环境等的智能互联;数据分析技术可以用于车辆数据的挖掘和驾驶行为的分析,提供个性化的驾驶体验和服务。

8.3 对智能网联汽车电控技术的展望

展望未来,智能网联汽车电控技术将在多个方面带来革命性的变革和发展。

安全性是人们对智能网联汽车电控技术发展的重要期待。随着技术的不断进步和成熟，智能网联汽车将提供更高水平的安全性能，减少交通事故发生的可能性。通过高精度的传感器和实时数据分析，智能网联汽车能够迅速识别并应对潜在的危险情况，从而保障驾驶员和乘客的安全。

人们对智能网联汽车电控技术的性能有着很高的期待。未来的发展将进一步提升智能网联汽车的性能水平，包括更准确的定位与导航系统、更高效的能源管理和动力输出、更智能的驾驶辅助功能等。这些技术的提升将使智能网联汽车更加灵活、智能化和高效，为用户提供更好的驾驶和出行体验。

环保性是人们对智能网联汽车电控技术的另一个期待。随着社会对环境保护意识的提高，智能网联汽车将致力于减少尾气排放和能源消耗。通过智能能源管理系统、电动化技术和智能路线规划等创新，智能网联汽车的发展将更加环保和可持续，为改善空气质量和减少碳排放作出贡献。

经济效益也是人们对智能网联汽车电控技术的期待之一。智能网联汽车将推动出行方式的转变，包括共享出行、出行服务平台等。这将带来更高效的交通资源利用，降低出行成本，缓解交通拥堵。智能网联汽车的发展将带动相关产业的创新和发展，创造就业机会，推动经济的繁荣和可持续发展。

参考文献

[1] 李晶华，弋国鹏. 智能网联汽车技术与应用 [M]. 北京：机械工业出版社，2021.

[2] 李劲松. 智能网联汽车技术 [M]. 重庆：重庆大学出版社，2022.

[3] 广东凌泰教育资源股份有限公司，安康，颜友忠，等. 图解智能网联汽车技术 [M]. 北京：化学工业出版社，2022.

[4] 王庞伟，张名芳. 智能网联汽车技术系列：智能网联汽车电子技术 [M]. 北京：机械工业出版社，2021.

[5] 崔胜民，吴永亮. 智能网联汽车技术概论 [M]. 北京：北京大学出版社，2021.

[6] 程增木. 智能网联汽车技术入门一本通：彩色版 [M]. 北京：机械工业出版社，2021.

[7] 崔胜民，卞合善. 智能网联汽车技术及仿真实例 [M]. 北京：人民邮电出版社，2020.

[8] 李妙然，邹德伟. 智能网联汽车技术概论 [M]. 北京：机械工业出版社，2019.

[9] 程增木，杨胜兵. 智能网联汽车技术原理与应用：彩色版 [M]. 北京：机械工业出版社，2022.

[10] 宋传增. 智能网联汽车技术概论 [M]. 北京：机械工业出版社，2020.

[11] 崔胜民. 智能网联汽车技术 [M]. 北京：机械工业出版社，2021.

[12] 程增木，康杰. 智能网联汽车技术概论：彩色版 [M]. 北京：机械工业出版社，2021.

[13] 王庞伟，王力，余贵珍. 智能网联汽车协同控制技术 [M]. 北京：机械工业出版社，2019.

[14] 李柏，葛雨明. 智能网联汽车协同决策与规划技术 [M]. 北京：机械工业出版社，2020.

[15] 崔胜民，俞天一，王赵辉. 智能网联汽车先进驾驶辅助系统关键技术 [M]. 北京：化学工业出版社，2019.

[16] 崔胜民. 智能网联汽车新技术 [M]. 北京：化学工业出版社，2021.

[17] 中国电子信息产业发展研究院. 智能网联汽车测试与评价技术 [M]. 北京：人民邮电出版社，2017.

[18] 崔胜民，卞合善. 智能网联汽车导航定位技术 [M]. 北京：人民邮电出版社，2020.

[19] 崔胜民，卞合善. 智能网联汽车环境感知技术 [M]. 北京：人民邮电出版社，2020.

[20] 游永. 浅析职业院校技能大赛汽车技术赛项：以纯电动汽车技术与智能网联汽车技术模块为例 [J]. 汽车维护与修理，2023 (12)：69-71.

[21] 蔡旭冰. 我国智能网联汽车发展现状及策略分析 [J]. 时代汽车，2023 (11)：16-18.

[22] 蒋北艳，梁晔，徐小红. 智能网联汽车技术课程体系构建方法 [J]. 时代汽车，2023 (12)：71-73.

[23] 崔金红，张帆. 智能网联汽车技术专业实训课程设置路径 [J]. 时代汽车，2023(11)：47-49.

[24] 田京润，戚湧，吕薇，等. 基于专利大数据挖掘的智能网联汽车产业核心技术识别研究 [J]. 中国发明与专利，2023，20(5)：4-9，17.

[25] 高福友. 高职院校智能网联汽车实训室建设探索与实践 [J]. 汽车实用技术，2023，48(9)：183-187.

[26] 王源隆，赵万忠."智能网联汽车技术基础"课程教学资源建设及课程思政研究 [J]. 工业和信息化教育，2023 (4)：89-94.

[27] 余庚，谢道彪，陈宏意."双高"建设背景下智能网联汽车专业建设研究 [J]. 木工机床，2023(1)：37-39，44.

[28] 董文波. 专利视域下全球智能网联汽车技术发展动态与竞争态势研究 [J]. 中国发明与专利，2023，20(3)：28-37.

[29] 兰天雯，邱亚宇，阴法明. 智能网联汽车专业"三教"改革内涵与路径研究 [J]. 汽车维护与修理，2023 (6)：35-37.

[30] 攸连庆，林凯. 智能网联汽车信息安全关键技术研究 [J]. 汽车工业研究，2023 (1)：15-18.

[31] 王新扬. 智能网联汽车技术发展现状刍议 [J]. 汽车维修技师，2023 (3)：123-124.

[32] 李兰友，邵立东，李进斌，等. 智能网联汽车数字仿真技术教学应用研究 [J]. 电脑知识与技术，2023，19(6)：138-140.

[33] 张玲智，黄殿辉，韩微微，等．智能网联汽车个人信息防护技术要求与建议措施 [J]．中国汽车，2023 (2)：22-25．

[34] 蒋健．博世助力智能网联汽车技术与产业发展 [J]．智能网联汽车，2023 (1)：69-71．

[35] 吕惠，王军雷，王亚飞．丰田智能网联汽车技术专利布局分析 [J]．中国汽车，2023(1)：32-36．

[36] 张万军．智能网联汽车传感器与车载网络传输技术 [J]．电子技术与软件工程，2023 (1)：37-40．

[37] 牛文学，贺丹，刘志强，等．职业本科新能源汽车工程技术专业智能网联汽车实训室建设初探 [J]．汽车实用技术，2022，47(24)：142-148．

[38] 陆人定．智能网联汽车环境感知技术应用场景分析 [J]．汽车电器，2022(12)：1-3．

[39] 周羽皓，潘开广．智能网联汽车线控制动系统的技术应用分析 [J]．专用汽车，2022 (12)：59-61．

[40] 杨仕清．智能网联汽车安全性分析 [J]．汽车工业研究，2022 (4)：50-53．

[41] 刘助春，张丹，程泊静．服务"跨界"人才培养的智能网联汽车技术专业课程体系开发研究 [J]．时代汽车，2022 (23)：91-93．

[42] 陈丽华．技工院校智能网联汽车技术应用专业课程体系构建探索 [J]．职业，2022 (22)：67-69．

[43] 杨珊，张莎莎．论智能网联汽车发展的法律障碍与应对 [J]．西南交通大学学报（社会科学版），2023，24(1)：49-61．

[44] 王淳浩，阮利，闭家铭，等. 数字孪生制造智能网联汽车事故数据记录技术 [J]. 制造业自动化，2022，44(11)：201-207.

[45] 戚湧，陈墨. 专利视角下智能网联汽车关键核心技术主题识别研究 [J]. 中国发明与专利，2022，19(11)：5-11.

[46] 寻桂莲，刘影. 南湖职院牵头打造智能网联汽车技术专业实训标准体系 [J]. 汽车维护与修理，2022 (22)：7.